U0662093

能源互联网

网络安全综合防护技术

国网辽宁省电力有限公司电力科学研究院 编

中国电力出版社
CHINA ELECTRIC POWER PRESS

内 容 提 要

　　本书深入分析了能源互联网的安全隐患与挑战，提出了创新的防护技术和策略。本书涵盖能源互联网安全基本架构、政策法规与标准规范、关键技术、安全事件以及多层次防护策略，重点分析了能源互联网安全综合防护平台建设，包括平台安全基础设施建设、平台安全纵深防御建设、平台安全运营中心建设；同时，将理论与实践相结合，具体分析了能源互联网安全综合防护平台典型应用场景与能源控制系统靶场，以提升读者对能源互联网安全的认识和处理能力。

　　本书面向能源领域网络安全工程师、研究学者及政策制定者，以帮助他们深入理解并提升能源互联网的安全防护水平。

图书在版编目（CIP）数据

能源互联网网络安全综合防护技术 / 国网辽宁省电力有限公司电力科学研究院编 . —北京：中国电力出版社，2024.11
　ISBN 978-7-5198-8914-2

　Ⅰ . ①能… Ⅱ . ①国… Ⅲ . ①互联网络 – 应用 – 能源发展 – 网络安全 – 研究 – 中国 Ⅳ . ① F426.2-39

　　中国国家版本馆 CIP 数据核字（2024）第 098137 号

出版发行：中国电力出版社
地　　址：北京市东城区北京站西街 19 号（邮政编码 100005）
网　　址：http : //www.cepp.sgcc.com.cn
责任编辑：薛　红　常丽燕
责任校对：黄　蓓　常燕昆
装帧设计：赵丽媛
责任印制：石　雷

印　　刷：北京顶佳世纪印刷有限公司
版　　次：2024 年 11 月第一版
印　　次：2024 年 11 月北京第一次印刷
开　　本：710 毫米 ×1000 毫米　16 开本
印　　张：17.5
字　　数：254 千字
定　　价：98.00 元

《能源互联网网络安全综合防护技术》
编委会

主　编　周小明

副主编　胡　博　　许　超　　宁辽逸　　刘志力　　乔　林

　　　　刘劲松　　孙　峰　　姚　羽

参　编　李　巍　　雷振江　　苏　畅　　刘　颖　　滕子贻

　　　　王　磊　　李广翱　　刘　莹　　刘　扬　　李　桐

　　　　毛洪涛　　赵明江　　张宇时　　杜韫成　　刘嘉铭

　　　　扬　爽　　王　阳　　李广野　　吕旭明　　高明慧

　　　　王丽霞　　杨　超　　田小蕾　　张佳鑫　　王义贺

　　　　唱一鸣　　刘　齐　　任　帅　　陈　剑　　耿洪碧

　　　　胡　楠　　于　海　　王丹妮　　张文杰　　周金磊

　　　　宋　为　　孙俊伟　　赵　军　　许睿超　　王顺江

　　　　代子阔　　张　洋　　王　冠　　韩耀鹏　　李　炜

　　　　钟恩朋　　胡　非　　王　栋　　李　欢　　张　彬

　　　　杨舒钧　　陈得丰　　杨智斌　　于晓昆　　赵宏伟

　　　　刘芮彤　　姜博宇

前　言

随着全球能源行业的快速转型，能源互联网的概念逐渐成为现实。它不仅标志着能源产业的一次革命性变革，也为产业发展以及人们的日常生活、工作带来了深远的影响。《能源互联网网络安全综合防护技术》的编写初衷，正是为了深入探索能源互联网领域日益突显的一个关键问题——网络安全。

在今天，能源互联网已经成为支撑现代社会运作的基础设施之一。它通过高度的数字化和智能化，将能源生成、传输和消费过程紧密连接，实现了能源管理的最优化和高效化。然而，随着这种趋势的发展，能源互联网的网络安全问题也变得日益突出和复杂。从基础设施的保护到数据的安全，从应对日益复杂的网络攻击到保障系统的稳定运行，每一个环节都需要给予足够的关注和采取精心的应对策略。

本书特别聚焦于"能源互联网安全综合防护平台建设"，旨在探讨如何构建一个强大且高效的安全防护体系，以应对能源互联网中所特有的安全挑战。本书将详细介绍构建此类平台的关键技术和方法，包括先进的监测系统、智能的安全威胁分析方法以及有效的应急响应策略；同时，将探讨如何整合不同的安全组件，以建立一个协调、全面的安全防护网络。

此外，本书将讨论如何将安全技术和策略应用于现实工业环境，包括实际案例和操作指南，从而帮助读者更好地理解如何在实践中部署和管理这些安全措施，以及如何根据特定环境的需求进行调整和优化。

通过本书，希望能为从业者、研究人员以及决策者提供一个全面且实用的指导，帮助他们在构建和维护能源互联网安全综合防护平台方面取得成功。相信通过共同的努力和智慧的积累，能够有效应对能源互联网领域的威胁与挑战，保障能源互联网的安全与发展。

编　者

2024 年 8 月

目 录

第1章

能源互联网安全

　　能源是可以直接或经转换提供人类所需的光、热、动力等任一形式能量的载能体资源，可以呈现多种形式，并且能够互相转换。能源在人类社会进步中具有重要作用，其中以风、光为代表的可再生能源为能源发展注入了新的活力。如何经济高效地利用可再生资源已经受到各国的广泛关注。随着信息技术的迅速发展，通过综合运用电力电子技术、信息技术等，将新型电力网络、石油网络、天然气网络等能源节点互联起来的能源互联网应运而生。能源互联网的核心是以互联网的理念、方法和技术实现能源系统的广泛变革，使能量跟互联网信息一样使用。

　　在此背景下，多能互补、能源流、信息流、业务流高度融合，智能化、自动化、网络化成为能源互联网的主要特征。随着5G时代的到来，接入设备越来越多，业务越来越融合，网络的安全性也变得越来越重要。能源行业信息系统是关系国计民生的关键信息基础设施，一旦遭到破坏、丧失功能或数据泄露会严重威胁国家安全和公共利益。因此，能源互联网的安全亟待重视。本章主要介绍能源互联网的基本架构、发展现状及趋势、安全风险以及安全防护现状。

1.1　能源互联网基本架构

1.1.1　体系架构

　　能源互联网是在现有能源供给系统的基础上，利用可再生能源发电、互联网信息以及先进储能等技术，以电能为主体形式，以智能电网为载体，并与智能气网、智能热网、电气化交通网紧密耦合的具有互联开放特性的能源共享网络。

信息和能源融合下的能源互联网体系架构如图 1-1 所示。其中，双向箭头表示信息流，单向箭头表示能量流。从图 1-1 可以看出，能源互联网是以电网为核心的网络基础设施，其中智能电网、气网、热网以及电气化交通网间存有能量流与信息流的双向流动，并以电能作为不同形式能源之间相互转化的枢纽，由此形成一个复杂的多网流系统。

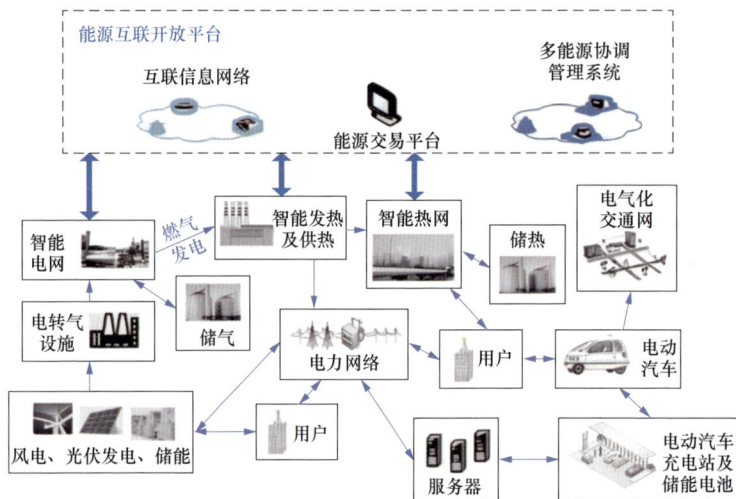

图 1-1 能源互联网体系架构

1.1.2 运行架构

基于互联网理念的能源互联网运行架构可分为能源网、接入网、信息网三层，具体包括大型发电厂、可再生能源、传统用户、智能用户、电网控制、电力流和接入网等要素。

（1）能源网。能源网为能源互联网的基础和价值实现的根本，表现为能源系统的互联网式改造，包括能源开放互联、能量自由存储传输、参与者平等共享等。

（2）接入网。接入网是能源互联网的桥梁，实现数据的高效采集及传输，决定着能源互联网的广度。

（3）信息网。信息网的核心是信息管理分析，为能源生产、调度、交易提供开放共享平台，支持海量能源参与者接入。

1.1.3　技术架构

能源互联网的技术架构由物理层、信息层、应用层组成，如图 1-2 所示。其中，物理层是为实现多能协同能源网络而搭建的底层基础，信息层是融合信息物理能源系统的重要衔接层，应用层是通过创新模式实现能源运营的价值增值层。另外，体制机制与政策设计是保障，贯穿于基础底层到应用创新。这四部分内容自然形成了"三横一纵"的框架，涵盖了能源互联网发展所需的技术、应用、制度多个层面，交织出不同能源环节在不同层次上的技术需求；同时，这是对技术类别的一种有条理化的归类方式，在完备性上比以往的研究更进一步。

	能源生产(转换)	能源传输	能源消费	能源存储	体制机制
创新模式能源运营(应用层)	多元能量交易平台技术、能源互联网金融技术、能源大数据技术、能源网络虚拟化技术、多级能量管理平台技术、能源信息双向互动平台技术、运维云、仿真云、微网云等云平台技术				城市能源协同一体化规划设计、能源政策分析、综合能源服务模式设计、综合能源优化规划、综合能源交通规划、基于全信息与推演的辅助决策技术、供用能灵活柔性规划设计
信息物理能源系统(信息层)	新能源发电云平台技术、虚拟发电厂技术	多能流能量管理技术、分布式调度技术	电动车协同技术、需求侧互动技术	电池云技术	
	海量信息采集技术、能量信息传输技术、人工智能技术、能效管理技术、信息物理能源系统融合技术、泛在低耗精确传感技术、高速无阻多元通信技术、高效弹性数据平台技术、分布自治边缘计算技术				
多能协同能源网络(物理层)	热电转换技术、能气转换技术、清洁能源供热技术、分布式清洁能源发电技术	直流电网技术、高温超导材料技术、无线电能传输技术、能源路由器技术、大功率电力电子技术、交直流混联配电技术	清洁能源制氢技术、电动汽车技术、智慧用电技术、灵活用电技术	储电技术、储氢技术、储热技术、储冷技术	

图 1-2　能源互联网技术架构

物理层作为能源互联网的物质形态基础，为多种能源协同提供技术实现平台，实现广域大电网、分布式能源、智能微电网等不同空间与不同形态的能源相互联通，体现了能源互联网虚拟化与高效化的特征。信息层通过数据信息和物理现实的融合，使能源互联网中不同形态能源的信息获取、优化、协调和管理更便捷流畅，实现多种能源的有序转换与传输，是能源互联网的实现手段和信息控制平台，体现了能源互联网的信息化和协同化特征。应用层基于物理层提供的技术平台和信息层提供的数据信息，通过各种创新应用和技术，实现了能源资源的高效利用和协同管理，推动了能源互联网的发展。正是因为能源互联网的强大协调功能，才打破了传统能源供需链条单向传输的束缚，实现了能源的互联共享；能源生产与消费的深度互动和一体化，最大限度地提高了能源的众在化与虚拟化程度，还原了能源的商品属性，以便创新能源运营模式，创造并实现新的价值。以往不可能实现的交易手段、商业模式，在技术的推动下，能够不断被激发创造出来，实现更大的价值贡献。无论是物理层的联通还是应用层的创新，都涉及运行中的秩序与组织方式，这需要体制机制与相关的政策、制度规范，还有全局性的规划技术等贯彻始终。

1.2　能源互联网发展现状及趋势

1.2.1　物联网行业现状

物联网（internet of things，IoT）作为信息通信技术的典型代表，在全球范围内呈现加速发展的态势。不同行业和不同类型的物联网应用的普及和逐渐成熟，推动物联网的发展进入万物互联的新时代。可穿戴设备、智能家电、自动驾驶汽车、智能机器人等数以百亿计的新设备已接入网络。

万物互联在推动海量设备接入的同时，将在网络中形成海量数据。物联网数据价值的发掘将进一步推动物联网应用的爆发式增长，促进生产生活和社会管理方式不断向智能化、精细化、网络化方向转变。

1.总体架构层面

如图 1-3 所示，物联网的总体架构正在从垂直一体化的封闭模式向以水平环节为核心的开放模式转变。具体来说，物联网的总体架构经历了以下三个阶段：

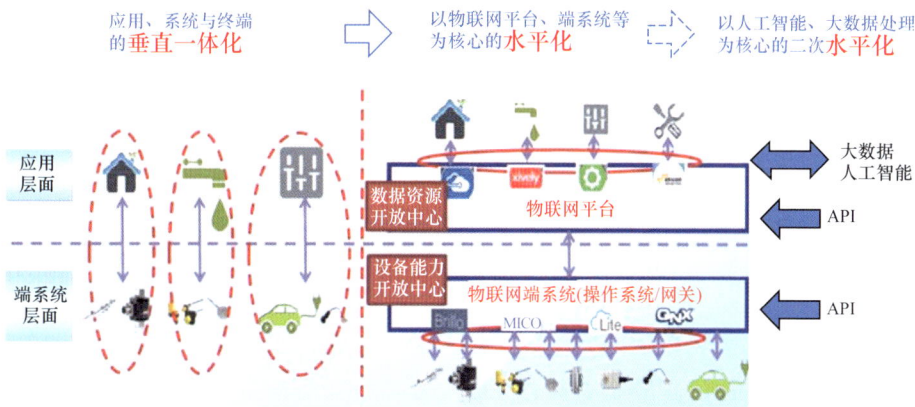

图 1-3　物联网总体架构发展阶段

（1）第一阶段是从应用到系统再到终端的垂直一体化结构，被称为"烟囱型"架构。在该架构中，从应用层面到端系统层面都是——对应、独立工作的。

（2）第二阶段是以物联网平台、端系统等为核心的第一次水平化结构。在该架构中，端系统层面通过网关等关键设备完成各类终端一定程度的融合接入；物联网平台提供数据的统一汇集，同时向不同物联网业务提供统一的平台数据服务。

（3）第三阶段是以先进信息通信新技术为核心的第二次水平化结构，也是全业务电力物联网架构发展的趋势。一方面是边缘计算、大数据处理、人工智能等技术的引入，不断提升面向工业的物联网体系的智能化水平；另一方面则是不断拓展物联网架构的开放能力，在物联网终端、网络和平台层面都提供开放应用程序接口（application program interface，API），让业务终端研发、网络定制开发和业务系统开发人员能够充分利用物联网架构中已有的标准化的能力与资源。

2. 关键技术层面

（1）平台化服务。利用物联网平台打破垂直行业的"应用孤岛"，促进大规模开环应用的发展，形成新的业态，实现服务的增值化；同时利用平台对数据的汇聚，在平台上挖掘物联网数据价值，衍生新的应用类型和应用模式。

（2）广泛化低功耗连接。广域网和短距离通信技术的应用范围的扩大将推动更多的传感器设备接入网络，为物联网提供大范围、大规模的连接能力，实现物联网数据的实时传输与动态处理。在梅特卡夫定律的作用下，广泛化连接将不断增大物联网的产业价值。

（3）智能化终端。物联网端系统的智能化主要体现在两个方面：一方面，传感器等底层设备自身向着智能化的方向发展；另一方面，通过引入物联网操作系统等软件，降低底层面向异构硬件开发的难度，支持不同设备之间的本地化协同，并实现面向多应用场景的灵活配置。

3.国家政策层面

国家高度重视物联网产业发展，中央和地方政府通过发布物联网发展规划、政府工作报告、指导意见和行动计划等相关政策，基本建立了中央整体规划、部委专项扶持和地方全面落实的物联网政策体系。

（1）智能制造政策措施集中发力。2015 年 5 月，国务院印发《中国制造 2025》，部署全面推进实施制造强国战略。2021 年 9 月，工业和信息化部等八部门联合印发《物联网新型基础设施建设三年行动计划（2021—2023 年）》，指出在智慧城市、数字乡村、智能交通、智慧农业、智能制造、智慧家居等重点领域，加快部署感知终端、网络和平台，形成一批基于自主创新技术产品、具有大规模推广价值的行业解决方案，有力支撑新型基础设施建设。2021 年 11 月，工业和信息化部、国家标准化管理委员会联合发布《国家智能制造标准体系建设指南（2021 年版）》，提出到 2023 年，制修订 100 项以上国家标准、行业标准，不断完善先进适用的智能制造标准体系。智能装备标准主要包括传感器与仪器仪表、自动识别设备、人机协作系统、控制系统、增材制造装备、工业机器人、数控机床、工艺装备、检验检测装备、其他 10 个部分。2021 年 12 月，工业和信息化部发布《"十四五"智能制造发展规划》，提出到 2025 年，智能制造装备和工业软件技术水平与市场竞争力显著提升，市场满足率分别超过 70% 和 50%。大力发展智能制造装备，规模以上制造业企业大部分实现数字化网络化，重点行业骨干企业初步应用智能化。到 2035 年，规模以上制造业企业全面普及数字化网络化，重点行业骨干企业基本实现智能化。

（2）智慧城市指导方针继续深化。2022 年 3 月，国家发展和改革委员会发布《2022 年新型城镇化和城乡融合发展重点任务》，围绕提高农业转移人口市民化质量、持续优化城镇化空间布局和形态、加快推进新型城市建设、提升城市治理水平、促进城乡融合发展等方面，明确提出了 26 项具体任务。2022 年 6 月，国家发展和改革委员会发布《"十四五"新型城镇化实施方案》，明确提出到 2025 年，系统完备、科学规范、运行有效的城市治理体系基本建立，治理能力明显增强。2022 年 7 月，住房和城乡建设部、国家发展和改革委员会发布《"十四五"全国城市基础设施建设规划》，指出城市基础设施是保障城市正常运行和健康发展的物质基础，构建系统完备、高效实用、智能绿色、安全可靠的现代化基础设施体系，对更好地推进以人为核心的城镇化建设具有重大意义。2023 年 2 月，中共中央、国务院发布《数字中国建设整体布局规划》，提出到 2025 年，基本形成横向打通、纵向贯通、协调有力的一体化推进格局，数字中国建设取得重要进展。数字基础设施高效联通，数据资源规模和质量加快提升，数据要素价值有效释放，数字经济发展质量效益大幅增强，政务数字化智能化水平明显提升，数字文化建设跃上新台阶，数字社会精准化普惠化便捷化取得显著成效，数字生态文明建设取得积极进展，数字技术创新实现重大突破，应用创新全球领先，数字安全保障能力全面提升，数字治理体系更加完善，数字领域国际合作打开新局面。到 2035 年，数字化发展水平进入世界前列，数字中国建设取得重大成就。数字中国建设体系化布局更加科学完备，经济、政治、文化、社会、生态文明建设各领域数字化发展更加协调充分，有力支撑全面建设社会主义现代化国家。

1.2.2　能源互联网业务现状

国家电网有限公司经过 SG-186 和 SG-ERP 的建设，能源互联网已经初具规模。能源互联网以电力物联网终端为基础，利用国家电网有限公司自有、租赁的网络和信息化系统全面覆盖发电、输电、变电、配电、用电各个生产环节。电力物联网主要使用终端信息采集、监测、控制，网络全覆盖等技术，通过信息系统统一业务流程，支撑国家电网有限公司的"国调、省调、地调"三级调度、输变电状态监测、配电自动化、用电信息采集、电力营销等多项生产业务，为建设坚强智能电网提供底层保障。

1. 传统业务现状

从传统业务的角度来看，国家电网有限公司已经在输电、变电、配电、用电和经营管理五个方面几十类业务中推进物联网的应用。

（1）输电业务。应用物联网技术的典型输电业务主要包括架空输电线路监测、输电电缆在线监测、输电线路无人机巡检、雷电定位、电缆及通道防外力破坏等。

（2）变电业务。应用物联网技术的典型变电业务主要包括变电站视频监控、变电站智能巡检机器人、变电站安全防护、输变电在线监测、现场作业管理、智能工具管理、变电检修作业安全管控等。

（3）配电业务。应用物联网技术的典型配电业务主要包括配电自动化、线路故障定位及报警、配电网抢修平台、配电网隐患监控、电能质量检测、大用户负荷控制、柱上变压器监测、配电线路巡检等。

（4）用电业务。应用物联网技术的典型用电业务主要包括用电信息采集、电动汽车智能充换电服务、重点用电设施安全防护、用户自助购电等。

（5）经营管理业务。应用物联网技术的典型经营管理业务主要包括实物资产统一身份编码、人员车辆统一管理、电力设施建设过程可视化、数字仓储、数字物流全链路监控、设备实物资产自动盘点等。

2. 新兴业务现状

随着"云大物移智"、无线接入、互联网等技术的不断演进，为了提升电力客户的满意度、一线员工的工作效率和企业的管理水平，互联网＋、人工智能等应用场景将随着电力物联网的普及不断完善，进而为构建新一代能源系统奠定基础。所谓新一代能源系统，是指各种一 / 二次能源的生产、传输、使用、存储和转换装置，以及它们的信息、通信、控制和保护装置直接或间接连接而成的网络化物理系统。新一代能源系统应以电力为中心，以智能电网为主干，涵盖智能能源网络，与信息技术、互联网进行进一步广泛融合。基于新一代能源系统的业务现状如下：

（1）"互联网 + 智能运检"。以提升电网设备和人身的本质安全为目标，优化"设备智能、管理穿透、运检高效、决策精准"的智能运检体系，推动电网运检管理向安全、集约、智能发展。应在主电网智能运检、供电抢修服务平台、电力故障应急专用机器人、特高压换流站金具接头运检管控平台等方向开展研究和应用。

（2）"互联网 + 电力营销"。通过运用营销用电数据标签，建立电力客户画像，提高各类工作的精确性和有效性。客户标签可随着应用场景的不断挖掘进一步拓展。应在客户画像全景视图、客户信用模型构建、风险防控平台、基于电力大数据的出租房客户识别与应用等方面开展工作，为差异化客户服务、居民套餐定制等营销策略提供参考。

（3）"互联网 + 电力物资"。围绕"提升主动服务、深化业务协同、强化数据融合、推进物联应用"四个方面打造精益高效的物资智慧供应链体系。应在人力资源应用实践、财务管理应用实践、运营监测应用实践、重要活动保电智慧后勤平台等方面开展研究应用。

（4）配电自动化方面。为支撑现代化配电网建设，精益化管理并向低压配电网延伸，需提升低压配电网拓扑分析、故障处理、设备管理、主动运维等方面的电网本质服务能力。

（5）能源互联网建设方面。支撑能源互联网建设，以满足大量分布式电源、电动汽车等带来的供给侧与需求侧不确定性发展的需求，提升用户体验。分布式电源系统要面临谐波、无功功率和电压、孤岛等问题，因此需要利用二次设备实现实时监控和调度，以及分布式电源的稳定接入。电动汽车充电系统要面临不同客户和多样化的服务需求，传统相对集中的、基于专用局域网、模式单一、封闭独立的充电系统将逐步被离散式的、以分布式充电桩群为主的、基于（移动）互联网、模式多样、互联互通的充电系统所替代。

1.2.3　能源互联网技术现状

随着国家电网有限公司信息化建设的不断发展，各业务部门根据实际需求利用终端、网络、业务系统已经搭建了部分典型应用，能源互联网已经初具规模。但是，各业务系统相互独立，数据共享和信息交互仍存在壁垒。

下面从电力物联网的角度，介绍能源互联网在终端感知层、通信网络层、平台应用层、一体化"国网云"和全业务统一数据中心五个方面的发展现状。

1.终端感知层

终端感知层作为物联网的"触角"，主要由具有各种感知能力的业务终端组成，用来识别物体、采集信息。目前存在的各类终端，按照业务类型可以大体分为营销自助缴费机、营销收费机、营销现场作业终端、用电信息采集终端、视频监控终端、供电电压采集终端七类。

终端的主要部件有芯片（处理器、可编程逻辑器件、连接芯片）、操作系统、通信模式和传感器。

（1）芯片。终端处理器主要包括多点控制器（multipoint control unit, MCU）、多媒体应用处理器（multimedia application processor, MAP）、数字信号处理器（digital signal processor, DSP）三类。可编程逻辑器件主流采用现场可编程门阵列（field programmable gate array, FPGA）和复杂可编程逻辑器件（complex programmable logic device, CPLD）两类。短距离通信领域，终端采用多合一无线通信芯片，同时支持多种通信方式；中长距离无线通信领域，终端采用3G、4G/LTE、5G等移动蜂窝通信技术芯片；长距离低功耗无线通信领域，终端主要采用NB-IoT芯片；北斗卫星通信领域，终端主要采用北斗通信芯片。

（2）操作系统。面向高性能的图形化分时操作系统主要有Android、iOS和Windows；实时操作系统主要有VxWorks、LynxOS、FreeRTOS；运算能力较低的嵌入式操作系统主要有 ARM Mbed、Google Android Things、嵌入式 Linux 等。在国内，物联网操作系统主要有华为公司的 LiteOS、阿里巴巴公司的 AliOS。LiteOS 是一款轻量级物联网操作系统，具备轻量级、低功耗、快速启动以及支持多种通信方式的能力。AliOS 家族包括 AliOS 和 AliOS Things。AliOS 是面向多端的物联网操作系统，支持多任务处理，具备强大的图形、音视频处理能力。AliOS Things 是面向物联网领域的轻量级嵌入式操作系统，致力于搭建云 – 端一体化的物联网基础设备，具备极致性能、极简开发、云 – 端一体、丰富组件、安全防护等关键能力。

（3）通信模式。短距离通信模式主要有 ZigBee、蓝牙、Wave；移动通信模式主要有 2G/3G/4G/5G；长距离低速无线通信模式主要有 NB–IoT、eMTC、EC–GSM。

（4）传感器。传感器呈现智能化、可移动化、微型化、集成化和多样化的特征。

2.通信网络层

通信网络层实现业务系统之间的通信，主要包括骨干通信网和通信接入网。

（1）骨干通信网。以某信通公司为例，骨干通信网已经实现省际、省级和地市三个层级的全覆盖。通信光缆主要采用光纤复合架空地线（optical fiber composite overhead ground wires，OPGW）、全介质自承式光缆（all dielectric selfsupporting optical cable，ADSS）和其他类型光缆，总长度超过 100 万 km。

骨干通信网可分为以下三类：

1）传输网以光纤通信为主，微波、载波为辅，多种传输技术并存，分为省际、省级和地市三个层级。省际传输网主要采用 OPGW 光缆，随 500kV 及以上电网线路架设，现已形成"六纵六横"的整体光缆网架结构。省级传输网光缆网架以 220kV 及以上电网为基础，以环形结构为主，部分逐步发展为网状网。省级同步数字系列（synchronous digital hierarchy，SDH）网络核心层带宽基本达到 10Gbit/s，为电网生产中的实时业务提供了可靠的通信保障。地市传输网光缆网架以 220、110（66）、35kV 电网为基础，以环形结构为主。

2）业务网主要包括数据通信网、调度交换网、行政交换网、电视电话会议系统。

3）支撑网包括同步网、网管系统、应急通信系统等，共同实现骨干通信网的管理和应急通信。

（2）通信接入网。10kV 通信接入网主要覆盖 10kV 配电网开关站、配电室、环网单元、柱上开关、配电变压器、分布式能源站点、电动汽车充换电站、10kV 配电线路等。10kV 通信接入网主要由光纤专网、电力线载波以及无线专网 / 公网构成，主要满足配电自动化、用电信息采集、分布式电源接入、电动汽车充电站（桩）等通信业务的接入和上联需求，形成与骨干通信网垂直贯通、面向用户、安全可控的一体化接入网络。

3. 平台应用层

针对物联网规模化应用面临的挑战，根据前期规划，电力物联网平台应用层主要包括物联管理中心、能力开放中心、通信业务支撑中心，对应于设备管理、连接管理、用户管理、应用使能、业务服务、运行监控六类功能。

4. 一体化"国网云"

基于 SG186 和 SG-ERP，建成了三地集中式灾备（数据）中心、一体化信息集成平台和软硬件资源池，可以有效支撑"横向集成、纵向贯通、二级部署、三级应用"的一体化企业级信息系统的建设和应用，为各类 IT 资源进一步云化奠定基础。随着信息化系统建设与应用的不断深入，IT 基础设施和一体化平台暴露出以下五个方面的不足：一是 IT 基础资源按需供应能力不足；二是 IT 基础资源的动态扩展和回收能力不足；三是跨域分布式计算能力不足，导致数据纵向搬动频繁；四是在线开发、测试和发布能力不足；五是 IT 基础设施标准化程度较低，系统的一体化实现不足。同时，由于近年来电力业务发展迅速，因此在运营效益、电网安全、客户服务及新业务拓展等方面，对平台能力提出了更高要求。

一体化"国网云"平台是对 SG-ERP2.0 一体化平台的继承和发展，由云基础设施、云平台组件、云服务中心和云安全套件四部分组成。通过云服务中心，实现云基础设施和云平台组件的一体化服务；通过云安全套件，为云平台自身和支撑业务应用提供安全保障。

5. 全业务统一数据中心

基于 SG186 和 SG-ERP，建成了总部、省（市）两级数据中心，积累数据总量达 PB 级，设计并作为企业标准发布了国家电网有限公司公共信息模型（SG-CIM），建成了主数据管理平台，实现了物料、供应商、会计科目等主数据的统一管理，支撑了"三集五大"核心业务的集成融合，为大规模开展大数据应用奠定了基础。但是，随着各业务条线信息系统建设和应用的不断深入，逐渐暴露出跨专业业务协同与信息共享不足，数据多头输入，数据准确性、实时性不强，数据反复抽取、冗余存储、质量不高等问题。同时，为了加快构建世界一流能源互联网企业和全面建成"一强三优"现代公司的目标，对全业务协同、全流程贯通提出了更高要求，深入挖掘数据价值、用数据管理企业、用信息驱动业务的需求更为迫切。

数据是信息化的核心，建设全业务统一数据中心是源端全业务融合、后端大数据分析的必然选择，对建设信息化企业具有重要意义。同时，大数据、云计算等新技术的日趋成熟，为全业务统一数据中心的建设提供了技术保障。

全业务统一数据中心是一套面向全业务范围、全数据类型、全时间维度数据提供统一的存储、管理与服务的系统，具备实现业务高度融合、数据充分共享的基本功能。

1.2.4　能源互联网发展趋势

（1）物联网总体架构从垂直一体化到水平结构的转变，第一次以物联网平台、端系统为核心，正在经历的第二次以人工智能、大数据处理和边缘计算等新技术为核心。

（2）物联网技术的发展趋势主要体现在开放的物联网平台、标准化的通信接入、广泛低功耗的接入方式、充分的数据共享和完善的安全体系。

（3）国家对物联网产业的支持涵盖基础设施、技术研发、应用推广、标准制定、产业发展、资金扶持等方面。

（4）物联网产业正处于快速增长至大爆发前的战略机遇期。物联网涉及的传感、通信、信息、智能化和安全等技术正逐渐发展成熟，物联网正逐步向工业互联网、智慧能源、智能电网等具体行业应用延伸。

1.3　能源互联网安全风险

IT技术在不断融合创新，数字化转型也在不断深入，全球网络安全生态正迎来深刻变革，能源互联网也不例外。能源、电网、水利等关键基础设施领域多次成为网络攻击的靶心。频频遭受威胁的背后，攻击方式越来越隐蔽，攻击范围越来越广泛，攻击手段越来越多样。作为关系国家安全和国计民生的关键信息系统，能源互联网的网络安全风险不仅仅会带来信息泄露、信息系统无法使用等"小"问题，还会对现实世界造成直接的、实质性的影响，如社会生产瘫痪、交通瘫痪、设备损坏、环境污染等。当前，全球能源互联网发展呈现出关键技术加速突破、基础支撑日益完善、融合应用逐渐丰富、产业生态日趋成熟的良好态势。从概念普及、实践生根、全面部署，我国能源互联网进入产业格局渐定的关键期和规模化扩张的窗口期。安全也成为能源互联网的建设重点，着重建设能源互联网安全体系成为重中之重。

随着新能源并网量的激增，新能源工业控制安全也面临着新挑战。例如，网络边界防护不完善、风电集控中心到风电场远程调度未使用电力专网、通过互联网使用远程通信软件来控制风机、控制区和非控制区之间未进行逻辑隔离、风电场服务器未进行加固防护等。而且随着信息安全形势日益严峻，能源互联网安全防护的难度也大大增加。

（1）信息通信技术的广泛应用引入网络信息安全问题。能源互联网追求的目标是充分利用新技术优势，对不同功能环节进行整体优化，形成一体化的社会综合能源供用体系，即"能源互联系统"。其中，智能电网将先进的信息技术、通信技术、自动控制技术与电网基础设施有机融合，可获取电网的全景信息，及时发现、预见可能发生的故障。故障发生时，智能电网可以快速将其隔离，实现自我恢复，从而避免大面积停电事故的发生。但是，大数据、云计算、物联网、移动互联网和软件定义网络、宽带无线等信息通信技术的应用，也使得智能电网面临病毒、木马、系统漏洞、拒绝服务等网络攻击，给原先以物理防护为主的电网安全防护体系带来了挑战，而电能作为各种不同形式能源之间相互转化的枢纽，一旦受到威胁，势必影响能源互联网的安全。

（2）与物联网、互联网的深度融合发展带来非传统安全问题。能源互联网与物联网、互联网等深度融合后，可以对能源的产生、传输、分配、转换、存储、消费等环节进行整体协调控制，通过整体优化提高能源的利用效率，并通过不同能源间的"替代和转化"提高可再生能源的应用比例。以智慧电网为例，用户可以实时了解供电能力、电能质量、电价状况和停电信息，合理安排用电。同时，智能电网的运行控制更加灵活、经济，并能适应大量分布式电源、微电网及电动汽车充放电设施的接入。将无线公网接入电网主站，会造成原有电网封闭隔离的边界模糊化。攻击者可以综合利用电网业务逻辑等方面的薄弱环节进行攻击，且攻击方式正在逐渐增多，而这类攻击具有定制化、组织化、长期化、潜伏性强、危害巨大等特点，会严重影响电网生产安全和服务质量。据有关机构统计，国际上针对监控与数据采集系统（supervisory control and data acquisition，SCADA）等工业控制系统的攻击数量年均翻番，网络安全形势不容乐观。

（3）行业开放新形势使得信息安全治理面临挑战。随着全球能源互联网、"互联网 + 电力"的全面实施，分布式能源、新能源等新型业务不断涌现，运营模式、用户群体都在发生巨大变化，能源市场由相对专业向广域竞争转变，民营企业等各种主体也参与到能源市场，使得能源互联网的标准、开放、互联特性进一步增强，也使得能源互联网网络安全、业务安全和数据安全防护战线不断延伸，给安全防护带来新压力，增加了"一点突破，影响全网"的风险。

1.4　能源互联网安全防护现状

近年来，随着网络安全威胁从软件向硬件发展，作为国家基础设施的电网成为网络攻击的第一线。历时近20年，电力行业建立了电力监控系统网络安全防护体系，形成了《电力监控系统网络安全防护导则》（GB/T 36572—2018）。在此基础上，还形成了《信息安全技术　重要工业控制系统网络安全防护导则》（GB/Z 41288—2022），用于建立重要工业领域的安全防护体系，与已有国际、国内安全类标准和行业标准、技术标准形成互补。这套安全防护体系主要包括三个空间维度，即安全防护技术、应急备用措施、全面安全管理，一个时间维度，即不断发展完善。

其中，安全防护技术包括基础安全、结构安全、本体安全、安全免疫四个层面：①基础安全的重点是物理安全，须按照国家信息安全等级保护要求，加强建筑物、机房、电源、环境、通信等物理设施和密码基础设施的安全防护；②结构安全的重点是"安全分区、网络专用、横向隔离、纵向认证"，将体系划分为生产控制大区和管理信息大区，各自采用专用数据网络；③本体安全包括操作系统和硬件系统安全，重点是监控系统无恶意软件、操作系统无恶意后门、整机主板无恶意芯片、主要芯片无恶意指令；④安全免疫的重点是可信计算安全免疫。

然而，即使有了上述防御手段也要假定任何系统都会被攻破，提前准备应急备用措施。要构建位于外部因特网、信息外网、信息内网、生产控制大区和核心控制区之间的四道安全防线，实现多部门多专业的协同防御。更要有全生命周期管理，实现整体系统安全的终身负责。通过上述三个维度安全举措的相辅相成，最终建立起多维互补的工业控制系统安全防护。

目前电网安全已成为国家安全的重要环节。物联网作为未来应用最为广泛的基础技术，将成为电网控制的"神经"，渗入电网控制的各个方面。这也使得电力物联网安全对大电网的安全稳定运行起着举足轻重的作用。从电网发电、输电、变电、配电、用电的各环节现状来看，物联网安全解决方案需要从信息安全管理和信息安全技术两方面展开：

在信息安全管理方面，监测网络安全风险，明确保护对象、确定保护等级、落实保护措施；组建专业化的信息安全技术团队；整合现场和远程资源，提升网络安全事件处置效率；集中优势资源，落实重大活动网络安全保障要求，加强网络安全指挥、值守和监控。

在信息安全技术方面，根据管理信息大区网络总体安全防护架构设计，信息网络边界主要分为横向边界和纵向边界两大类，其中横向边界主要通过信息网络隔离装置进行隔离防护，纵向边界主要通过信息内网安全接入平台和信息外网安全交互平台进行安全接入、身份认证、通道加密。

第 2 章

能源互联网安全政策法规与标准规范

随着能源互联网的发展和应用，保障能源互联网的安全性已经成为一个重要的课题。能源互联网平台是一个集成能源生产、传输、消费等各个环节的信息化管理平台，用于实现全面监控、调度和管理能源系统。其中，能源云作为核心部分，是基于云计算和大数据技术构建的能源资源管理与调度系统。通过能源互联网平台和能源云的应用，能源系统能够高效安全地运行，实现能源的可持续发展和智慧利用。为了确保能源互联网平台和能源云的安全运行，各国政府、行业组织和标准机构纷纷出台了一系列安全政策法规与标准规范。这些政策法规与标准规范旨在规范能源互联网安全管理、建设与运行的各个方面。它们涵盖了网络安全、数据安全、物理安全等各个层面的要求，以保障能源互联网系统的稳定性、可靠性和可持续发展。同时，技术标准与规范为能源互联网的建设和运营提供了技术指导和依据。本章主要介绍国内外能源互联网平台以及能源云安全相关的政策法规与标准规范。

2.1 国外能源互联网平台安全相关政策法规与标准规范

能源系统的数字化程度在不断提高，网络设备和控制系统的数量也在不断增加，这表明电网正在向智能电网转变，越来越多的控制功能实现了自动化。近年来，随着能源互联网平台的快速发展，相关安全问题也逐渐凸显出来。为了确保能源互联网平台的安全运行，各国政府纷纷出台了相关政策法规与标准规范。

2008 年 12 月，欧盟颁布《欧盟关键基础设施认定和安全评估指令》（2008/114/EC），并将其作为欧盟制定安全标准的基础。该指令建立了识别和指定欧洲关键基础设施（European Critical Infrastructures，ECI）的程序，并引入了一种评估其保护和改进需求的通用方法。该指令仅适用于能源和运输部门，它要求指定 ECI 的所有者或运营商准备高级业务连续性计划（运营商安全计划），并提名安全联络官作为负责关键基础设施保护的国家当局的联络点。近年来，由于多个大型工业安全事件的发生，欧盟委员会为能源系统网络安全通信给出了原则性指导，并且正在以新的形式为能源系统运营商制定具有约束力的规则。

2019 年 4 月，欧盟发布《能源部门网络安全的委员会建议》（2019/553/EU），其中包含成员国和主要利益相关者（尤其是电网运营商）在做出有关基础设施的决策时应考虑的指导方针。这些措施包括网络安全风险分析和准备，特别是针对遗留系统、更新软件和硬件，以及遗留环境中的安全事件建立自动监控能力。该建议强调，由于实时要求、先进和传统技术的混合以及中断的级联效应，能源系统，尤其是电网需要一种专门的方法和标准来保证其安全性。专家们认为，改进信息的交流、标准化和认证、网络安全技能的发展和监管变得越发重要。

2019 年 6 月，欧盟颁布《电力风险防范法规》（2019/941/EU），用于电力行业危机的预防和管理。它设想通过开发通用方法来评估电力供应安全的风险，进而产生管理危机情况的通用规则以及更好地评估和监测电力供应安全的通用框架。

2019 年 6 月，欧盟重新制定了《能源网络安全电力法规》（2019/943/EU），并授权欧盟委员会制定网络安全规范。建议建立欧洲能源部门的预警系统，实现跨境和跨组织风险管理、最低限度关键基础设施组件的安全要求、能源系统运营商的最低保护级别、欧洲能源网络安全成熟度框架和供应链风险管理。

美国同样关注着能源互联网平台安全标准的制定。2005 年 8 月，美国颁布《美国国家节能政策法案》，以应对能源领域的安全挑战。该法案赋予联邦能源监管委员会（Federal Energy Regulatory Commission，FERC）任命一个电力可靠性组织（Electric Reliability Organization，ERO）的能力，该组织将发展和执行美国所有大容量电力公司的强制性可靠性标准。其中，北美电力可靠性委员会（North American Electric Reliability Council，NERC）作为一家私营非营利性组织，于 2006 年被指定为美国的 ERO。NERC 负责制定关键基础设施保护标准（North American Electric Reliability Corporation – Critical Infrastructure Protection，NERC–CIP）清单，并将这些文件提交给 FERC 进行审查。目前针对电力生产和传输的基础设施的标准中，NERC–CIP 是世界上最详细和最全面的网络安全标准之一。这些标准也可以在必要时快速更新，以有效地适应波动的网络安全环境。然而，在大多数情况下，NERC 并未具体说明公用事业公司应如何满足标准，而是要求公用事业公司行使"合理的商业判断"。

在建立法律法规之外，美国对能源网络安全问题也采取全面措施进行管理，以应对新出现的威胁。例如，新的网络安全、能源安全和应急响应办公室（Office of Cybersecurity，Energy Security and Emergency Response，CESER）旨在通过与国家实验室系统、私营部门协调组织以及州和地方政府合作，领导能源供应中断的协调响应。

2010 年 1 月，澳大利亚政府通过建立澳大利亚网络安全中心（Australian Cybersecurity Center，ACSC），使联合网络安全中心（Joint Cybersecurity Center，JCSC）遍布全国各州首府，用分布式管理的方式保证能源互联网安全。2019 年，ACSC 监督了澳大利亚全国范围内的网络弹性和响应活动计划，该计划针对电力行业以及涉及能源和网络安全的政府机构进行信息交流和培训活动。2019 年 11 月，澳大利亚电力行业进行了为期两天的功能性演习。ACSC 表示，能源系统的安全性和弹性仍将是一个关键问题。当前的一些趋势将提高对强有力的社会网络物理安全措施和政策的需求，特别是在电力部门。

2.2 我国能源互联网平台安全相关政策法规与标准规范

党的十八大以来，面对能源供需格局新变化、国际能源发展新趋势，以习近平同志为核心的党中央提出了"四个革命、一个合作"能源安全新战略，为新时代能源高质量发展指明了方向，能源供给侧结构性改革持续推进，能源安全保障能力不断增强，多轮驱动的供应体系基本建成，能源绿色低碳转型步伐加快，能效水平稳步提升，节能降耗成效显著，能源事业取得新进展。

下面介绍我国颁布的与能源互联网平台安全相关的政策法规与标准规范。

2017 年 6 月 1 日，《中华人民共和国网络安全法》（简称《网络安全法》）正式实施。由于工业控制系统在关键信息基础设施中的重要性，工业控制系统安全在《网络安全法》中被提升到前所未有的重视程度。《网络安全法》要求国务院有关部门建立健全网络安全监测预警和信息通报制度，加强网络安全信息收集、分析和情况通报工作；建立网络安全应急工作机制，制定应急预案；规定预警信息的发布及网络安全事件应急处置措施。随后，为推动我国工业控制系统网络安全建设，一系列法律法规和规范性文件相继出台，包括国务院发布的《关键信息基础设施安全保护条例》，工业和信息化部印发的《工业控制系统信息安全防护能力评估工作管理办法》，以及工业和信息化部制定的《工业控制系统信息安全行动计划（2018—2020 年）》。

2018 年 4 月，全国信息安全标准化技术委员会、大数据安全标准特别工作组正式发布《大数据安全标准化白皮书（2018 版）》。该白皮书重点介绍了国内外的大数据安全法规政策、标准化现状，分析了大数据安全所面临的风险和挑战，给出了大数据安全标准化体系框架，规划了大数据安全标准工作重点，提出了开展大数据安全标准化工作的建议。

2018 年 9 月，国家能源局印发《关于加强电力行业网络安全工作的指导意见》。该指导意见旨在有效地促进电力行业网络安全责任体系，并有助于完善网络安全监督管理体制机制，进一步提高电力监控系统安全防护水平，强化网络安全防护体系，提高自主创新及安全可控能力，从而防范和遏制重大网络安全事件，以保障电力系统安全稳定运行和电力可靠供应。

2018 年 9 月，《能源管理体系 能源基准和能源绩效参数》（GB/T 36713—2018）正式发布，并于 2019 年 4 月 1 日开始实施。该标准确立了能源基准及能源绩效参数的确定原则和使用指南，适用于任何组织。

2022 年 3 月，《能源互联网与储能系统互动规范》（GB/T 41235—2022）正式发布，并于 2022 年 10 月 1 日开始实施。该标准规定了能源互联网与储能系统在能量互动、信息互动、业务互动方面应遵循的原则和应满足的技术要求，适用于能源互联网与储能系统的互动。

2022 年 3 月，《能源互联网与分布式电源互动规范》（GB/T 41236—2022）正式发布，并于 2022 年 10 月 1 日开始实施。该标准规定了能源互联网与分布式电源互动的总体要求和原则，明确了能源互联网与分布式电源在能量互动、信息互动、业务互动等方面的具体技术要求，适用于能源互联网与分布式电源的互动。

2022 年 3 月，《能源互联网系统 术语》（GB/Z 41237—2022）正式发布，并于 2022 年 10 月 1 日开始实施。该标准界定了能源互联网系统的术语、定义和缩略语，适用于能源互联网系统的规划、设计、建设、运营及交易等。

2022 年 3 月，《能源互联网系统 用例》（GB/Z 41238—2022）正式发布，并于 2022 年 10 月 1 日开始实施。该标准明确了能源互联网系统的基本用例，规定了用例的基本原则和表示方法，叙述了基本用例的物理形态和交互关系，描述了用例的能量流、信息流和现金流等，并给出了参照的用例图，适用于能源互联网的建设和运营。

2023 年 3 月，《能源互联网规划技术导则》（GB/T 42320—2023）正式发布，并于 2023 年 10 月 1 日开始实施。该标准规定了能源互联网规划的通用要求、能源需求与供给预测、能量平衡、能源互联网架构、能源互联网规划建设、多元互动、技术经济分析等要求，适用于能源互联网规划设计与建设的有关工作。

2023 年 3 月，《能源互联网系统　主动配电网的互联》（GB/T 42322—2023）正式发布，并于 2023 年 10 月 1 日开始实施。该标准规定了能源互联网系统下主动配电网互联的通用要求，主动配电网的物理互联、信息互联、信息物理融合等要求，适用于能源互联网系统下主动配电网的规划设计与运行控制。

2.3　我国能源云安全相关政策法规与标准规范

要实现碳达峰、碳中和的"双碳"目标，能源领域完成低碳转型是必要路径。能源行业的数字化转型有助于推动该行业的结构性变革和低碳绿色发展。构建新型能源产业，能够加强生态文明建设，增强国家能源安全保障，实现能源高质量发展，促进"双碳"目标顺利实现。

2020 年 10 月，中共中央十九届五中全会通过了《中共中央关于制定国民经济和社会发展第十四个五年规划和二〇三五年远景目标的建议》，提出"系统布局新型基础设施""建设智慧能源系统"，将能源电力行业作为"新基建"中融合基础设施建设的重点领域之一。为充分发挥"电力新基建"对能源革命的支撑作用，需以互联网、大数据、人工智能等技术深度应用下的能源互联网建设为基础，以智慧能源系统运行控制云平台、能源互联网生态圈等为重点，探索实施路径，破解能源革命中的电力系统发展难题。

2021 年 11 月，国家能源局、科学技术部发布了《"十四五"能源领域科技创新规划》，提出了 2025 年前能源科技创新的总体目标，围绕先进可再生能源、新型电力系统、安全高效核能、绿色高效化石能源开发利用、能源数字化智能化等方面，确定了相关集中攻关、示范试验和应用推广任务，制定了技术路线图，结合"十四五"能源发展和项目布局，部署了相关示范工程，有效承接示范应用任务，并明确了支持技术创新、示范试验和应用推广的政策措施。

2022 年 3 月，国家能源局印发了《2022 年电力安全监管重点任务》，要求在网络安全方面，推进"明目""赋能""强基"三大行动，加快网络安全态势感知平台建设，组织开展网络安全实战演习，评估遴选一批电力行业网络安全分靶场，组织开展关键信息基础设施安全保护监督检查，建立电力行业网络安全等级保护体系。推进北斗系统、国产密码、IPv6等技术在电力行业关键领域深入应用。

2016年10月，《云计算安全框架》（YD/T 3148—2016）正式发布，并于2016年10月1日开始实施。该标准分析了云计算环境中，云服务客户、云服务提供商、云服务伙伴面临的安全威胁和挑战，并阐明可减缓这些风险和应对安全挑战的安全能力。该标准提供的框架方法适用于在减缓云计算安全威胁和应对安全挑战时，应对安全能力做出的具体规范。

2019年8月，《面向公有云服务的文件数据安全标记规范》（YD/T 3470—2019）正式发布，并于2019年10月1日开始实施。该标准面向公有云服务，规范云文件数据安全标记的需求和用途，以及云文件数据安全保护所采用的安全标记表示和使用方法。该标准适用于公有云服务的文件数据安全标记的表示、生成、使用和管理，主要适用于公有云服务的文件数据流动的审计和监管所需的标记的表示、生成、使用和管理。

2019年8月，《信息安全技术　网站安全云防护平台技术要求》（GB/T 37956—2019）正式发布，并于2020年3月1日开始实施。该标准规定了网站安全云防护平台的技术要求，包括平台功能要求和平台安全要求。该标准适用于网站安全云防护平台的开发、运营及使用，为政府部门、企事业单位、社会团体等组织或个人选购网站安全云防护平台提供参考。

2021年4月，《工业企业能源管控中心建设指南》（GB/T 40063—2021）正式发布，并于2021年11月1日开始实施。该标准提供了工业企业能源管控中心建设的基本原则、技术内容、功能、软件、硬件及安全、运行维护管理等指导内容，适用于工业企业能源管控中心建设及改造，其他类型的结构可参照执行。其中，该标准在云服务和安全方面做出了具体的要求，网络及存储设备宜按《信息安全技术　网络安全等级保护基本要求》（GB/T 22239—2019）中的二级及以上标准执行。

2021 年 5 月，《电力物联网信息通信总体架构》（GB/T 40287—2021）正式发布，并于 2021 年 12 月 1 日开始实施。该标准规定了电力物联网的概念模型、参考体系架构、通信参考体系架构及信息参考体系架构要求，适用于电力物联网的信息通信系统的设计、建设及集成应用。其中，该标准对安全部署参考结构提出了总体要求，遵循《电力监控系统网络安全防护导则》（GB/T 36572—2018）、《信息安全技术　网络安全等级保护基本要求》（GB/T 22239—2019）、《信息安全技术　网络安全等级保护定级指南》（GB/T 22240—2020）的要求，安全区划分为生产控制大区、信息管理大区和互联网大区。

2021 年 10 月，《电力系统安全稳定控制系统技术规范》（GB/T 40587—2021）正式发布，并于 2022 年 5 月 1 日开始实施。该标准规定了电力系统安全稳定控制系统（装置）一般要求、功能及配置要求、技术要求和网络安全要求，适用于接入 220kV 及以上电压等级电力系统的安全稳定控制系统（装置），接入 220kV 以下电压等级电力系统的安全稳定控制系统（装置）参照执行。其中，稳控装置以及稳控管理信息系统的网络安全防护技术应符合《电力监控系统网络安全防护导则》（GB/T 36572—2018）的规定。

第 3 章

典型能源互联网安全事件解析

　　随着电网规模的不断扩大，安全事故的影响范围逐渐扩大，电网安全问题日益凸显，成为全球关注的焦点。能源系统与现代社会生产生活密切相关，一旦能源系统发生中断，将会带来灾难性后果。随着能源行业对网络的依赖程度不断增加，网络安全形势也变得日益严峻，网络攻击对企业运营安全构成了巨大威胁。在网络安全事件不断发生的背景下，回顾过去发生在全球的能源互联网安全事件，并对网络安全漏洞进行分析整理，旨在唤起国家、机构、组织、企业和人民对网络安全的高度警惕，共同维护网络空间的安全与稳定。

3.1　美国 Oldsmar 水处理工厂遭遇攻击事件 [1]

　　2021 年 2 月，位于美国佛罗里达州 Oldsmar 的一个水处理工厂遭到袭击。执法部门透露，攻击者获得了水处理工厂系统的访问权限，并且试图将住宅和商业饮用水中氢氧化钠的含量从 1/10000 提高到 11/10000，而这可能会使公众面临中毒的风险。

　　攻击者利用该水处理工厂一直使用的远程监视和控制系统 TeamViewer 实施了此次水坑攻击，其通过密码共享等不良做法获得了 TeamViewer 的访问权限，并进行了未经授权的更改。幸运的是，工作人员及时发现了攻击行为，从而避免了灾难发生。工业控制安全咨询公司 Dragos 在调查后指出，攻击者在该水处

---

[1] 研究人员曝光佛罗里达水厂网络攻击事件背后的水坑攻击 [EB/OL]. [2021-05-20]. https://ti. dbappsecurity.com.cn/info/1981.

理工厂的站点上部署了一个水坑攻击恶意脚本（该脚本存在了近两个月），并收集了一系列信息，以提高僵尸网络恶意软件模拟合法 Web 浏览器活动的能力。

3.2　美国输油管道网络遭遇攻击事件

2021 年 5 月 7 日，美国最大输油管道公司 Colonial Pipeline 遭遇勒索软件攻击。该公司的输油管线绵延 8851km，每天可从墨西哥湾地区向纽约港及纽约各主要机场输送多达 250 万桶的精炼汽油、柴油及飞机燃料，更承担着美国东海岸 45% 的燃油供应。此次攻击事件导致输油管道系统被迫下线。美国联邦汽车运输安全管理局（Federal Motor Carrier Safety Administration，FMCSA）发布豁免通知，允许汽车运输石油产品，以缓解输油管道持续关闭带来的影响。

2021 年 5 月 10 日，美国联邦调查局（Federal Bureau of Investigation，FBI）确认 DarkSide 勒索软件是造成 Colonial Pipeline 公司网络受损的原因。多个消息来源声称 DarkSide 组织于 2021 年 5 月 6 日入侵 Colonial Pipeline 公司的网络，对目标系统植入勒索软件，并窃取近 100GB 的数据，要求受害者付款解密，否则将把数据泄露到互联网上。为防止事态进一步扩大，Colonial Pipeline 公司主动将关键系统设为离线状态，以避免勒索软件扩大感染范围；同时，与执法部门、能源部等多个机构以及网络安全专家合作，对事件进行调查，以尽快恢复系统的正常运营。

2021 年 5 月 13 日，有消息称 Colonial Pipeline 公司已于 2021 年 5 月 7 日向 DarkSide 组织支付了 440 万美元的赎金。赎金交付后 DarkSide 组织提供了解密工具，但因其解密工具恢复效率过慢，Colonial Pipeline 公司使用数据备份恢复了系统。

2021 年 5 月 17 日，Colonial Pipeline 公司的汽油、柴油及航空燃油供应恢复到正常水平。

DarkSide 组织首次出现于 2020 年 8 月，是勒索软件团伙的新锐代表，在黑客论坛上非常活跃。该组织采用勒索软件即服务（ransomware as a service，RaaS）模型进行各种犯罪活动，并专门针对有能力支付大型赎金的企业进行攻击。Darkside 勒索软件采用多线程等技术加密，加密文件的速度相比其他勒索软件更快，即加密相同文件的用时更少。Darkside 勒索软件采用"RSA1024+Salsa20"算法加密文件，可以感染 Windows 和 Linux 系统。Darkside 组织采用"窃密 + 勒索"的组合形式对受害者发起攻击，这意味着攻击者不仅会加密用户数据，而且会窃取用户数据信息，并威胁如果不支付赎金就将其数据公开。表 3–1 列出了 Darkside 勒索软件涉及的技术描述。

表 3-1　Darkside 勒索软件涉及的技术描述

阶段 / 类别		具体行为
侦查	搜索受害者主机信息	推测入侵者攻击前应做的准备
	搜索受害者组织信息	
	通过网络钓鱼搜集信息	
初始访问	利用有效账户	通过获取和滥用现有账户的凭据获得初始访问权
	网络钓鱼	利用鱼叉式钓鱼邮件和钓鱼网站链接进行传播
	水坑攻击	寻找攻击目标经常访问的网站的弱点
执行	利用系统服务	用 Windows 服务控制管理器来执行恶意命令或有效负载
	利用 API	直接与本机操作系统的 API 交互以执行行为
	利用命令和脚本解释器	用 PowerShell 命令和脚本来执行各种操作
	利用 Windows 管理规范（WMI）	PowerShell 代码通过调用执行 WMI 删除卷影副本
持久化	利用计划任务 / 工作	用任务 / 工作计划功能来促进恶意代码的初始或重复执行
	利用有效账户	通过获取和滥用现有账户的凭据实现持久性
提权	利用有效账户	通过获取和滥用现有账户的凭据实现特权提升

续表

阶段 / 类别		具体行为
提权	操纵访问令牌	通过修改访问令牌在不同的用户或系统安全性上下文下运行以执行操作
	进程注入	通过将代码注入流程以实现特权提升
防御规避	反混淆 / 解码文件或信息	使用混淆文件或信息来隐藏入侵的分析结果
	仿冒	操纵工件的特征，以使对用户或安全工具显得合法或良性
	利用有效账号	通过获取和滥用现有账户的凭据实现防御逃避
	操纵访问令牌	通过修改访问令牌在不同的用户或系统安全性上下文下运行以绕过访问控制
	虚拟化 / 沙箱逃逸	采用各种手段来检测并避免虚拟化和分析环境
	进程注入	通过将代码注入流程以规避基于流程的防御
凭证访问	获取密码存储中的凭证	搜索公用密码存储位置以获得用户凭据
发现	发现进程	获取有关系统上正在运行的进程的信息
	发现账户	获取系统或环境中的账户列表
	虚拟化 / 沙箱逃逸	采用各种手段来检测并避免虚拟化和分析环境
	发现文件和目录	枚举文件和目录，或者在主机或网络共享的特定位置搜索文件系统内的某些信息
	发现远程系统	通过 IP 地址、主机名或网络上其他可用于从当前系统进行横向移动的逻辑标识符来获取其他系统的列表
	发现软件	获取安装在系统或云环境中的安全软件、配置、防御工具和传感器的列表
	发现系统信息	获取有关操作系统和硬件的详细信息
	发现系统所有者 / 用户	识别主要用户、当前登录的用户、通常使用系统的组用户或某个用户是否正在积极使用该系统
	发现系统服务	获取有关注册服务的信息
	发现网络共享	查找共享文件夹

续表

阶段 / 类别		具体行为
收集	压缩 / 加密收集的数据	压缩或加密在渗透之前收集的数据
命令与控制	使用应用层协议	使用应用层协议进行通信以通过与现有流量融合来避免检测 / 网络过滤
	使用加密信道	采用已知的加密算法来隐藏命令和控制流量
	使用标准非应用层协议	使用非应用层协议在主机与命令和控制服务器之间或网络内受感染主机之间进行通信
	使用代理	使用连接代理来引导系统之间的网络流量或者充当与命令和控制服务器进行网络通信的中介
影响	造成恶劣影响的数据加密	加密目标系统或网络中大量系统上的数据以中断系统和网络资源的可用性
	篡改可见内容	修改企业网络内部或外部可用的视觉内容
	禁用服务	停止或禁用系统上的服务以使合法用户无法使用这些服务
	禁止系统恢复	使用命令禁止系统的自动修复功能

3.3 挪威 Volue 公司遭遇勒索事件 [1]

2021 年 5 月，挪威的一家为欧洲能源及基础设施企业提供技术方案的公司 Volue 遭到勒索软件攻击。由于勒索软件关闭了挪威 200 座城市的供水与水处理设施的应用程序，导致挪威国内约 85% 的居民生活受到了影响。攻击事件发生后，Volue 公司迅速采取措施，关闭了托管的多种应用程序，将设备进行隔离，并调查攻击细节、影响范围以及可能产生的后果。挪威面向能源与水务部门的网络安全响应单位 KraftCERT 还向 Volue 公司建议，所有客户应立刻关闭与其应用的链接，并重置登录凭证。

---

[1] 互联网安全内参 . 欧洲能源技术供应商遭勒索攻击，业务系统被迫关闭 [EB/OL].[2021-05-17]. https://www.secrss.com/articles/31248.

经过调查，安全专家们在 Volue 公司的计算机系统中发现了 Ryuk 勒索软件。Volue 公司发言人对客户讨论表示，此次攻击事件尚未发现数据泄露的证据，并认为超过 90% 的客户处于安全或基本安全的状态。但由于 Ryuk 在勒索攻击中经常被使用，所以很难确定攻击者的幕后身份。

3.4　沙特石油巨头数据泄露事件 ❶

2021 年 7 月，沙特石油巨头沙特阿美的专有数据被发现在暗网上出售，数据总量有 1TB，包括近 15000 名员工的全部信息、多处炼油厂的相关文件、多种系统的项目规范、内部分析报告、设备的网络布局、客户名单与合同等。攻击者开价 500 万美元，并提出如果要求在获取完整数据的同时彻底删除攻击者手中的副本，则价格将涨至 5000 万美元。

此次攻击来自一个名为 ZeroX 的恶意团伙，其宣称盗取的数据源自 2020 年对沙特阿美的一次"网络及服务器"入侵行动，有一部分数据甚至可以追溯到 1993 年。攻击者和沙特阿美都表示此次攻击并不属于勒索软件攻击。攻击者没有透露明确消息，但曾模糊地表示利用了零日漏洞实现此次入侵。沙特阿美称此次数据泄露归因于第三方承包商，事件本身并未对公司的日常运营造成影响。

3.5　丹麦风电巨头遭遇网络攻击事件 ❷

2021 年 11 月，丹麦风力涡轮机巨头维斯塔斯（Vestas）遭到了网络攻击。

❶ 互联网安全内参.石油巨头沙特阿美发生数据泄露：1TB 数据在暗网兜售 [EB/OL].[2021-07-20]. https://www.secrss.com/articles/32777.

❷ 网络安全应急技术国家工程实验室.风电巨头维斯塔斯遭网络攻击并导致数据泄露 [EB/OL]. [2021-11-23]. http://www.chinaaet.com/article/3000142005.

11 月 19 日，Vestas 公司在事件发生后关闭了部分系统。11 月 22 日，Vestas 公司证实，这次攻击事件已经影响了部分内部 IT 基础设施，并且数据已被泄露，部分受到攻击的设备正在恢复中，客户和供应链等第三方运营暂未发现受到影响。但是，Vestas 公司并未提供此次攻击的详细信息，也拒绝说明攻击类型。

《安全周刊》报道称，此次事件中 Vestas 公司的数据被挟持和加密，并且被用来勒索高额赎金，具有勒索软件攻击的所有特征。由于 Vestas 公司业务范围广，覆盖全球 85 个国家和地区，有专家表示，一旦此次攻击事件的后续影响持续发酵，尤其是出现中断制造、安装和维修过程等情况，可能会对我国风电行业造成重大影响。

3.6 伊朗核电站遭遇病毒攻击事件

2010 年 9 月，伊朗政府宣布，伊朗布什尔核电站遭到一种名为"震网"的病毒的攻击。布什尔核电站大约有 3 万个网络终端感染"震网"病毒，病毒攻击目标直指核设施。由于被病毒感染，监控录像被篡改，监控人员看到的是正常画面，而实际上离心机在失控情况下不断加速而最终损毁。病毒给伊朗布什尔核电站造成严重影响，导致放射性物质泄漏。"震网"病毒是一种蠕虫病毒，主要利用 Windows 系统漏洞，通过移动存储介质和网络进行传播。

这次攻击主要是由攻击者收买内部员工将"震网"病毒植入伊朗核设施工程师的个人计算机中，病毒再利用 U 盘等路径传播到离心器的工业控制计算机中，进而修改离心机的配置参数，使离心机的转数超过合理范围，造成损坏。"震网"病毒利用了 Windows 系统中至少 3 个漏洞，以及利用 WinCC 系统的 2 个漏洞直接对伊朗核设施进行破坏。

（1）Windows 漏洞。Windows 系统漏洞如下：

1）快捷方式文件解析漏洞。该漏洞利用 Windows 在解析快捷方式文件（如

lnk 文件）时的系统机制缺陷，使系统加载攻击者指定的动态连接库（dynamic linked library，DLL）文件，从而触发攻击行为。Windows 在显示快捷方式文件时，会根据文件中的结构信息寻找它所需要的图标资源，并将其作为文件的图标展现给用户。如果图标资源在一个 DLL 文件中，系统就会加载该 DLL 文件。攻击者可以构造一个这样的快捷方式文件，使系统加载其指定的恶意 DLL 文件，从而触发后者中的恶意代码。"震网"病毒一共使用了两种措施即内核态驱动程序、用户态 Hook API 来实现对 U 盘文件的隐藏，使攻击过程很难被用户发觉，也能在一定程度上躲避杀毒软件的扫描。

2）远程过程调用执行漏洞（MS08-067）。存在该漏洞的系统收到精心构造的远程过程调用请求时，可能允许远程执行代码。在 Windows 2000、Windows XP 和 Windows Server 2003 系统中，利用这一漏洞，攻击者可以通过发送恶意构造的网络包来直接发起攻击，不需要通过认证就能运行任意代码，并且能获取完整的权限。因此，该漏洞常被蠕虫用于大规模传播和攻击。

3）打印机后台程序服务漏洞（MS10-061）。Windows 打印后台程序没有合理地设置用户权限。攻击者可以通过提交精心构造的打印请求，将文件发送到暴露了打印后台程序接口的主机目录中。利用该漏洞可以用系统权限执行任意代码，从而实现传播和攻击。

（2）WinCC 系统漏洞。WinCC 系统漏洞如下：

1）硬编码漏洞。WinCC 系统中存在一个硬编码漏洞，保存了访问数据库的默认账户名和密码。Stuxnet 蠕虫病毒利用该漏洞可以尝试访问该系统的 SQL 数据库。

2）DLL 加载漏洞。集成了 WinCC 的 Step7 工程中，打开工程文件时，存在 DLL 加载策略上的缺陷，从而会导致一种类似于"DLL 预加载攻击"的利用漏洞。最终，"震网"病毒通过替换 Step7 软件中的 s7otbxdx.dll，而将原来的同名文件修改为 s7otbxsx.dll，并对该文件的导出函数进行一次封装，从而实现对文件的查询和读取。

📡 3.7　乌克兰电网遭遇网络攻击事件

2015 年 12 月，乌克兰发生了一次影响巨大的有组织、有预谋的定向网络攻击。攻击者入侵了乌克兰电力公司的监控管理系统，导致至少有三个电力区域被攻击，全国超过一半的地区的近一百四十万居民家中断电数小时。安全公司的调查指出，致使乌克兰部分地区停电的"幕后黑手"是一款名为"黑暗力量"（BlackEnergy）的恶意病毒。

攻击者在 Microsoft Office 文件（xls 文件）中嵌入了恶意宏文件，并以此作为感染载体对目标系统进行感染。攻击者以钓鱼邮件方式，附带木马 xls 文件，用欺骗手段让电力公司内部人员打开该文件，导致系统被 BlackEnergy 感染并释放出具有破坏性的 KillDisk 插件和安全外壳（secure shell，SSH）后门。KillDisk 被触发后，立即删除系统所有硬盘数据，使系统无法启动，并结束 sec_service.exe 进程以影响网络通信。攻击者还对电力部门的技术支持电话进行了"洪泛攻击"，导致发电站的整个技术支持部门完全处于瘫痪状态。

📡 3.8　其他重大能源互联网安全事件

（1）立陶宛能源公司 Ignitis Group 遭遇 DDoS 攻击。2022 年 7 月，立陶宛能源公司 Igntis Group 遭受了其十年来最大的网络攻击。黑客组织使用了分布式拒绝服务（distributed denial of service，DDoS）对 Igntis Group 公司进行了攻击，扰乱了其数字服务和网站运行。黑客组织 Killnet 负责人声称，这是该组织对立陶宛发起的一系列攻击中的一次。7 月 9 日，Ignatis Group 在 Facebook 上表示，公司已经能够管理和限制攻击对其系统的影响，并表示网络攻击仍在继续。Ignitis Group 还在新闻稿中表示，其正在与主管当局合作，并继续努力确保其网站和数字服务的可访问性。

（2）德国两家能源供应商遭遇黑客攻击。2022 年 6 月，位于达姆施塔特的 Entega 和位于美因茨的 Mainzer Stadtwerke 遭遇黑客袭击。Entega 的一条推文显示，该公司受到了一种主要攻击公司网站和员工电子邮件账户的攻击。Entega 声称其关键基础设施没有受到影响，也没有客户数据被泄露，预计不会出现供应故障。Mainzer Stadtwerke 表示，关键基础设施没有受到损坏，预计不会出现供应故障。这两家能源供应商都使用同一个 IT 解决方案供应商 Count+Care 的产品，并且该公司的网站在推文发布时也无法访问。

（3）德国风力涡轮机公司 Nordex 遭遇 Conti 勒索软件攻击。2022 年 4 月 2 日，德国风力涡轮机公司 Nordex 披露其遭遇了网络攻击并且已关闭跨多个地点和业务部门的 IT 系统以防止攻击进一步蔓延。随后 Nordex 发布声明，称尽管遭受网络袭击，但其正在努力恢复正常运营。4 月 14 日，Conti 勒索软件组织声称对此次网络攻击负责。而在后续的调查中，Nordex 发现引起此次事件的安全漏洞仅限于内部 IT 基础设施。

第 4 章

能源互联网安全综合防护平台建设基础

能源互联网安全综合防护平台是为了解决能源系统面临的网络安全威胁而设计的。随着能源互联网的发展和普及，能源系统的数字化和互联化程度提升，需要一套综合性的安全解决方案来确保系统的安全运行和数据保护。该平台整合了网络安全、身份认证、数据加密、入侵检测与防御等多层次的安全措施，通过网络防火墙、安全网关等设备进行监控和策略控制，同时采用多因素认证、数据加密等技术手段进行安全保障。此外，该平台具备实时监测和预警功能，能够快速反应和处理异常行为及安全事件。通过应用能源互联网安全综合防护平台，能源系统可以有效应对各类安全威胁。本章从平台建设必要性、平台需求分析、应用场景以及设计方案四个方面介绍能源互联网安全综合防护平台。

📡 4.1 能源互联网安全综合防护平台建设必要性

（1）为建设能源互联网提供内在保障。电力企业物联网安全防护是我国能源互联网建设的内在保障。智能电网安全防护与测评是将先进的安全防护与测评理念、手段、工具用于智能电网信息安全防护与工业控制系统安全测评，以保障智能电网的安全稳定运行。

（2）落实国家对工业互联网安全政策的需要。2017 年 11 月，国务院发布《关于深化"互联网 + 先进制造业"发展工业互联网的指导意见》。随后，工业和信息化部相继发布《工业控制系统信息安全防护指南》《工业控制系统信息安全事件应急管理工作指南》《工业控制系统信息安全防护能力评估工作管理办法》等指导文件。2017 年 12 月 12 日，工业和信息化部再次发布《工业控制系统信息安全行动计划（2018—2020）》，从安全管理水平、态势感知能力、安全防护能力、应急处置能力、产品发展能力等方面对工业控制系统信息安全作出具体要求。

（3）提升国家安全防护能力的需求。电网的安全稳定运行是国家安全的重要组成部分，直接关系到国计民生。电网的运行控制十分复杂，一旦出现故障，可能迅速波及更大的范围，进而造成电网事故，对经济、社会和人民生活造成巨大影响，甚至带来社会动乱。近些年世界范围内发生的重大电力网络安全事件，均对铁路、通信、银行、机场等国家基础设施造成了致命性的影响，体现了电力对国家经济、社会稳定的基础和战略作用。

电力物联网作为电力流、信息流融合的关键载体，提供电网实时监视控制、在线安全稳定分析、计划安全校核和调度业务管理等核心功能，其自身的安全稳定运行与防护能力事关重大。鉴于外部信息攻击威胁的严峻形势，已有战略专家指出电网就是未来信息战的战场。因此，迫切需要采用先进的信息安全测评技术与手段，确保电网工业控制系统的安全，以保障电网安全稳定运行。

（4）对国家重点行业工业互联网安全形成示范。2019 年 5 月，网络安全等级保护制度 2.0 国家标准发布，标志着国家网络安全等级保护工作步入新时代。新时期国家网络安全等级保护制度具有鲜明特点，其实现了两个全覆盖：一是覆盖各地区、各单位、各部门、各企业、各机构；二是覆盖所有保护对象，如网络、信息系统、云平台、物联网、工业控制系统、大数据、移动互联网等各类技术应用，无一例外都要落实等级保护制度。电力企业开展的电力物联网建设，充分应用移动互联网、人工智能等现代信息技术、先进通信技术，实现电力系统各环节的万物互联、人机交互，建设具有状态全面感知、信息高效处理、应用便捷灵活等特征的智慧服务系统。

因此，建立多层次电力企业网络安全综合防护体系，并在典型工业互联网系统中进行验证，既是对国家等级保护制度的进一步落实，也将对我国水利枢纽、环境保护、铁路、城市轨道交通、民航等多个领域形成强有力的示范效应。

（5）促进我国电力行业网络安全产品自主可控发展。开展电力企业网络安全综合防护平台建设工作，推广应用全环节自主可控网络安全产品，进一步推动我国电力行业以及工业控制自动化领域的网络安全防护建设，必将极大地促进我国工业控制系统网络安全产业的发展，同时培养一批高水平的安全防护产品设计、开发、检测、管理人才，为推动我国网络安全产业建设贡献力量。

4.2 能源互联网安全综合防护平台需求分析

（1）电力智能化业务停电破坏威胁亟待解决。能源互联网环境下开展的电子商务、智慧能源服务、源网荷储协同服务、新能源云、多站融合、互联网金融、能源大数据等方面的业务，涉及大量的个人信息、社交评论等，需采取严格措施控制相关风险；业务从"垂直封闭"模式向"水平开放"模式转变，存在数据单向采集、"采集＋集中控制""采集＋集中控制＋区域自治"三种技术形态，新的业务模式给以传统业务为主的安全防护体系带来了新的挑战。

（2）电力生产经营敏感信息泄露风险亟待解决。当前，电力生产经营数据高度融合集中，数据安全防护集中在企业内部。在能源互联网场景下，数据存储量、存储类别及使用方式等都发生了较大变化，而且资源融通共享，应用场景复杂，从而对数据安全管理和使用提出了新的挑战；各类基础平台、中台、组件存在安全漏洞，容易导致非授权访问、数据泄露、远程控制等后果。

（3）电力网络安全边界面临模糊化不可控风险。新业务模式改变了业务交互方式，对传统安全防护体系提出了新的挑战。业务横向贯通成为趋势，网络边界更加模糊，以隔离为主的防护体系难以满足物与物的广泛互联需求；大量的4G、5G、Wi-Fi、ZigBee等多种形态的无线网络接入，打破了电力系统原有的专网通信模式，网络层的安全需求更加迫切。

（4）安全监管手段未覆盖海量异构感知层终端。物联网的终端部署广泛，现场环境不受控，安全监测和监管手段尚未全面覆盖，有效的安全更新机制比较欠缺，因此发现漏洞难以及时修复。大量终端接入导致现有安全设备的防护压力剧增，现有隔离装置、安全接入网关等安全设备将面临更多的终端接入和网络连接，其处理能力、稳定性、并发量等都面临较大压力。

((•)) 4.3　能源互联网安全综合防护平台应用场景

4.3.1　全业务电力物联网

当前的环境缺少统一的全业务电力物联网平台，但其功能框架已初步形成。基于现有的一体化"国网云"平台和全业务统一数据中心，可以实现全业务电力物联网平台的云上运行和业务数据的统一管理。

全业务电力物联网是与电网融合发展的"第二张网"，其综合应用"大云物移智"等信息通信新技术，与新型电力系统相互渗透和深度融合，进而成为新型电力系统的重要组成部分，实时在线连接能源电力生产与消费各环节的人、机、物，全面承载并贯通涵盖电网生产运行、企业经营管理和对外客户服务等业务的新一代信息通信系统，是支撑我国能源互联网高效、经济、安全运行的基础设施。

全业务电力物联网服务于能源互联网企业的建设，主要体现在：

（1）作为与电网共同发展的"第二张网"，全业务电力物联网与新型电力系统深入融合，成为信息通信网络的基础设施，实现数据的一次采集处处应用，推动业务系统从垂直结构向水平结构演进，引导电力业务系统向架构更优化、运行更高效、决策更智能、附加值更高的方向发展。

（2）全业务电力物联网将进一步推动"大云物移智"在新型电力系统中的应用，其中大数据和云计算相关的工作已经顺利推进，移动互联网基础设施和应用部署正在逐步展开，而处于机遇爆发期的物联网技术尚未形成体系化的规划布局，物联网设备的互连和智能化处理也在不断发展中。

（3）新型电力系统将在电网形态上发生变革，而基于新的业务需求，全业务电力物联网的全新理念将给现有的业务终端、网络、平台带来新的变化，对安全体带来新的冲击，因此物联网全新技术架构与标准体系的构建将尤为关键。

4.3.2 安全综合防护平台应用场景

1. 生产控制类应用场景

采用全业务电力物联网的安全体系进行生产控制类系统的安全防护，如图4-1所示，可以做到：

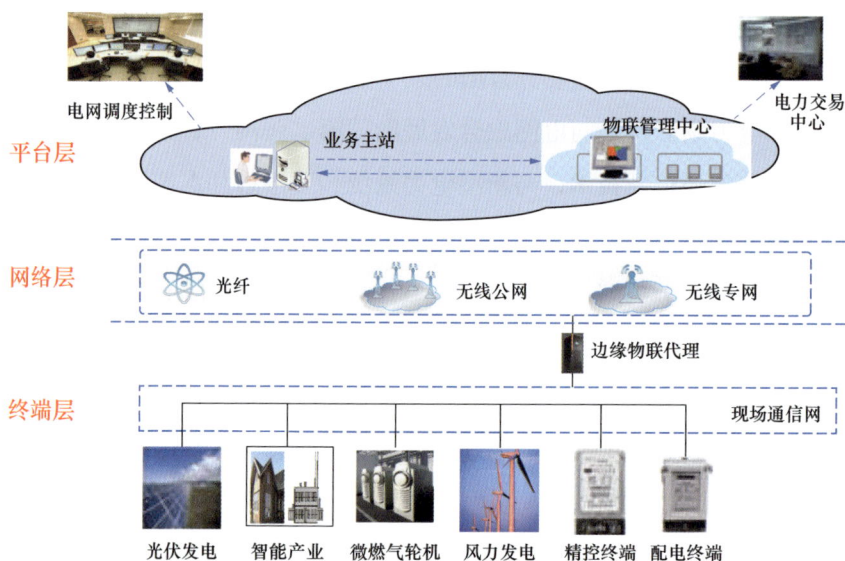

图 4-1 生产控制类防护部署

（1）终端采用可信操作系统或者进行操作系统安全加固，可确保终端自身的安全。

（2）采用物联代理实现接入认证、通信数据加密，可确保可信终端的安全接入及通信安全。

（3）实现网络流量的安全监测，并在终端层提供物物互信的基础上，提供网络层的可信互联功能。

（4）在安全监测整体框架下，实现电力物联网的整体安全态势的可视、可查、可运营。

2. 采集监测类应用场景

采用全业务电力物联网的安全体系进行采集监测类系统的安全防护，如图4-2所示，可以做到：

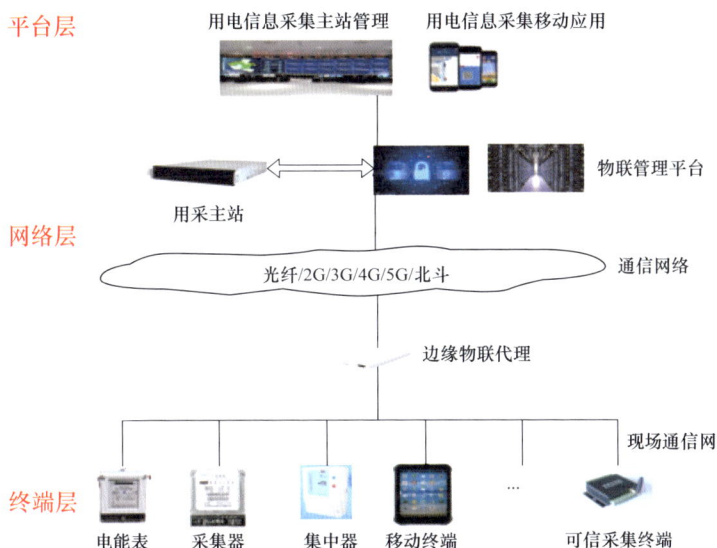

图 4-2　采集监测类防护部署

（1）部署具有安全可信芯片和操作系统的安全可信采集终端，保证终端的身份和数据安全；同时，部署物联代理，实现网络接入的身份和传输安全。

（2）部署流量安全监测装置，应用可信交换设备，提供网络层的可信互联功能。

（3）使用物联网安全监测平台的终端和网络安全管理功能，实现攻击溯源、未知隐患和恶意主机发现，提升主动防御能力。

3.视频监控类应用场景

采用全业务电力物联网的安全体系进行视频监控类系统的安全防护，如图4-3所示，可以做到：

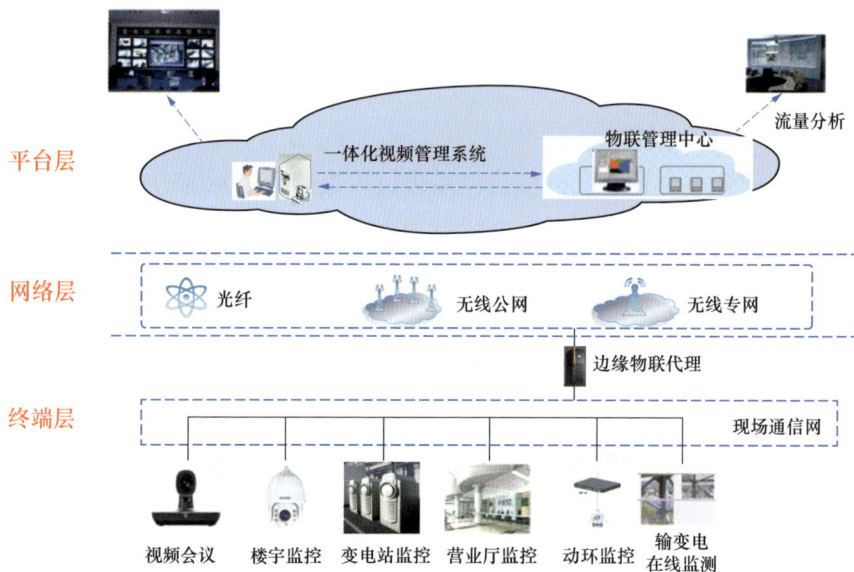

图4-3　视频监控类防护部署

（1）在终端层，电网统一视频监控平台防护的重点是解决视频终端与采集装置之间的身份认证和数据加密问题，可通过使用经过国家密码管理局认证的工业级安全加密芯片进行数据加密。

（2）在网络层，使用绑定无线接入点名称（access point name，APN）专网的SIM卡的方式进行安全接入。

（3）在平台层，进行日志、告警等关联分析，实现整个攻击过程的分析。

4.智能交互类应用场景

采用全业务电力物联网的安全体系进行智能交互类系统的安全防护，如图4-4所示，可以做到：

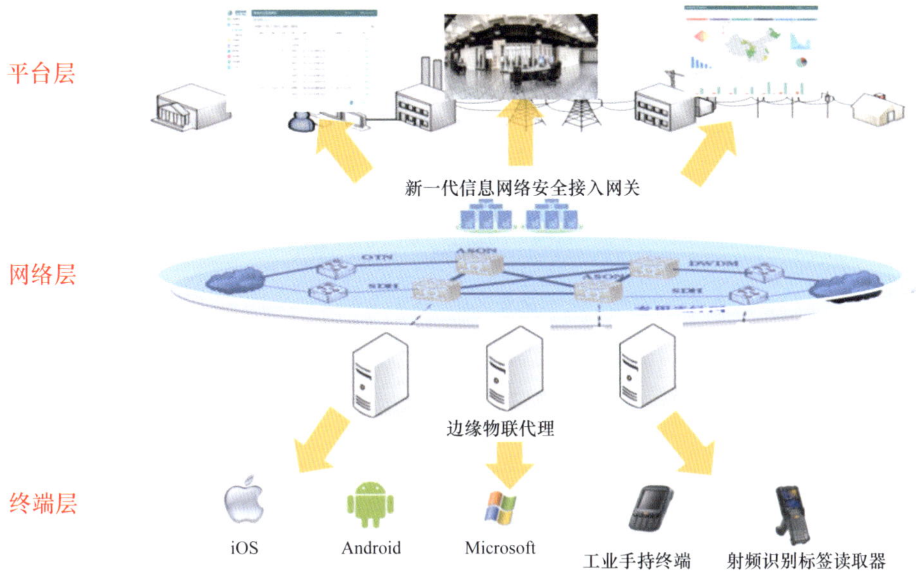

图 4-4　智能交互类防护部署

（1）在终端层，加固安全系统或增加安全芯片以保障设备自身安全，加固终端的应用程序以保障接入认证和防止非法攻击。

（2）在网络层，强化安全域隔离和访问控制，采用新一代信息网络安全接入网关以保障接入安全。

（3）在平台层，加强业务数据的管控和移动终端的安全监测、审计，并对智能终端设备进行实时管理，对智能终端应用进行实时监测。

5. 电子标记类应用场景

采用全业务电力物联网的安全体系进行电子标记类系统的安全防护，如图 4-5 所示，可以做到：

（1）在终端层，将射频识别（radio frequency identification，RFID）电子标签加入 RFID 三重认证机制，可实现数据安全访问和存储；在 RFID 读写器内置安全单元，实现密钥密文解析及 RFID 标签认证。

（2）在网络层，实现端到端的流量安全监测，并在终端层提供物物互信的基础上，提供网络层的可信互联能力。

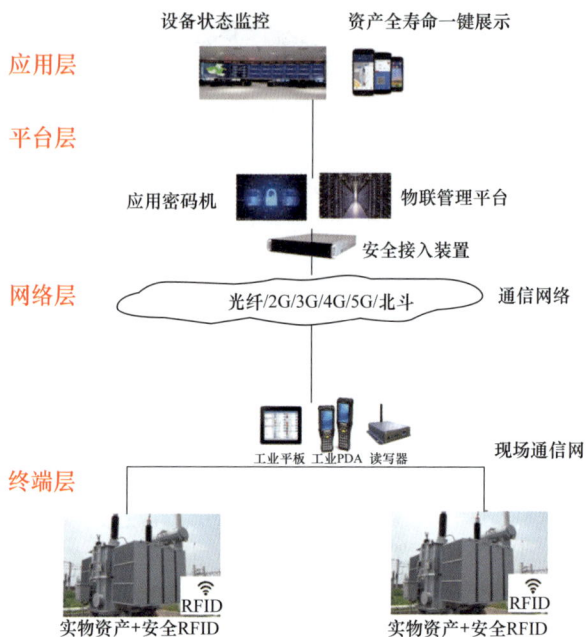

图 4-5　电子标记类防护部署

（3）在平台层，将密码机部署在微服务系统端，实现 RFID 标签的密钥分散下发。

4.4　能源互联网安全综合防护平台设计

4.4.1　建设背景

　　能源互联网安全综合防护平台采用了一系列综合性的安全技术和策略，旨在保护能源系统的稳定运行以及数据的保密性和完整性。经过多年的信息化建设，以国家电网有限公司为代表的电网企业建成了全球规模最大的电力专用通信网和一体化集团级信息系统，并以《电力监控系统安全防护规定》（国家发展和改革委员会 2014 年第 14 号令）为指导，建立了相对完善的网络安全防护体系，全面覆盖各级单位和全部业务，为工业企业的信息化及网络安全建设提供了良好示范。

新型电力系统的建设开启了电网企业信息化的新阶段。如图 4-6 所示，新型电力系统覆盖能源电力"云、网、端"，与智能电网同生共存，共同构成能源互联网。新型电力系统是实时连接能源生产、传输、消费各环节设备、客户、数据，全面承载电力运营、企业运营、客户服务、新型业态等全业务的新一代信息通信系统，具有终端规模接入、平台开放共享、计算云雾协同、数据驱动业务、应用随需定制等特征。这一核心任务的提出，也对信息通信和网络安全提出了更高要求。

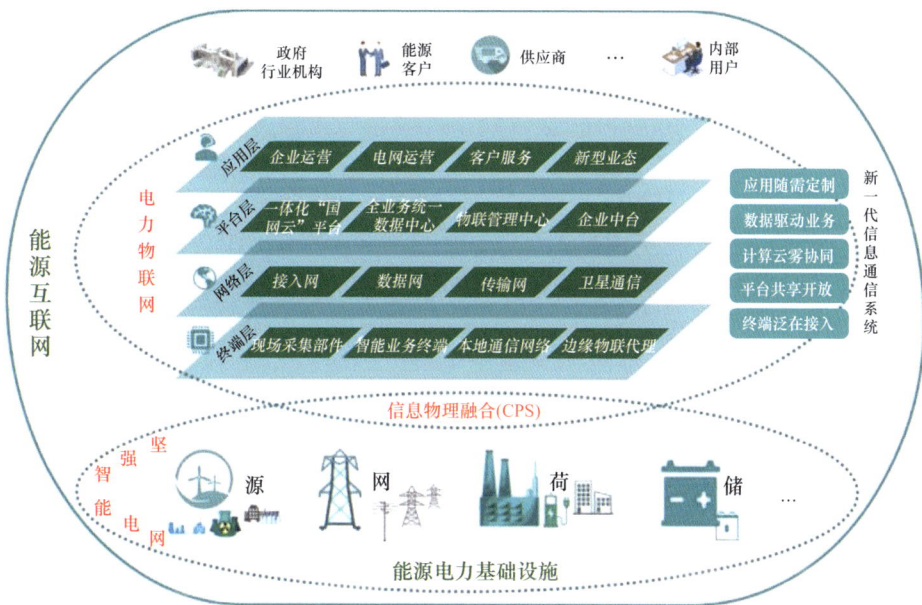

图 4-6　新型电力系统与智能电网

近年来，国内外网络安全形势日趋严峻。国家越发重视网络安全，为加强电网企业网络安全监管，国家发布了多项法律法规和重要文件。近年来世界范围内发生了多起网络攻击事件，各类攻击的频度和威胁程度增长迅速。各种安全事件表明，网络攻击国家化的趋势明显，已成为政治、经济斗争的一种重要形式。利用网络攻击破坏电力监控系统和电网，已成为网络安全的重大威胁，具有很强的杀伤力和破坏力。

在习近平总书记关于网络强国的重要思想指引下，各地各部门出台一系列新政策、新举措，推动网信事业迎来新发展、新飞跃。电网企业一直高度重视网络安全，已经建立了较完善的网络安全管理体系和技术防护体系，有效保障了大电网的安全、稳定、可靠运行。但是，随着新型电力系统建设的推进，电力网络安全呈现点多、线长、面广的特点，网络安全边界模糊，防护难度加大；部分感知层设备由于计算、存储资源受限，传统的网络安全防护措施无法实施；万物互联新形态下，数据交互共享需求增加，跨专业数据实现融通，数据泄露与非法访问的风险进一步加剧。因此，开展新型电力系统网络安全建设已成为电网企业网络安全建设的核心重点任务。

4.4.2　建设目标

能源互联网安全综合防护平台的建设目标如下：

（1）形成主机安全、设备安全、网络安全、数据安全的工业企业安全纵深防御解决方案，具备防恶意软件传播、防恶意控制指令、防边界渗透等安全防护能力。

（2）建成电力企业网络安全综合防护平台，汇聚电力企业流量、主机、设备等数据并进行综合分析，实现对工业信息资产、安全防护设备的统一管理。

（3）为不少于 5 家下级工业企业或同行业工业企业提供安全保障。

（4）按照电信行业主管部门要求，与国家工业互联网安全态势感知与风险预警等平台对接。

4.4.3　技术路线

基于统一密码基础设施、实验仿真平台、攻防靶场、安全芯片等基础设施，建设主机业务安全能力、设备安全能力、网络安全能力、数据安全能力，部署边缘物联代理安全模块、安全接入网关、安全隔离装置、电网工业控制安全监测装置、数据安全合规管控平台、充电桩可信计算模块，建立安全运营中心，建成具有"统一管理、威胁感知、安全交互、纵深防御"特征的电力企业网络安全综合防护平台，构建适配网络技术防护体系的智能防御能力，实现对新型电力系统安全态势的动态感知、安全威胁的智能分析、攻击行为的联动处置等。如图 4-7 所示，以辽宁某电力企业为例，通过选取智慧能源调控、供电服务指挥、营销数据脱敏、用电信息采集安全防护、东北能源大数据中心等典型的新型电力系统场景进行示范建设，形成可推广的典型经验。

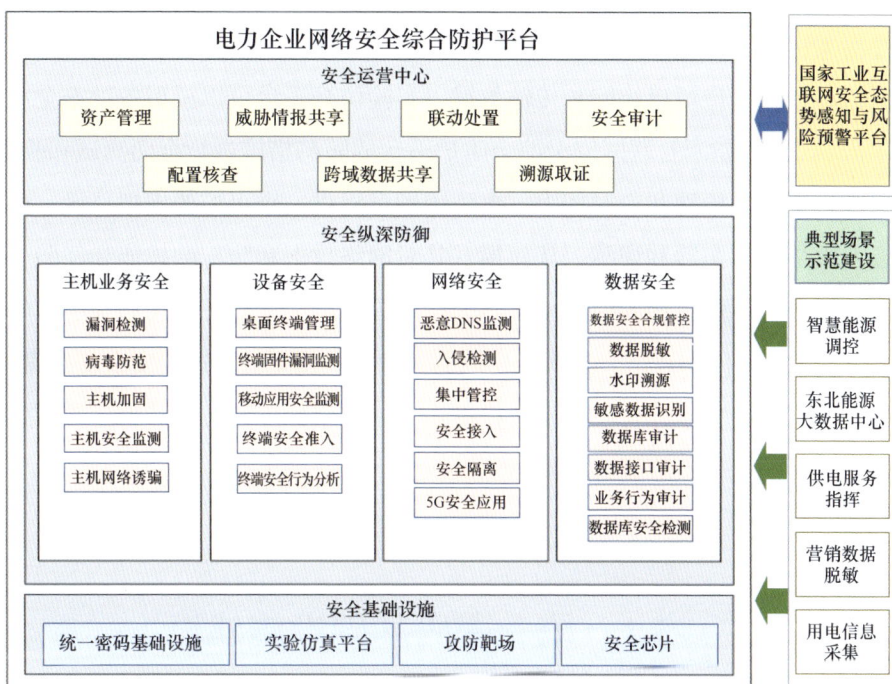

图 4-7　辽宁某电力企业网络安全综合防护平台技术路线

第 5 章

能源互联网安全综合防护平台安全基础设施建设

为了确保能源互联网安全综合防护平台的安全性，必须建立健全安全基础设施。这些基础设施包括统一密码基础设施、实验仿真平台、攻防靶场和安全芯片等关键要素。通过统一密码基础设施，能够实现用户身份认证和数据加密，确保只有授权用户可以访问和传输数据。实验仿真平台可以模拟各种安全威胁和攻击场景，对能源互联网安全综合防护平台的防御措施进行全面测试和验证，以提高系统的鲁棒性和应对能力。攻防靶场可提供一个可控的虚拟环境，供安全专业人员进行实践和演练，从而提升其对网络攻击和防御的技能和经验。而安全芯片作为硬件层面的保护手段，则可以提供可信计算环境和物理层面的防护，防止恶意软件和攻击者篡改或窃取关键数据。建立健全这些安全基础设施，将为能源互联网安全综合防护平台提供强大的安全保障和防范能力，并有效提高能源系统的安全保障能力。

5.1　统一密码基础设施建设

统一密码基础设施由互联网数字证书系统与内网数字证书系统构成。构建统一密码基础设施，提供统一的身份认证、电子签名验签、数据加/解密等服务，可以保证密码应用的合规性、正确性和有效性，实现业务系统认证服务的互联互通。

5.1.1　建设内容

密码作为信息安全防护的重要手段，在关键信息系统和基础网络防护中发挥着不可替代的重要作用。但传统密码应用模式存在密码管理及使用相对独立和分散、密码应用复杂等问题，导致密码应用不足、密码管理困难。

1.加密算法

SM2 算法是国家密码管理局发布的椭圆曲线公钥密码算法，在我国商用密码体系中被用来替换非对称加密算法（Rivest–Shamir–Adleman，RSA）。SM9 算法是一种基于双线性对的标识密码算法，其可以把用户的身份标识生成用户的公、私密钥对，主要用于数字签名、加密、密钥交换以及身份认证等。

2.密码基础设施

密码基础设施对密钥和密码设备实现统一全生命周期的安全管理，为多个应用系统提供高速、可靠、可扩展的密码运算服务，可有效地提高密码资源的利用率，降低密钥管理和使用的风险。

3.统一密码服务

所谓统一密码服务，是指以密码运算为基础、密码设备为支撑、密码服务为思想、资源集中化管理为手段，屏蔽后台密码设备的多样性、指令的复杂性，实现业务系统的统一调用，为业务系统提供统一、安全、可扩展的密码服务。通过统一密码服务，可为密码设备提供集中化的管理与维护，解决业务系统对密码设备调用及管理的混乱问题。

4.密码机模型

密码机是运用密码技术对信息实施加 / 解密处理和认证的专用设备。图 5-1 所示为一个密码机模型，其包括密码服务资源层、密码服务支撑层、密码服务接口层，以及密码服务监管体系等。

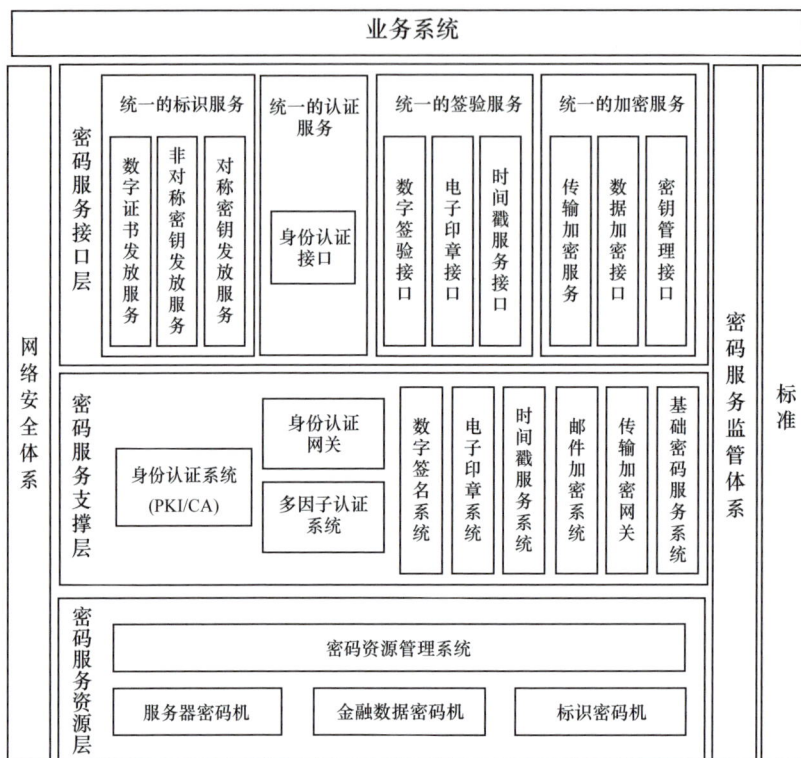

图 5-1　密码机模型图

（1）密码服务资源层。密码服务资源层是统一密码基础设施整体框架的核心和基础，主要由各类密码机和密码资源管理系统组成。其中，密码机主要负责密钥的生成和存储，以及相关的密码运算，支持常见的非对称和对称密码运算，涵盖国内和国际通用的密码算法。各类密码机可以根据算法的更新和性能提升的要求进行平滑扩容，密码机的增加和退出不影响密码基础设施的统一运转，对于上层应用系统完全透明。密码资源管理系统针对密码机资源进行统一调配、监控，同时针对密钥和底层密码运算进行统一管理，承担着密码服务资源层的管理任务和对密码服务支撑层提供服务的关键任务。

密码服务资源层具有如下典型的密码机：

1）服务器密码机是适用于服务器端的基于公钥密码基础设施体制的密码设备，主要提供加 / 解密、数字签名 / 验证签名以及密钥管理等高性能的基本安全服务。

2）金融数据密码机是适用于各类密码安全应用系统的通用密码设备，能够进行高速、多任务并行处理的密码运算，可以满足应用系统数据基于非对称、对称密码算法的加 / 解密要求，从而保证传输信息的机密性、完整性和有效性，同时提供安全、完善的密钥管理机制。

3）标识密码机是适用于各类密码安全应用系统的密码设备，能够进行高速、多任务并行处理的密码运算，可以满足应用系统数据基于 SM9 标识密码算法的加 / 解密、签名验证要求，从而保证传输信息的安全，同时提供安全、完善的密钥管理机制。

（2）密码服务支撑层。密码服务支撑层是统一密码基础设施整体框架中承上启下的关键层次，其基于密码服务资源层，结合应用相对固化、抽象的密码需求进行凝练和总结，构建各类密码服务支撑所需的产品和系统，为业务系统提供多元化且符合业务系统需要的密码服务，降低业务系统使用密码算法的复杂度。密码服务支撑层可以根据业务系统的需求进行动态扩充，增加能够满足业务系统密码应用需求类型的产品，动态提升密码服务的种类、能力和水平。

密码服务支撑层主要包括以下系统和网关：

1）身份认证系统，即公钥基础设施 / 认证中心（public key infrastructure/ certificate authority，PKI/CA），主要负责发放数字证书，借助数字证书技术实现实体的身份管理。

2）身份认证网关，主要基于密码算法实现用户身份认证。

3）多因子认证系统，主要与身份认证网关联动，在基于密码算法实现用户身份认证的基础上，提供基于其他技术手段的身份认证、单点登录服务，为业务系统提供多样化的身份认证服务。

4）数字签名系统，主要为业务系统提供关键数据及操作的抗抵赖服务。

5）电子印章系统，为业务系统提供电子印章服务，既满足关键数据的抗抵赖需求，又满足国内对于印章使用习惯的需求。

6）时间戳服务系统，为业务系统提供可信时间服务，满足业务系统对于时间敏感，需要保证时间可信的需求。

7）邮件加密系统，为邮件系统提供基于 SM9 算法的加 / 解密服务，保证邮件传输的安全性。

8）传输加密网关，为业务系统提供传输信道加密的服务，支持国内外主流密码算法。

9）基础密码服务系统，为业务系统提供相对底层的密码运算服务支撑，涵盖加 / 解密、摘要、密钥管理等相关功能，支持对称、非对称等国际和国内密码算法，其中非对称密码算法需要支持 SM2 和 SM9 系列算法。

（3）密码服务接口层。密码服务接口层以密码服务资源层、密码服务支撑层为基础，以应用系统对于密码服务的需求为出发点，以面向服务的体系结构（service-oriented architecture，SOA）理念为指导，对密码服务资源层和密码服务支撑层提供的密码服务进行高度抽象、归纳、总结，封装出各类接口，为上层应用系统提供统一的标识、认证、签验、加密等服务，减轻应用系统对于密码应用的负担，促进密码在外网应用系统的使用。

（4）密码服务监管体系。密码服务监管体系针对统一密码服务基础设施整体框架对外提供密码服务所用的前期申请流程、密码业务的办理、子模块的状态监控、密码服务相关数据的统计汇总和展现等进行全面支撑和监管，是统一密码服务基础设施后期运维的关键平台。

5.功能模块

统一密码基础设施平台具有如下功能模块：

（1）运维管理模块。运维管理模块作为设备资源的提供者和所有者，具有设备创建、分配、监控、管理权限，负责对本级系统内的多种密码机设备进行统一管理，能够进行智能化资源分配，并可对下级密码基础设施平台进行监控、管理和密钥分发。运维管理模块具有配置管理、流水审计、报表管理、平台用户管理、系统状态监控、故障管理、可视化展示等功能。

（2）基础密钥管理模块。基础密钥管理模块负责基础密钥生命周期管理，具有密钥、密码服务用户管理等功能。

（3）标识密码属性管理模块。标识密码属性管理模块具有标识注册、标识管理、私钥分发、私钥管理、参数管理、密钥查询统计、私钥导出和接口服务等功能。

（4）密码资源接口管理模块。密码资源接口管理模块用于提供相应的密钥管理服务和密码服务，负责处理密码服务支撑层中每个模块发起的密码请求，包括密钥访问处理、密码运算等。密码资源接口管理模块可以针对各类密码机提供资源的动态分配，提升密码机的运行性能，同时保证密码机业务的可靠性。

（5）基础密码服务模块。基础密码服务模块为业务提供相对底层的密码运算服务支撑。

（6）分级管理模块。分级管理模块提供接口，具有对下级密码基础设施平台的监控、管理和分发密钥等功能，支持总部、省、市、县四级部署模式。

6. 平台建设

（1）基于统一密码基础设施平台的建设，开发部署密码服务中间件，提供接口以满足底层密码设备的接入和管理、应用系统本地数据的加/解密等需求，并可通过接口服务实现密钥、数据等的更新，以及上级密码基础设施平台对密码服务中间件的业务监控。

（2）基于统一密码基础设施平台的建设，开发部署电子数据可信验证系统，以满足工程图纸等电子数据可信验证的需求。电子数据可信验证系统的主要功能包括数据真实性凭证保障支撑和管理，主要实现以下 2 种验证：

1）在线验证。用户在线上传源数据，在填写单位、用户、数据名称等信息后，验证系统将源数据加密存储，生成本地存储验证凭证，依据用户填写的信息生成文档目录，后期所有用户可根据文档目录查询、验证该数据的真实性。

2）离线验证。用户在线上传源数据，在填写单位、用户、数据名称等信息后，验证系统根据相关要素生成数字签名、二维码等凭证信息并加载入源数据中，后期用户可使用基于密码技术的电子数据可信验证客户端软件，通过比对数据和凭证信息离线验证数据的真实性。

5.1.2 实施效果

辽宁某电力企业通过建设部署统一密码基础设施，大幅度提升了密码服务保障能力，有力促进了密码技术的推广应用，高度优化了密码使用管理流程。具体应用效果如下：

（1）全流程在线密码服务。采用在线申请、审核、分配密码资源和服务的方式，实现了密码服务全流程在线办理，有效提高了工作效率。

（2）密码服务全景展示。采用可视化展示方式，将可用密码资源、资源调用趋势、设备状态，以及应用接入情况、接入单位情况等数据直观展示，为管理人员提供决策辅助。

（3）一站式密码服务。全面支持包括关键信息基础设施在内的重要系统的国产密码应用，提供一站式加密服务，对密码资源进行统一监控调度管理，对密码失管、失控等紧急状况进行一键处置。

（4）与应用无缝集成。邮件加密网关与统一密码基础设施平台集成，实现了企业内部和外发邮件的加密传输、存储；电子数据可信验证系统与统一密码基础设施平台集成，为企业的工程图纸等电子数据提供了可信验证；移动办公平台接入统一密码基础设施，对平台中的单位组织机构和用户等信息进行加密，可避免被非法应用或后台程序获取手机中的信息及消息；统一用户管理系统与统一密码基础设施集成，对数据库中的个人信息字段进行数据加密存储，可保障用户的数据安全。

5.2 实验仿真平台建设

以传统信息系统安全测评为基础，辽宁某电力企业根据智能终端安全检测与防护建立了电力异构终端固件安全仿真验证平台，并建立了覆盖智能电网输电、变电、配电、用电四个环节的实验室一体化测试环境及安全攻防实训靶场，能够对重大电力工业控制安全事件进行过程重现与事故反演，验证了智能电网安全防护体系对抗新型工业控制病毒与特种木马攻击的有效性。

5.2.1　建设内容

电力异构终端固件安全仿真验证平台主要由控制管理展示、终端固件收集、终端固件提取、终端固件解析、固件仿真、漏洞挖掘、漏洞辅助分析和日志监控等功能模块组成。

电力异构终端固件安全仿真验证平台可针对新型电力系统感知层终端固件存在的代码复用普遍、平台异构性高、跨中央处理器（central processing unit，CPU）体系架构等特性，基于二进制漏洞语义和特征规则的静态检测技术，拓展对目标固件中包含漏洞代码片段以及漏洞代码片段跨函数存在的检测覆盖能力，支撑新型电力系统感知层终端安全验证与防护。电力异构终端固件安全仿真验证平台的具体流程包括：

（1）任务获取。主要负责接收用户上传的固件解析任务以及分布式固件爬虫爬取的固件解析任务，首先将固件保存到简单存储服务（simple storage service，S3）相应的存储段 bucket 中，然后将固件信息加入任务队列，并根据容器集群的负载情况进行任务分配。

（2）文件提取。主要负责固件的 magic 信息识别并解析加密固件（也可根据用户选择的解密插件解析），然后对文件系统进行解析。

（3）基本信息提取。主要负责从固件中提取文件系统，通过文件头、可执行程序的指令类型，识别 CPU 架构信息，通过内核程序特征识别操作系统及版本，以及用户账户信息、软件包名称与版本、Web Server 信息、证书信息等。

（4）关联分析。主要负责从文件 MD5、漏洞编号、软件包及版本三个维度将未知固件与库中的固件进行比较。根据关联分析结果，可以进行未知固件的厂商推测、确定漏洞对不同厂商的影响以及供应链漏洞分析。

（5）控制管理展示。主要负责将提取的文件系统、基本信息以及关联分析结果汇总生成解析报告，上传并保存。

（6）日志监控。主要负责统筹监控整个解析流程，包括任务的调度及分配过程、固件提取与分析过程、解析容器的工作状态、整个分系统及各个容器的实时负载情况、异常事件的邮件告警。

图 5-2 所示为电力异构终端固件安全仿真验证平台业务逻辑，各模块通过管理界面下发多种需要执行的任务。设备固件信息收集分系统通过爬虫工具抓取到固件后，会提交给固件解析分系统创建固件文件提取任务与解密解析任务；同时，通过互联网无法收集的固件可通过固件信息提取分系统进行提取。经解析、提取完成的固件文件会存储为两份：一份用于固件仿真后生成镜像文件，另一份进行标记后存入数据库，用于后期的文件关联分析。漏洞挖掘分系统会对仿真完成的固件进行 Fuzz 测试，发现固件内部存在的脆弱点。漏洞辅助分析分系统在接收到固件后，会根据内置的规则库、漏洞库等对固件系统文件进行关联分析。

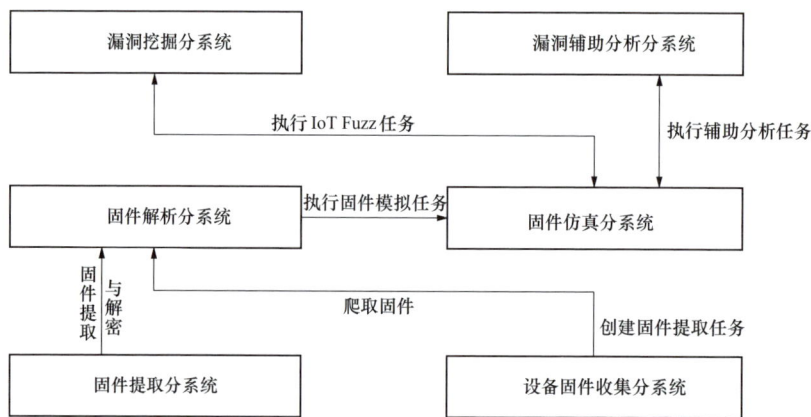

图 5-2 电力异构终端固件安全仿真验证平台业务逻辑

5.2.2 实施效果

电力异构终端固件安全仿真验证平台已建成嵌入式测控终端、移动作业终端、智能表计、可编程逻辑器件四类终端的安全测评环境，具备终端固件系统及应用安全漏洞、恶意代码与基线配置的安全检测能力，以及专用通信协议的安全性测试能力。自 2021 年开始，已经开展自助缴费终端、计量周转柜、专用变压器采集终端、变电状态监测终端、电压监测终端等 8 类终端的安全检测工作，及时发现并修复了自动缴费终端匿名监控、变电状态监测终端敏感信息泄露等高危漏洞 11 项，为电网安全稳定运行提供了有力技术保障。

5.3　攻防靶场建设

　　辽宁某电力企业建立了模拟仿真对攻平台，该平台采用可重构的电力工业控制半实物仿真技术，完成了电力系统恶意文件离线分析工具和主机未知威胁深度检测工具的建设，使其具备开展典型网络安全风险病毒影响及应对措施分析验证的能力。该平台还具备开展电力系统的可用性和安全性验证的能力，并能开展适用于电力系统的安全防护装备的研发。

5.3.1　建设内容

　　该模拟仿真对攻平台集攻防实训、技术训练、项目实践、人才选拔、安全竞技于一体，定期提供资源更新、攻防培训技术支持服务。通过该平台，可以实现技能等级评定、网络安全教学、人员选拔、攻防演练、攻防竞技比赛等实训功能。

1. 攻防仿真平台模型

　　传统的信息安全实操训练中长期存在着诸如实验环境设置过于简单、产品整合性差、与参训人员的实际工作环境差距巨大、安全防御知识缺乏连续性、重攻击轻防御、重比赛轻实训等问题，参训人员掌握的仅仅是一些零散的知识点，往往忽略了对安全防御方法的训练，从而无法将这些零散的知识结合起来成为一套真正能够在实际业务中使用的安全攻击防御方法论。

图5-3所示为该企业实战演练网络靶场网络空间安全超现实攻防仿真平台模型。该平台根据实际的网络对抗案例和先进的网络安全攻防超现实仿真能力，可基于实际业务网络情况制作高度仿真的定制化网络实验场景，这些场景有助于显著地改善网络安全性能。同时，该平台还提供了工具，用于模拟各种网络设置、攻击场景和流量模式。该平台支持基于实际网络安全事件的学习，如将复杂的网络安全事件中的每一个攻击和防御步骤拆解开来，并对每一个关键知识点进行讲解。该平台还支持基于训练内容的业务实操，让培训人员真正理解现实环境中的网络防御手段和策略。

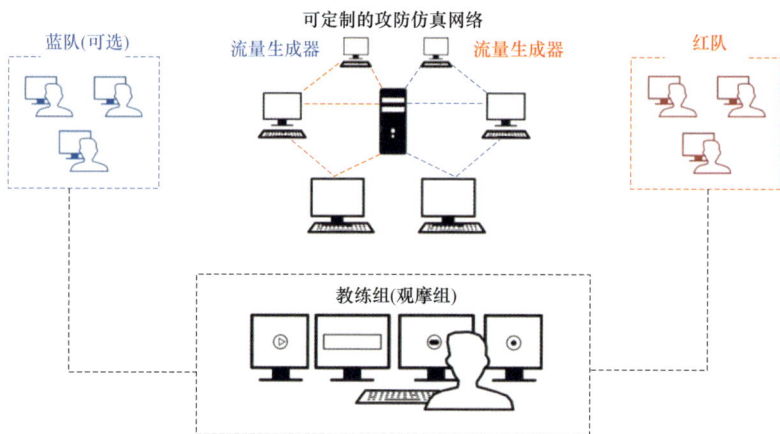

图5-3　辽宁某电力企业实战演练网络靶场网络空间安全超现实攻防仿真平台模型

通过不断的实训操作学习，学员可以进行高效的业务实操，并通过平台的智能化评估系统对学员在识别、跟踪、调查、响应和修复威胁并达到预定课程目标的情况计分。课程会被记录并存入一个时间表，并在之后的总结过程中对攻防实操过程进行全程回放，以对学员的技能进行评估。借助平台的相关功能，可以有效跟踪学员知识体系建立的过程，为下一步培训提供参考。

该平台可以用于在安全可控的环境下评估安全体系结构和进行安全预案演练。通过实践真实的事件管理场景，能显著提高人员在真实安全事故发生时的响应表现，加速技能资格认证，缩短认证时间，培养更具竞争力的安全响应人员。

该平台的培训课程包括安全响应模拟培训课程、安全意识培训课程（如恶意软件取证）、安全工具培训课程（如防火墙配置培训）、渗透测试培训课程（如数据渗透攻击）、安全技能认证培训课程（如工业控制安全认证）、漏洞评估测试培训课程。

2. 基础即开即用场景

实战演练网络靶场的即开即用场景为实验室的基础架构创建带来了极大的便利性和灵活度。作为用于网络攻防安全培训的超现实仿真平台，其自动化的复杂攻击模拟能够轻松复制威胁，而不依赖人类的"蓝队"能力；培训课程之间的一致性，允许对其进行客观比较和评估；系统支持同时调整场景难度级别，以满足具备不同技能等级的人员的培训要求。

该平台实现的常见攻击剧本包括 Apache Shutdown 等 12 种。该平台支持勒索软件、横向移动、数据库注入攻击等；支持多种漏洞利用场景，如信息窃取、Web Crawling、SQL 注入、端口扫描、Pingswip、密码暴力破解、后门脚本、钓鱼攻击、SSH 隧道等。

3. 自动化攻击流程

该平台为网络攻击场景提供了自动化攻击流程。通过图形界面，用户可以高效、便捷地对已有的攻击流程进行调整，并实现更多的选择。用户可以通过配置场景参数来定制和调整预配置的场景，从而将场景的复杂程度调整到适合学员的技能水平。这种定制和调整的功能使得学员能够根据自己的需求选择合适的训练场景，以提升其网络攻防技能。可以实现的功能包括安全工具的无声或主动告警、删除在攻击期间创建的日志、控制攻击场景的进行速度（慢、中、快）、在操作中更改攻击者的 IP 地址、将自定义的脚本集成到场景攻击流中。

4. 评估流程和技术

该平台完全可以模拟任何环境、工具、流量和攻击，可利用其来评估流程和技术，以改善所有安全产品的质量。

（1）产品测试。该平台具有能够让用户在新工具和产品实施前进行测试的强大仿真能力，以确保其能够按照预期在真实环境中工作。

（2）网络渗透测试。该平台提供在安全和可控的环境下对网络进行渗透测试的功能，以便在攻击者进行攻击前发现漏洞。

（3）网络研究。该平台提供检验各种恶意软件和现有攻击行为的有效方法。如果在事后发现攻击，该平台还可在调查对网络的影响时提供有价值的见解。

5.平台总体架构

图5-4所示为辽宁某电力企业实战演练网络靶场网络空间安全超现实攻防仿真平台总体架构。该平台分为应用层和资源层两部分。在应用层中，通过构建实训组件、虚实仿真组件以及竞技组件，完成培训、管理、实验、评测等安全实训功能，同时完成仿真运维和比赛竞技；在资源层中，由资源调度管理模块、虚拟仿真系统和硬件设备体系共同搭建基础，整合多种资源为应用层提供算力支持。

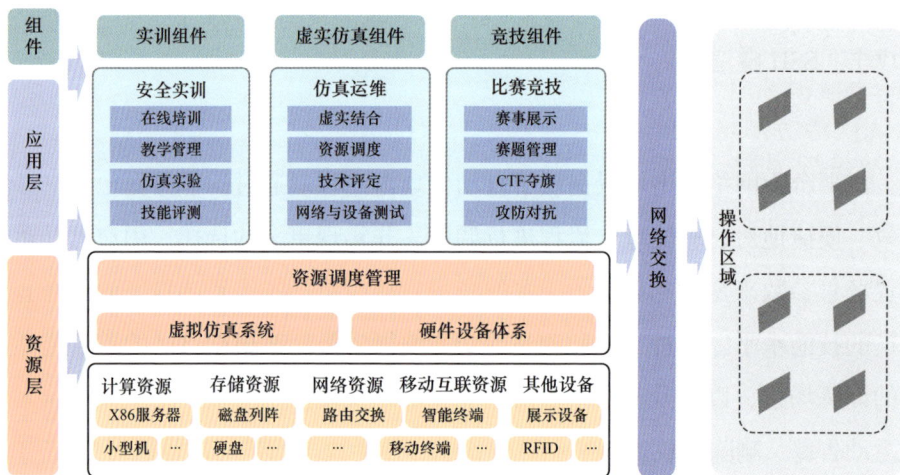

图5-4　辽宁某电力企业实战演练网络靶场网络空间安全超现实攻防仿真平台总体架构

5.3.2　实施效果

该平台提升了对专业安全人员实操、实战、多维度数据分析等多方面能力的培养。通过建立一体化的业务综合仿真系统与虚拟化业务平台，可以有效整合各类资源，固化安全隐蔽技术措施，并建立高效、实用、信息化的指挥与业务平台。通过该平台，可以实现队伍管理、任务管理、资源管理、安全事件应急、安全防护等一体化的业务体系，从而形成一整套信息化的管理体系，以提升业务的效率和质量。

在专业安全人员培养与实训方面，通过培训与演练相结合的实训系统，可以建立完善的学习、演练、实训和考核一体化平台，从而帮助安全人员全面提升其专业知识和实践能力，为实战做好准备。

通过平台建设，能够实现如下实施效果：

（1）在线学习系统。在线学习系统用于对安全技能的基础学习，主要实现知识学习、教学管理、考核测评、仿真实训等功能。

（2）安全演练系统。知识需要在不断的练习中沉淀，如此才能做到灵活运用，于是就需要安全演练系统。安全演练系统有 CTF 训练和竞赛演练两个模块，可通过题海战术反复夯实基础，以赛代练查缺补漏。同时，竞赛演练也可用于专业安全人才选拔。

（3）工具库。工具库为全系统提供服务，学习、竞赛、训练等都可调用工具库数据。工具库收录有端口扫描工具、漏洞验证工具、提权工具、SQL 注入工具、DDoS 类工具等。

（4）课程资源体系。掌握网络攻防技术离不开基础理论教学。课程资源体系为学员准备了丰富的理论课程知识库，涵盖信息安全相关的各项培训资源体系。

（5）竞赛资源体系。竞赛资源体系提供 CTF 训练资源和竞赛题库资源。CTF 训练题目支持类型包括但不限于 Web、逆向、移动、隐写、破解、算法、杂项等内容，涉及嗅探、扫描、密码算法、逆向工程、缓冲区溢出、拒绝服务攻击、恶意代码、SQL 注入、网络欺骗、日志清除等知识点。目前安全演练资源主要分为选择题资源、CTF 题资源和攻防题资源三类。

（6）工具资源体系。工具资源体系提供安全工具资源和虚拟仿真资源。

安全工具资源类型包括口令破解类、嗅探类、手机木马类、抓包类、探测类、攻防技术入门类、木马类、欺骗类、注入类、清除日志类、网马类、逆向类等，总数量达 100 余款；平台虚拟仿真资源包括虚拟设备资源、物理设备资源、图形设备资源和其他系统镜像资源，总数量达 100 余款。

5.4 安全芯片

安全芯片是指实现了一种或多种密码算法，直接或间接地使用密码技术来保护密钥和敏感信息的集成电路芯片。

安全芯片的应用，可以实现智能电能表等嵌入式系统的身份认证和机密保护。基于主流国产商用密码算法，可以建立身份管理、安全接入和密钥管理体系，从而保障数据的私密性、完整性和不可否认性。

安全芯片的应用进一步提高了用电信息采集业务场景中信息安全的水平。通过身份认证和机密保护技术，可以防止未经授权的访问和篡改，并确保数据的私密性和完整性。这对于保护用户的用电信息、提高电力系统的安全性和可靠性具有重要意义。

5.4.1 建设内容

1. 安全芯片硬件架构

安全芯片主要由 CPU、存储器、加密算法、控制逻辑、随机数发生器（random number generator，RNG）和模拟环境监测电路等组成，其硬件架构如图 5-5 所示。

其中，CPU 是核心处理单元，负责芯片上各子系统的管理；总线作为数据通路，负责数据的传输。当芯片上电后，CPU 从只读存储器（read-only memory，ROM）中取值后执行，然后通过总线将指令传达给各个模块。当芯片通过外部接口如通用串行总线（universal serial bus，USB）接口、7816 接口、

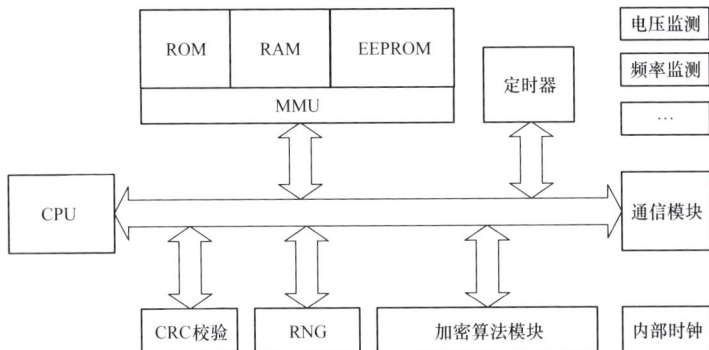

图 5-5　安全芯片硬件架构

通用型输入 / 输出（general-purpose input/output，GPIO）接口或串行外设接口（serial peripheral interface，SPI）通信时，CPU 通过加 / 解密模块将数据加密后送出或者收到数据后解密，然后反馈到上层应用。

（1）存储器模块。存储器模块包括只读存储器（read-only memory，ROM）、随机存储器（random access memory，RAM）、电擦除编程只读存储器（electrically-erasable programmable read-only memory，EEPROM）等多种存储单元以及存储管理部件（memory management unit，MMU）。其中，ROM 用于存放应用程序；RAM 用于存放运算过程中的中间数据；EEPROM 用于存放敏感信息及各级密钥。通过存储区域的划分和工作模式的限定，安全芯片中的普通数据和重要数据被有效地分离，各自接受不同程序的条件保护，从而极大地提高了逻辑安全的强度。为保证数据的安全性，上述存储器的数据都以加密形式存放，且所用加密密钥、加密算法各不相同。其中，RAM 每次下电后数据全部消失，因此可以使用随机数作为其密钥算法的一个输入，用来保证每次上电后数据的加密密钥完全不同。同时，为了保证存储器在被攻击后其所存储的数据不会被错误使用，ROM 采用循环冗余校验（cyclic redundancy check，CRC）方法（如 CRC4）来验证存储器中数据的正确性，RAM 采用奇偶校验方法来验证存储器中数据的正确性。如发现验证出错，系统会自动丢弃数据，同时发出错误警告信号，这说明芯片可能已经受到了攻击。

RAM、ROM 和 EEPROM 分成若干个存储区，由 MMU 根据安全需要对各分区进行读写保护。每个分区都设定各自的访问条件，只有在符合设定条件的情况下，才允许对相应的数据存储区进行访问，从而防止数据被不正当窃取。对 EEPROM 的各个分区还可以分别进行写入 / 擦除保护。此外，芯片的工作模式分为用户模式、特权模式、应用模式，在不同的工作模式下，即便对存储器的同一个存储区的访问权限也有不同的限定。

（2）加密算法模块。当外部数据通过外部接口进行传输时，这些算法模块将被用于提供针对数据的各项安全防护措施。其中，分组算法如 DES、SM1、SM4 和 SM7 等负责对通信过程中的数据进行加密，保护数据的机密性；非对称算法如 RSA、SM2 等用于数字签名，保护数据的完整性及来源的可鉴别性；CRC 用于保证传输过程的正确性，提供差错识别和纠正机制。

为了防止功耗（简单功耗分析、差分功耗分析）和电磁（差分电磁分析）等侧信道攻击，算法电路中应加入一些防护措施，如随机伪操作、掩码和随机变频等；基于互补金属氧化物半导体（complementary metal-oxide-semiconductor，CMOS）管的敏感性，为了防止在算法运算过程中引入光注入、电磁辐射、离子辐射、高低温操作等故障注入攻击，算法电路中还应包含数据错误校验、关键操作多次运算比较等相应的防护措施。

（3）RNG。RNG 负责产生芯片运算过程中所需的随机数，是安全芯片研发的基础。安全芯片的安全特性由安全算法保障，而安全算法的可靠性则取决于其密钥来源。密钥一般通过 RNG 产生。传统的安全芯片采用伪随机序列和加密运算相结合的方式形成二次伪随机数，其随机性往往不能达到现代应用所需的安全性要求。

为了解决这一问题，新一代的安全芯片内常配备真 RNG。首先由模拟电路产生真随机数信号，其次通过数字电路中对真随机数信号执行的数字采集、后处理运算、随机数检测等一系列操作，获得符合标准的随机数，最后传输至芯片各模块使用。

（4）其他模块。为使芯片正常工作，芯片上还需要实现振荡器（oscillator，

OSC）和上电复位（power-on reset，POR）电路，分别产生稳定的时钟信号和复位信号。此外，为了防止黑客在某些异常条件下对芯片进行攻击，如对芯片进行 VC-Glitch、Clock-Glitch 攻击等，改变芯片正常工作流程，窃取芯片加密密钥、存储器数据等重要信息，安全芯片上还应实现电源检测（voltage detection，VD）、频率检测（frequency detection，FD）、温度检测（temperature detection，TD）、光检测（light detection，LD）等检测电路，以防止故障注入攻击、侧信道攻击等。上述各电路模块中，除 OSC、POR、VD、FD、TD、LD 称为模拟电路外，其余统称数字电路。

2. 安全芯片软件架构

从软件架构角度看，安全芯片是将一张具有操作系统（operating system，OS）的 CPU 卡封装在某种形式（如 DIP8）的模块中的一个安全存取单元。将其嵌入安全设备中，可完成数据的加 / 解密、双向身份认证、访问权限控制、通信线路保护、临时密钥导出、数据文件存储、密钥对生成、公钥加密验签、私钥解密签名等多种功能。

安全芯片软件的基本操作方式为：从接口设备接收一条命令，经过处理后返回应答信息给接口设备。安全芯片软件运行过程如图 5-6 所示。

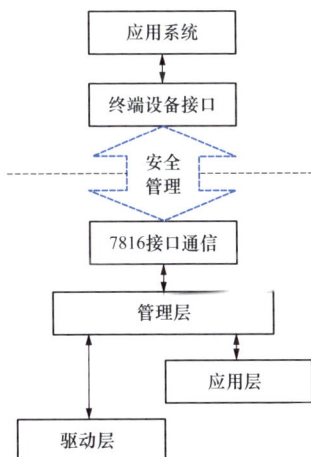

图 5-6　安全芯片软件架构运行过程

在命令的处理过程中，如果在其中的任意一层模块处理中发现错误，软件会返回出错信息。完善的密钥管理机制会保证其安全性。

从图5-7所示的安全芯片软件架构可以看出，安全芯片软件系统分为三层，从上到下分别是应用层、管理层、驱动层。

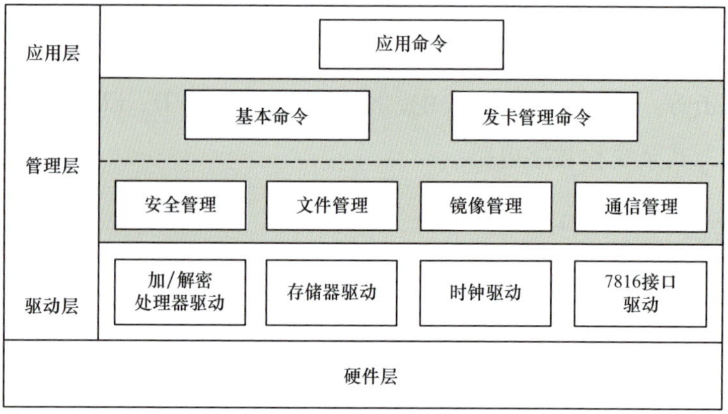

图5-7　安全芯片软件架构

（1）应用层。应用层完成应用功能的实现。

（2）管理层。管理层实现数据存储管理、文件安全访问控制、安全加/解密计算、7816协议解析、通信数据处理等功能，同时为应用程序提供各种功能函数接口。

（3）驱动层。驱动层实现FLASH的读写访问、7816接口的数据发送与接收控制、硬件加密协处理器的控制、定时器的控制等功能。

3.高可靠安全芯片研制

高可靠安全芯片的设计研制，遵循整体实施方案，分为芯片需求定义、系统方案设计、芯片详细设计、集成验证、芯片版图设计和流片、芯片样片研制等阶段。

（1）芯片需求定义。根据电力终端的应用需求，定义安全芯片的通信接口、加密算法、片内存储空间、主要安全特性等，并依据以上需求定义，完成安全芯片的规格定义和芯片概要设计。

1）通信接口。需支持接触接口和 SPI 主 / 从接口。其中，接触接口支持如下特性：①支持 ISO/IEC 7816 T=0 协议；②最高支持 F/D=16 波特率；③支持 Standby 和 Clock Stop 两种省电模式；④支持 A、B、C 接口；⑤接口时钟频率为 1 ~ 5MHz。SPI 主 / 从接口支持如下特性：①两套独立的 SPI 接口；②支持 SPI 通信协议；③支持全双工工作模式；④支持主 / 从模式可配置；⑤最大通信频率为从模式 50MHz、主模式 40MHz，最小字节间隔为 0nm。

2）加密算法。支持 SM1、SM2、SM3、SM7、DES、3DES 等安全算法。其中，SM1 支持 ECB/CBC 模式，具有抗 DPA 攻击功能，加 / 解密速率最大为 20Mbit/s@48MHz；SM2 支持素数域椭圆曲线加密算法，加密强度最高为 256bit，具有抗 DPA 攻击功能；SM3 的加 / 解密速率最大为 25Mbit/s@48MHz；SM4 支持 ECB、CBC 工作模式，具有防 DPA 攻击功能，加 / 解密速率最大为 20Mbit/s@48MHz。

（2）系统方案设计。研究安全芯片的整体架构，将处理器、通信接口、算法和存储器等模块集成到一个芯片中，各模块之间通过系统总线连接，从而形成一个系统。处理器通过系统总线完成内存中的程序读取和数据缓存、接口数据接收和发送，以及算法模块的调度。

（3）芯片详细设计。具体如下：

1）CPU。芯片采用玄武 200 CPU，其为 32bit 微处理器，具有两组 32bit 的 AHB Lite 总线。其中，IBUS 用于取指，DBUS 用于加载 / 存储。处理器支持代码压缩（code density），支持所有 Shift 指令、字节 / 半字节交换（swap）指令、硬件除法单元（DIV、DIVV、REM、REMU）、硬件乘法单元（WLH2）。

2）存储器。存储器包括内存为 96KB 的 ICCM、32KB 的 TROM、32KB 的 HROM 和 32KB 的 RAM 以及 32KB 的 DCCM。

3）AHB Matrix 总线。AHB Matrix 总线连接系统中 Master、Slave 等模块。AHB Matrix 连接的 Master 模块有 IBUS、DBUS、DMA_SYS 和 DMA_SPI。如果访问的是不同的 Slave 模块，则各模块互不干扰，可以同时工作；如果访问的是同一个 Slave 模块，则需要根据优先级进行仲裁以决定哪个 Master 占用总线。

4）FLASH_IF 模块。FLASH_IF 模块为 FLASH 和总线之间的连接模块，提供 FLASH 的读写接口，以及 AMBA 总线的接口；支持 Sector 擦除操作，Sector 大小为 512B；支持 Chip 擦除操作，支持字节读，支持 Page 编程操作，所有的读写操作都是 Single 模式，写操作只支持直接存储器访问（direct memory access，DMA）方式，支持 ECC6 校验；读写时序可配置，保证在不同系统时钟频率下读写速度最快。

5）CMU 模块。时钟管理模块（clock management unit，CMU）产生系统和各功能模块所需的时钟信号。所有时钟信号操作都在 CMU 模块中进行。CMU 模块可通过寄存器设置时钟分频和为功能模块的时钟提供接口。

6）复位模块。复位模块产生系统复位信号以及软件复位信号给各个功能模块。系统复位为异步复位。

7）PMU 模块。电源管理模块（power management unit，PMU）用于对系统功耗进行管理，系统功耗模式有 Normal 模式、IDLE 模式和 Standby 模式。其中，Normal 模式为系统正常工作模式，分为接触式模式和非接触式模式两个子模式，具体使用哪个子模式由芯片供电方式决定，系统可通过 PMU 中的相应标志位进行判断。Idle 模式下 CPU 停止工作。Standby 模式下 OSC 80M 停止工作，除安全 Sensor 和 Active Shield 工作在 OSC 100K 时钟下以外，其余数字电路停止工作。

8）SMU 模块。安全管理模块（security manager unit，SMU）模块用于对系统的安全防护功能进行管理和配置。SMU 模块的主要特性如下：①对安全 Sensor（包括 VD、FD、TD、LD、PGD 等）进行配置管理，实现对安全 Sensor 的控制、自检及报警处理功能；②对安全 Active Shield 进行配置管理，实现对安全 Active Shield 的控制、自检、调试及报警处理功能；③对存储器加密功能、密钥与校验功能进行配置管理；④对 CPU 安全功能及部分系统安全功能进行配置管理；⑤对模拟模块的 Trim 值进行配置管理。

9）RNG 模块。RNG 模块对模拟 RNG 源进行控制，并且对输入的真随机源进行后处理，然后输出伪随机数。RNG 模块的主要功能特性如下：①一次操作产生的真随机数长度为 32 ～ 128bit；②提供 32 个 1bit 的伪随机序列；③提供时间测试（test of time，TOT）；④提供快、慢振荡器的频率测量与检验；⑤支持系统对该模块的权限控制。

10）CRC 模块。CRC 模块采用 8bit 数据并行计算的方法，实现 CRC 编码以及 CRC 校验。通过随机数输入进行 CRC 运算，可以防御功耗分析攻击。CRC 是一类重要的线性分组码，编码和解码方法简单，检错和纠错能力强，在通信领域广泛地用于差错控制。

11）SPI 模块。SPI 模块用于实现与外部 SPI 的通信。SPI 是外部设备通过 3 线或 4 线交换 8bit 数据的串行同步通信手段。安全芯片提供两套独立的 SPI 接口模块，可配置为主设备或从设备。

12）TIMER 模块。TIMER 模块是一个 32bit 的单计数器，用于递减计数。当计数器递减到 0 时，产生中断信号。

13）WDT 模块。看门狗计时器（watch dog timer，WDT）是一个 24bit 的计数器，用于监督系统，防止系统锁死。当计数器递减至 0 时产生复位信号。

14）ANALOG_IF 模块。ANALOG_IF 模块用于对模拟 IP 进行 Trim 配置。

15）SYSCTRL 模块。SYSCTRL 模块负责管理 ICM_top 模块中各个 ICM 的 ICM_priority 配置、接口状态等。

16）PAD_CTRL 模块。PAD_CTRL 模块负责管理芯片内部的 SCI 模块、SPI 模块的 PAD 与 GPIO 复用选择，以及功能 I/O 与测试 I/O 的复用。

（4）集成验证。对于芯片全新设计或者修改的功能，必须进行全面验证；对于复用 IP 和 DesignWare 模块的功能，只进行接口连接性验证；对于实际应用中的流程，要进行测试，包括 CP 测试、BootLoader 下载应用 OS、下载 EEPROM 补丁程序。

从流程上进行划分，芯片功能验证分为前仿验证和后仿验证。其中，前仿验证的对象是寄存器传输级（register transfer level，RTL）代码，要求对该方案定义的所有验证项目进行仿真验证；后仿验证的对象是版图网表，验证要求和前仿验证一样，对全部项目都必须进行验证。后仿验证应屏蔽掉所有异步时钟域第一级同步寄存器的时序检查，因为在电路设计实现中对于异步时钟域采用两级同步以避免亚稳态问题，但是第一级同步寄存器在仿真器仿真过程中会产生 X 态并传播从而导致仿真失败，所以传输之后需要去掉异步时钟域第一级同步寄存器的时序检查。

为确保功能验证的完备性，需统计代码覆盖率。代码覆盖率检查项目包括 Line、Condition、Toggle、Branch、FSM。对于代码覆盖率，要求 Line、FSM 的覆盖率达到 100%，Branch、Condition 的覆盖率达到 95% 以上，Toggle 的覆盖率达到 85% 以上。除 Toggle 的覆盖率外，对其他覆盖率未能达到 100% 的情况必须说明原因。

4.高速安全芯片研制

高速安全芯片应用于服务器和加密机，支持通用异步接收发送设备（universal asynchronous receiver/transmitter, UART）标准、快捷外设互联（peripheral component interconnect express，PCI-E）协议，硬件支持 SM1、SM2、SM3、SM4、SM7 密码算法。

（1）安全特性。该芯片的安全特性如下：①密码算法，支持国密 SM1、SM2、SM3、SM4、SM7 算法协处理器；② RNG，有 4 个噪声源，噪声源与后处理电路相结合；③存储器管理单元，包括安全访问、权限控制、数据加密、地址加密；④检测报警，包括高低电压、高低频率、高低温度、光检测报警；⑤内部时钟振荡器，保证芯片运行不受外部时钟干扰；⑥ WDT；⑦测试模式不可再利用；⑧主动屏蔽层。

高速安全芯片用于加密领域，具有安全要求高、应用便利等特点。芯片中的数据涉及企业和个人的切身利益，其安全存储和稳定应用非常重要，因此高速安全芯片的设计原则就是保证芯片的安全性和可靠性。

（2）功能框架。为了保证芯片的安全性，芯片采取三级防护策略设计，包括物理层防护设计、逻辑层防护设计和软件层防护设计，并且针对目前主流的攻击方法，每个层级都采取了相关的防护设计。高速安全芯片功能框图如图 5-8 所示。

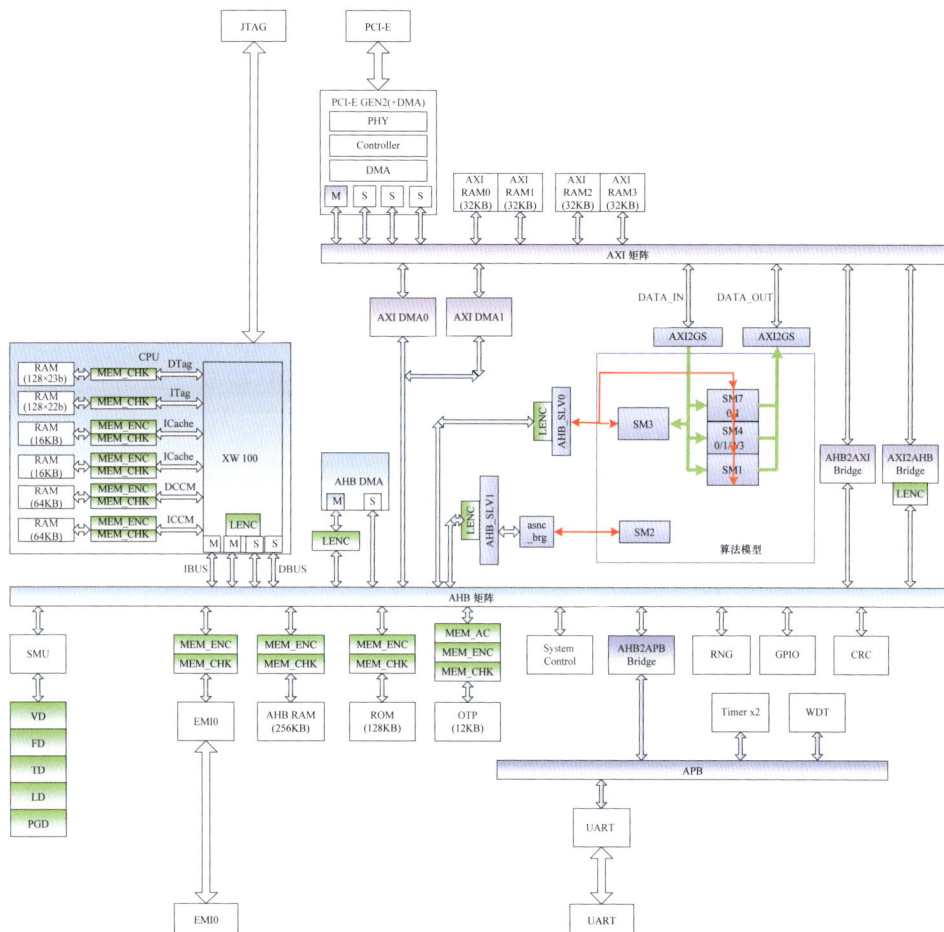

图 5-8　高速安全芯片功能框图

1）CPU。CPU 使用的是玄武 100 处理器。该处理器采用高效率的三级流水线实现 32/16bit 的混合长度指令集。

2）中断控制模块。中断控制模块用于对输入 CPU 的中断仲裁之后，将最高优先级的中断向量送往 CPU 内核。中断寄存器集成在 CPU 内部。

3）系统控制模块。系统控制模块主要用于控制引脚的复用以及引脚 PAD

的上下拉、施密特触发、快速摆率、驱动强度。

4）CMU 模块。CMU 模块提供各种时钟的选择、时钟频率的产生以及时钟的打开 / 关闭等功能。CMU 模块内部包括锁相环（phase locked loop，PLL）、多个时钟分频器、时钟多路复用开关以及时钟门控电路。

5）复位模块。复位模块负责控制芯片的所有复位操作，包括上电复位、系统复位以及软件复位。其中，上电复位通常又称冷复位，能够在上电过程中复位整个系统，并且在上电稳定后释放复位；系统复位可复位处理器内核以及外设 IP 部分；软件复位分为系统软件复位和模块软件复位，系统软件复位可以复位处理器内核以及外设 IP 部分，而模块软件复位可以复位相应的 IP 模块。

6）OTP 接口。使用 eMemory 提供的 OTP 接口，其 IP 基本参数如下：

IP Name：EG0016K8SC04DLU03 V1.0；

Process：SMIC 40nm；

Memory Size：16KB × 8bit；

Access Time：70ns(max)；

Program Time：20μs(min)。

7）AHB 总线。具体如下：

AHB_DMA：连接至高级高性能总线的直接存储器访问控制器（advanced high performance bus_direct memory access controller，AHB_DMA），可用于将数据从源外设搬运至目标外设。

AHB_ROM：连接至高级高性能总线的只读存储器（advanced high performance bus_read-only memory，AHB_ROM）。AHB_ROM 的操作无须插入等待周期。AHB_ROM 支持 32bit 读操作。

AHB_RAM：连接至高级高性能总线的随机存储器（advanced high performance bus_random access memory，AHB_RAM），用于将片内同步 RAM 挂载到 AHB 端口。AHB_RAM 的读操作和写操作均无须插入等待周期。AHB_RAM 支持 8/16/32bit 的读写操作。

RAM：采用奇偶校验法进行数据校验。RAM 宏单元位宽为 36bit，每 8bit

数据增加一位奇偶校验位。当 RAM 读出数据的 CRC 校验出错时，AHB 回复 ERROR；其余情况下均回复 OKAY，且不插入等待周期。

AHB：总线系统包含一个 AHB 总线矩阵式互连单元（Bus Matrix）、一个 AHB 到 APB 的桥接单元（AHB2APB_Bridge）和一个 AHB 到 AXI 的桥接单元（AHB2AXI_Bridge）。其中，AHB 总线矩阵式互连单元最高支持 5 个主设备和 10 个从设备，同时支持完整的 AHB 和 AHB Lite；AHB2APB_Bridge 支持 APB 总线与 AHB 总线的时钟同频或者 APB 是 AHB 的分频；AHB2AXI_Bridge 将 32bit 的 AHB 总线操作转换成 128bit 的 AXI 总线操作，AHB 与 AXI 之间的时钟是异步的。

8）AXI 总线。具体如下：

AXI_DMA：高级可扩展接口直接存储器访问控制器（advanced extensible interface_direct memory access，AXI_DMA），其接口符合 AMBA 3 AXI 协议。

AXI_RAM：高级可扩展接口随机存储器（advanced extensible interface_random access memory，AXI_RAM），用于将片内同步 RAM 挂载到 AXI 接口。AXI_RAM 支持 8/16/32/64/128bit 的读写操作。

AXI：总线系统包含一个 AXI 总线矩阵式互连单元（Bus Matrix）、一个 AXI 到 AHB 的桥接单元（AXI2AHB_Bridge）和一个 AXI 到通用从设备接口的桥接单元（AXI2GS_Bridge）。其中，AXI 总线矩阵式互连单元最高支持 4 个主设备和 10 个从设备；AXI2AHB_Bridge 将 128bit 的 AXI 总线操作转换成 32bit 的 AHB 总线操作，此处 AXI 和 AHB 工作在同一个时钟下；AXI2GS_Bridge 将 AXI 总线操作转换成通用从设备总线操作。

9）RNG 模块。RNG 模块对模拟 RNG 源进行控制，并且对输入的真随机源进行处理，然后输出伪随机数。

10）TEST 模块。TEST 模块用于系统的模式判断，并且在进入测试模式之后，通过判别测试模式的控制引脚状态来控制进入特定的测试模式，然后根据测试模式判别结果来控制测试引脚的复用。测试过程中，通过复用的测试引脚来控制芯片内部的硬件以完成对相应模块的测试。测试完成后，会将 FUSE 模块中的某些位熔断，测试模式将无法再次进入。

11）SMU 模块。SMU 模块用于对系统的安全防护功能进行管理和配置。

12）CRC 模块。CRC 模块对 32bit 宽的字完成 CRC 运算，故数据寄存器只接受 32bit 的读写。

13）PCI-E 控制器。PCI-E 控制器完成事务处理层、数据链路层以及物理层的介质访问控制（medium access control，MAC）部分的功能。一个完整的 PCI-E 解决方案包含控制器、模拟物理层，以及提供和消化数据的应用逻辑。物理层被 PIP-E 分割成 MAC 功能（链路训练和状态机、通道位移补偿）以及物理层功能。

14）EMI 接口。外部存储器接口（external memory interface，EMI）用于将内部的 AHB 存取操作转换成外部异步静态随机存储器（static random access memory，SRAM）类型（EMI0）或者同步 SRAM 类型（EMI1、EMI2）的接口操作。

15）UART 模块。UART 模块遵循工业标准 16550 而设计。UART 模块将 CPU 写入的数据转换成串行模式发送到目标设备，同时将接收到的串行数据存储起来以备 CPU 读取。

16)GPIO 接口。GPIO 提供了一种通用的、灵活的、可编程的输入/输出方式，用于控制执行器的操作。

17）PIT。可编程中断计时器（programmable interrupt timer，PIT）是一个无须处理器干预而在精确的时间间隔提供中断的计数器。

18）WDT。WDT 是一个 32bit 的可编程超时计时器。若 WDT 超时，则可产生中断和复位信号。WDT 用于在软件出现死锁时复位整个系统。

5.4.2　实施效果

本小节主要介绍安全芯片在用电信息采集场景的实施效果。

1. 现场实施情况

针对辽宁两市 25 个低压台区 5354 户低压用户开展精品台区建设，按照"互联互通"原则做好设备选型、确定好安装高度，安装 25 台能源控制器（公用变压器）、112 只智能物联电能表、313 把智能物联锁具、399 个三相智能塑壳断路器、83 个分支监测终端、2 套储能装置、2 套智能有序充电桩，实现了低压精品台区拓扑结构识别、各类信息动态采集、分段线损分析计算等功能。

（1）智能换相开关。可通过换相主控单元实时监测变压器三相及中性线电流及电压，指导计量箱侧换相开关就地进行负荷换相调整，完成负荷的相间切换，保障表箱 - 配电箱分支 - 变压器各连接都做到三相负荷平衡。

（2）智能计量箱。在材质及外观方面要求满足普通计量箱要求的基础上，表箱接线方式为插拔式，支持不停电换表；表箱配套有智能物联锁具，具备计量箱开闭锁行为信息化管控和锁具状态远程监测；多表位表箱安装有智能开关（三相智能塑壳断路器），具备表箱进线计量与线路状态感知，具备时钟同步、0.5s 级精准计量、开关本体状态识别、线路状态识别、拓扑关系识别、停电事件上报等功能。

（3）智能物联锁具。计量箱（柜）门采用智能物联锁具，实现现场开闭计量箱（柜）门的规范管理；计量箱（柜）的智能物联锁具在授权下进行开闭操作，实现智能物联锁具开闭及异常状态的主站监测，提供疑似窃电预警。

（4）四是智能电能表。智能电能表符合《智能电能表功能规范》（Q/GDW 1354—2013），满足电能计量、时钟、费率和时段、电能表清零、数据存储、冻结、事件记录、通信、信号输出、显示、测量及检测、负荷记录、费控、停电抄表及显示、报警、安全保护及认证等功能，实现多种信息的输入 / 输出，满足用户的要求。

（5）智能物联电能表。智能物联电能表实现客户侧和配电侧计量与感知设备的灵活接入，具有精准电能计量、最大需量、时钟、时段费率、显示、冻结、事件记录、智能费控、有序充电、停电事件上报等功能；支持电动汽车有序充电、光储协同、智慧家居需求响应等应用。

（6）能源控制器。通过安装能源控制器，实现配电变压器二次侧采集监控的高度集成；实现配电台区供电信息全量采集、设备状态监测、本地及远程通信组网、就地化分析决策；实现客户侧和配电侧计量与感知设备的灵活接入，具有数据采集、智能费控、时钟同步、精准计量、有序充电、用能管理、回路状态巡检、户变关系识别、台区拓扑识别、停电事件上报等功能。

（7）光伏储能装置。接入分布式光伏的台区安装有光伏储能装置，可实现光伏发电高峰及低谷时段的储能控制，平滑光伏出力的波动性和辅助电力系统调峰，实现储能削峰、削峰 + 平抑以及削峰 + 转移等多种支撑作用。

（8）智能有序充电桩。智能有序充电桩在实现基本的充电功能的基础上，具备有序充电调节功能，可根据台区负荷动态调节充电功率；具备漏电流量值显示和预警功能。

（9）三相智能塑壳断路器。三相智能塑壳断路器安装于多表位表箱，实现表箱进线计量与状态感知，具有数据采集、数据分析处理、高速电力线通信（high-speed power line communication, HPLC）等特性；具备时钟同步、精准计量、开关本体状态识别、表箱状态识别功能；支撑台区拓扑关系物理识别、停电事件上报、分段分相计量线损、故障定位等应用。

（10）分支监测终端。分支监测终端安装于分支箱侧，采用 HPLC 等通信方式，具有电能计量、拓扑感知、故障感知功能；通过安装在台区变压器中母排开关、楼道单元总开关等不同位置，可发挥其在低压台区的全网络拓扑感知作用。

（11）现场作业终端。现场作业终端应支持计量、业扩、抄催、收费、检查、客户服务、运检等多专业多场景移动作业；配合系统功能支撑采集运维、缺陷隐患治理、现场抢修、业扩报装、抄表收费等业务。

2. 安全芯片应用成效

辽宁某电力企业在用电信息采集场景中应用专用高速安全芯片和高可靠安全芯片，以满足新型电力系统的需求，实现终端国密算法支持和密钥管理功能。这些安全芯片的使用，解决了在感知层设备的安全接入及应用数据交互过程中密码相关的安全性和合规性问题。此外，这些安全芯片的使用能够实践电力企业网络安全防护的"可信互联、精准防护、安全互动、智能防御"特征，为电力企业提供全方位的网络安全保护。

辽宁某电力企业在两市的 25 个低压台区，安全更换了具备专用高速安全芯片的智能电能表和智能物联电能表。实现了电能表与能源控制器、能源控制器与主站的双向身份认证、数据加／解密等。

用电信息采集系统对电力用户的用电信息进行采集、处理和实时监控，承担着用电信息自动采集、高效共享和实时监控的重要任务。将安全芯片内置于电能表、集中器、专用变压器采集终端等设备中，可以实现终端与主站的身份认证、数据加／解密等，从而保障终端设备数据存储、传输、交互的安全性。

3. 建设成效

低压精品台区基于 HPLC 技术，通过更换智能感知装置，感知并自动研判故障范围和成因，减少了抢修复电的时间；并通过安装非侵入式智能电能表，基于非侵入式电能表的高频采集功能，在用电信息采集系统实现了家用电器负荷、电量、启停状态等数据的采集、分析、展示等功能。

（1）数据高频采集。基于 HPLC 的高频通信特性，对电能表电压、电流、日冻结数据进行采集，实现日用电量分析，小时冻结数据、负荷曲线等用户数据采集，以及精准时段的线损分析，并可采集 96 点实时用电数据，实现供电质量分析。

（2）台区自动识别。基于 HPLC 台区的自动识别、搜表、台区快速改切识别等功能，实现不同 HPLC 台区的精准识别，有效提高户变关系判断的准确性。

（3）相位拓扑识别。基于 HPLC 台区的户表相位识别功能，实现 A、B、C 三相和线路拓扑关系的相位识别，提高三相不平衡和线损分相处理的水平。

（4）停电事件主动上报。基于 HPLC 通信模块中的超级电容，实现集中器停电、户表停电、表箱停电等事件的主动上送；结合配电台区电气拓扑／户变关系自动识别功能和地理信息，自动识别停电影响范围及重要敏感用户，并通过短信或微信点对点精准推送至用电客户及抢修人员。

（5）台区分相停电分析。基于 HPLC 台区的停电主动上报功能，结合台区拓扑的精准识别，支撑台区停电、分支线停电、分相停电、表箱停电、用户停电等功能实现。

（6）时钟精准治理。基于 HPLC 的低时延通信和灵活广播校时机制，实现电能表和集中器之间的时钟精准同步以及时钟超差事件主动上报。

（7）通信网络监测与优化。基于 HPLC 通信节点的信号强度、相邻节点信息、网络路径信息等参数，实现每个设备状态信息的在线监测及网络运行水平的实时分析，进而对通信网络进行优化与调整。

（8）ID 统一标识管理。基于全球统一的物联网 ID 标识管理技术，实现 HPLC 芯片的身份唯一认证，有效杜绝非法设备的接入，确保网络运行安全。

（9）台区负载监测。通过使用配电信息采集系统部署配电变压器负载分析及异常监测模块，可以实现配电变压器重载、过载、轻载、空载等多种运行状态的分析与监测；基于台区电气拓扑识别，结合配电变压器、分支、表箱、户表等各节点感知数据，可以实现全台区分时、分段、分相的负载分析，客观分析台区可开放容量。

（10）用电安全隐患辨识。基于用户侧开关、断路器、温度传感器等设备的感知信息，结合电气安全灾害、用电安全隐患辨识模型，实现客户侧电气安全灾害及用电安全的智能感知与准确辨识；为用电信息采集系统开展用电安全隐患状态监测提供数据支撑，对开关、漏电保护、线路、表箱、入户线的安全隐患以及违规用电提出及时预警，辅助安全隐患排查的开展。

（11）台区故障精准感知。基于台区内各级开关、断路器、温度传感器等设备的感知信息，实现分支箱短路故障、线路短路故障、表箱故障、表后短路故障分析以及用户侧漏电故障等感知监测分析。

（12）台区线路阻抗分析。结合台区电气拓扑信息，建立台区低压线路计算模型，精确求解线路阻抗，实现线路老化等线路异常诊断。

（13）台区分支线 / 表箱停电分析。基于台区电气拓扑识别，结合配电变压器、分支、表箱、户表等各节点感知数据，实现台区内分支线 / 表箱停电的精准分析。

（14）线上作业自动化。利用信息化手段实现低压设备运维、营销服务、市场开拓等业务的智能化、数字化作业，具备一台终端多系统数据贯通、一张工单多专业协同响应、一次到场多任务合并等功能。

（15）计量箱精益管理。基于用电信息采集系统与现场作业终端，在计量箱（柜）安装智能物联锁具，实现计量箱开闭锁行为的信息化管控和锁具状态的远程监测。

（16）用户负荷精准感知。面向台区侧，实现充电桩、储能装置、分布式光储一体化装置等的统一接入；面向客户侧，结合负荷辨识及感知设备，实现户内家用电器的精准感知；具备台区内用户大功率电器负荷辨识能力，结合"煤改电""农排"等特殊用电用户设备特征，建立特殊用电用户分析模型，实现运行周期内负荷变化规律的有效识别，进而采取有效措施调节用电负荷。

安全芯片在电力物联网场景中的应用也越发重要。智能融合终端采用"单一安全芯片、统一密钥管理"，支持安全接入用电信息采集系统和配电系统主站。在统一物联管理中心建设完成后，可支持安全接入物联管理中心，以确保安全防护无缝对接。

第6章

能源互联网安全综合防护平台
安全纵深防御建设

随着能源互联网的迅猛发展和智能化应用的推进，安全保障已成为其可持续发展的首要任务。为此，建设一套纵深防御的能源互联网安全平台势在必行。该安全平台将综合应用主机业务安全、设备安全、网络安全以及数据安全等多种安全措施，全面保护能源互联网的安全性、可靠性和稳定性。本章以辽宁某电力企业为例介绍纵深防御的能源互联网安全平台的建设内容，旨在通过综合运用主机业务安全、设备安全、网络安全和数据安全等多种手段，完善安全防护体系，预防和应对各类安全威胁和风险。

6.1 主机业务安全建设

为保障工业业务系统安全稳定运行，满足主机业务安全需求，需要提升主机侧安全防御水平，建设主机业务安全防御机制。建设内容主要包括：建设漏洞检测能力，检测、识别、修复主机安全漏洞；建设病毒防范能力，解决工业环境限制下的主机恶意代码防御问题；建设主机安全加固能力，解决不安全配置、外设滥用、开发危险端口等安全风险；建设主机安全监测能力，实时监测主机安全状态，发生异常情况时及时告警，提升应急处置效率；建设主机网络诱骗能力，诱导攻击者攻击虚假目标，分析攻击行为特征，保障正常业务的安全稳定运行。总之通过多种手段，全面提升主机业务安全防御能力。

6.1.1 建设内容

主机业务安全系统是针对工业场景下的主机类资产进行安全防护的系统。对工业控制系统的攻击行为，其目的通常为获取控制器的控制权，或针对控制系统进行破坏。攻击者为达到其不法目的，首要攻击目标通常是工业控制上位机。通过获取工业控制上位机的控制权，攻击者即可对工业控制系统进行操控和破坏。因此，提升主机业务安全能力是保障工业企业安全的重点之一，有必要开展主机安全能力建设，提升工业企业的安全防御能力水平。

主机业务安全系统总体采用客户端 / 服务器（client/server，C/S）架构，由管理控制中心和客户端组成。

管理控制中心部署在独立提供的 Linux 系统主机上，其主要功能是把所有客户端信息集于一体，以便进行集中监管和配置安全策略，聚合客户端情报信息进行后续的响应及处置。管理控制中心采用浏览器 / 服务器（browser/server，B/S）架构，安装完成后，用户可以在任意与管理控制中心网络可达的计算机上访问管理控制中心的 Web 页面，对终端进行管控。而客户端软件是一个独立的本地可执行程序，安装在需要被管控的主机上，完成管理员通过管理控制中心下发的任务和策略。

在部署主机业务安全系统时，首先架设管理控制中心，然后在主机上安装客户端软件，即可实现管理控制中心与客户端的安全连接。

主机业务安全系统应具备主机漏洞检测、主机病毒防范、主机安全加固、主机安全监测等核心安全能力，以加强工业控制场景下的主机业务安全保障水平。漏洞检测模块可在漏洞被利用之前发现并修补漏洞，避免主机被攻击的风险。主机漏洞检测软件安装在主机上，可检测本机操作系统及应用软件漏洞，并提供漏洞修复方案。病毒防范模块为主机轻量级 Agent 形态，内置多引擎病毒查杀工具，支持对各类病毒、木马等恶意程序进行检测，并通过完善的反病毒流程，有效清除包括勒索病毒在内的各类安全威胁。主机安全加固模块从系统、应用、通信、接口等角度实现主机的全方位安全加固，全面提升主机抗风险能力。主机安全监测模块采用 C/S 架构，支持 1/N 形式管理、N–N 级联管理等部署方式，提供在线状态监测、资源监测、异常行为监测等监测功能，以便实时监控主机安全状态，及时识别并响应主机安全事件。主机网络诱骗模块用于模拟真实工业设备，实时捕获攻击流量，通过对攻击行为的深入分析和识别，及时发现潜在的安全威胁，并采取相应的防御措施。

1. 主机漏洞检测

（1）从业务角度，漏洞检测模块采用 C/S 架构，包括服务器端和客户端。服务器端负责漏洞信息的更新维护和补丁包的分发工作；客户端以 Agent 形态部署于主机系统中，负责检测主机漏洞，并获取补丁包进行修复。

1）服务器端。如图 6-1 所示，服务器端与客户端建有加密通信隧道，可查看客户端所有资产漏洞扫描情况，对所有资产批量进行 Windows 漏洞修复。支持的漏洞类型包括但不限于操作系统漏洞（Windows、Linux 等）、数据库漏洞（MySQL 等）、Web 容器漏洞（Tomcat、Apache、Ngnix 等）以及其他组件漏洞。

图 6-1　主机业务安全系统服务器端界面

服务器端的重要功能是进行漏洞库的更新和维护，以确保客户端能及时检

测修复最新的漏洞。漏洞库更新包括在线更新和
离线更新两种。

　　a）在线更新。在能够进行互联网访问的环
境中，可以采用在线更新的方式。例如，杭州
安恒信息技术股份有限公司会在云端采集国家信
息安全漏洞共享平台（China National Vulnerability
Database，CNVD）、国家信息安全漏洞库（China
National Vulnerability Database of Information
Security，CNNVD）及其他漏洞发布平台发布的漏
洞信息，并跟踪 Windows、Linux、数据库、应用软
件等厂家发布的漏洞修复补丁，形成漏洞信息库，
为服务器端提供更新推送。以 Windows 漏洞信息
更新为例，漏洞库的在线更新流程如图 6-2 所示。

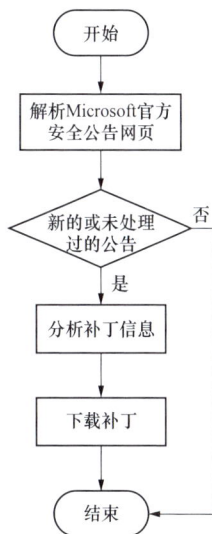

图 6-2　漏洞库在线更新流程

　　云端更新完毕后，采用 PULL 模式为服务器端提供更新，即服务器端定期
向云端请求，根据漏洞库版本号判断是否有更新的漏洞，并从服务器端主动请
求下载。

　　b）离线更新。在工业控制系统中，出于安全隔离考虑，通常存在较多网
络限制，部分环境下无法通过连接互联网进行更新。为确保漏洞检测模块能够
识别最新的漏洞，该模块提供离线更新功能，如图 6-3 所示。这需要工作人员
在云端下载漏洞更新包后，上传至服务器端进行更新。

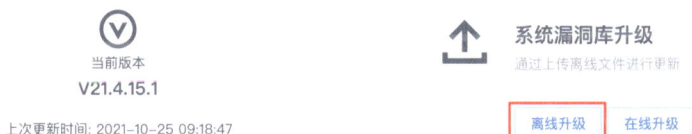

图 6-3　漏洞库离线更新

　　2）客户端。客户端是部署在操作系统上的 Agent 软件，平时运行于系统
后台。客户端定期检查系统漏洞情况，发现漏洞后从服务器端拉取补丁包进行

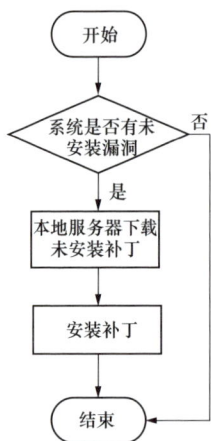

图 6-4　客户端漏洞修复流程

修复。客户端漏洞修复流程如图 6-4 所示。

客户端识别漏洞的方法是：通过操作系统 API、注册表等信息，检测操作系统类型、Server Pack 版本号、应用程序版本号等信息，与漏洞库进行匹配，判断是否存在安全漏洞。识别到未修复的漏洞后，从服务器端拉取修复补丁包进行修复。

为确保能识别最新的漏洞，客户端与服务器端应保持秒级连接，以实时更新漏洞库。同时，为了满足不同场景下的漏洞更新需求，漏洞检测模块提供了灵活的漏洞更新方式，包括：

a）只有服务器端可访问互联网。服务器端收集补丁后推送给客户端主机进行修复。

b）只有客户端可访问互联网。服务器端已下载的补丁由服务器端推送给客户端主机进行修复，服务器端未下载的补丁由客户端主机下载进行修复。

c）服务器端和客户端都不可访问互联网。通过离线方式上传补丁后，服务器端推送给客户端主机进行修复。

d）服务器端和客户端都可访问互联网。服务器端已下载的补丁由服务器端推送给客户端主机进行修复，服务器端未下载的补丁由客户端主机下载进行修复，或选择 a）中的修复方式。

（2）从功能角度，漏洞检测模块包括漏洞查看以及漏洞日志两部分。

1）漏洞查看。漏洞检测模块可在服务器端统一呈现所有主机的漏洞信息，支持通过主机视角和漏洞视角两种方式进行漏洞查看。

如图 6-5 所示，从主机视角可以查看特定主机存在的安全漏洞，并针对安全漏洞进行修复。

如图 6-6 所示，从漏洞视角可以查看所有现存漏洞，主要用于快速定位高危漏洞并进行批量修复。

图 6-5　主机视角漏洞呈现

图 6-6　漏洞视角漏洞呈现

2）漏洞日志。如图 6-7 所示，漏洞检测模块提供完善的漏洞日志记录能力，可以记录漏洞扫描、漏洞修复日志。记录内容包括资产名称、IP 地址、概况、时间、操作系统类型、操作系统版本、漏洞扫描结果（高危漏洞数、已安装补丁数、可选漏洞数、忽略漏洞数）等。

通过漏洞日志可审计追溯漏洞扫描的时间和结果，具有良好的可运维能力。

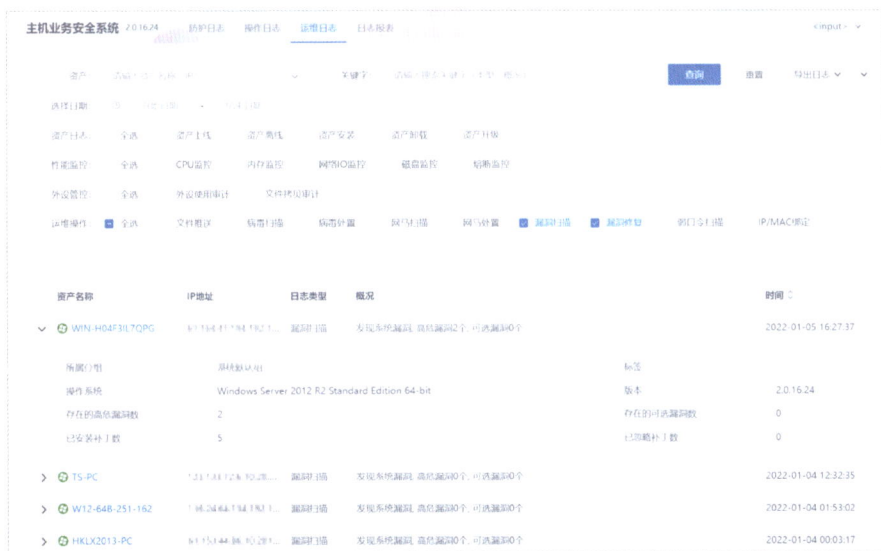

图 6-7　漏洞日志

2.主机病毒防范

病毒防范模块负责抵御计算机病毒。计算机病毒是人为制造的，有破坏性、传染性和潜伏性的，对计算机信息或系统起破坏作用的程序。针对工业控制主机的恶意病毒，可造成对计算机机密性、完整性、可用性的破坏，甚至可造成生产中断、恶性生产事故等严重危害。因此，病毒防范方案是保障主机业务安全的重点之一。

病毒防范模块由管理控制中心和监控端组成。其中，管理控制中心部署在独立提供的服务器或个人计算机（Linux 系统）上；监控端软件安装在需要被监控的主机设备上。管理控制中心的主要功能是把多个监控端信息集中于一体，便于集中管理、应急管理和配置安全策略，聚合监控端情报信息。

在部署病毒防范模块时，首先架设管理控制中心，然后在主机上安装监控端软件，通过配置管理控制中心的 IP 地址 + 端口信息，即可实现管理控制中心与监控端的安全连接。病毒防范模块部署架构如图 6-8 所示。

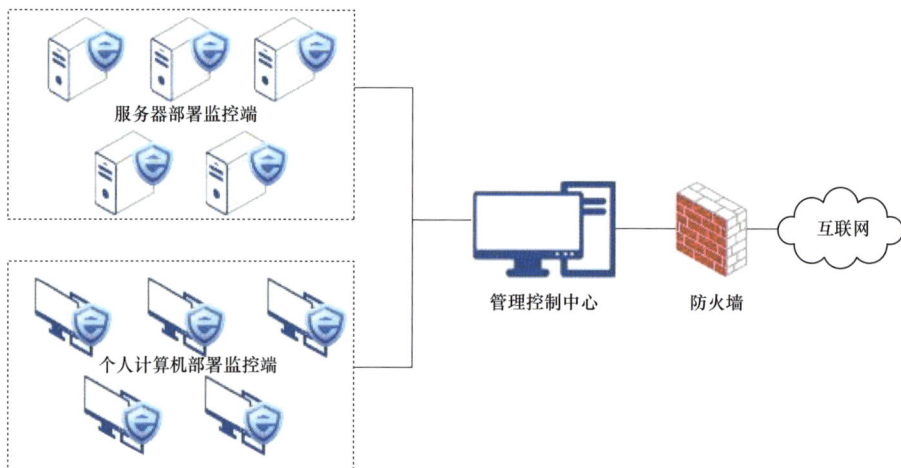

图 6-8　病毒防范模块部署架构

在工业环境下进行病毒防范工作，需要考虑主机应用场景和要求。在工业环境下，主机主要分为两类，分别是用于人员办公的个人计算机，以及用于工业控制的操作员站、工程师站等工业控制主机。两者软、硬件基本相同，但应用场景和安全要求有较大不同。其中，个人计算机通常可连接互联网，用户经常安装、升级软件，便捷性要求较高，安全性要求一般；工业控制主机不可连接互联网，部署完成后，基本不会进行软件更新、新软件安装等操作，且对安全性要求较高，对便捷性要求不高。

针对上述场景与要求，这里提供了两种病毒防范方法，对个人计算机可采用病毒查杀方法，对工业控制主机采用主机白名单方法。

（1）病毒查杀。病毒查杀可支持 Windows+X86/X64、Linux+X86/X64、Linux+MIPS32/64+ 大小字节序、Linux+ARM32/64、国产操作系统（Linux 家族）+国产 CPU（X86/MIPS）等多种应用环境。

内置的多引擎病毒查杀模块，基于本地病毒库、云查杀、行为特征等多种方式进行病毒识别与清除。该模块支持多种压缩包、自解压包、复合文档、媒体文件、加密脚本、电子邮件、邮箱文件、可提取文档中嵌入的其他资源，如宏、脚本、可执行程序等，可有效识别并清除合法文件中夹带的恶意代码。

为应对恶意代码自我隐藏的特性，可通过丰富的脱壳能力，识别病毒混淆行为。结合病毒沙箱，可进行全面的模拟执行，从而基于代码行为监测其合法性。支持强力查杀功能，对于无法进行普通隔离的病毒文件，可强制停止其进程并隔离，或者将其动态移除到删除队列。支持部分病毒感染文件的修复功能，对于二进制文件可剥离其感染部分，以保证应用正常使用。免疫引擎通过强制访问控制技术免疫 WannaMine1.0/2.0/3.0 等病毒。

病毒查杀模块不仅可以阻止已知勒索病毒的执行，而且在面对使传统杀毒软件束手无策的未知类型勒索病毒时，通过采用诱饵引擎，在未知类型勒索病毒试图加密时发现并阻断其加密行为，有效守护主机安全。

以勒索病毒为例，病毒处置流程如下：

1）确认感染勒索病毒，部署病毒查杀模块。在未安装端点检测和响应（endpoint detection and response，EDR）模块的情况下，通过任务管理器或其他途径发现感染勒索病毒；但在文件还未被加密时，可紧急部署 EDR 模块。

病毒感染告警的具体现象示例如图 6-9 所示，主要包括：①高级持久性威胁（advanced persistent threat，APT）等设备大量告警；②系统短周期重启（5min 左右）；③ Svchost.exe、Taskmgr.exe 等进程持续大量占用 CPU。

图 6-9　病毒感染告警示例

2）开启勒索防御双重引擎。如图 6-10 所示，主机在部署客户端后，立即开启管理平台→策略管理→系统防护勒索防御中的勒索诱饵防护引擎与勒索软件行为防护引擎。

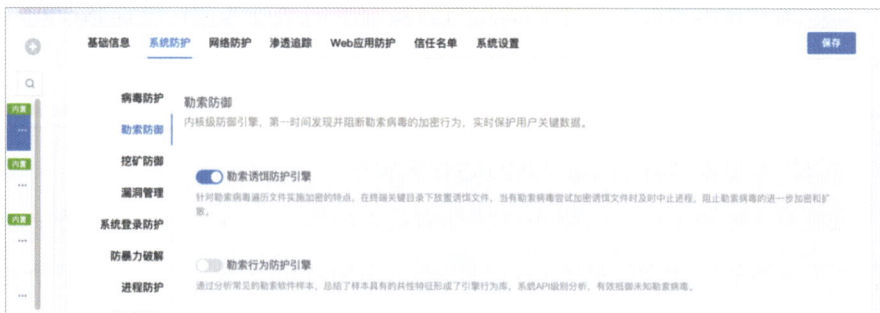

图 6-10　勒索防御引擎

勒索防御在内核层预置了诱饵文件，且内置了文件访问监控模块，如图 6-11 所示。面对未知类型的勒索病毒，该模块可在加密程序运行时立即阻断，并记录其特征，作为守护文件安全的最后一道防线。

图 6-11　文件访问监控模块

通过管理平台 → 策略管理 → 系统防护 → 勒索防御，可设置业务核心数据的访问策略，确保数据不被非法破坏及篡改。

可一键应用"永恒之蓝勒索挖矿防御"批量配置模板，双向隔离 445 端口；通过微隔离功能，可封堵 445 端口，阻止其他主机探测本地的 445 端口，同时阻止本地端口向外发包探测局域网内其他主机的 445 端口。

图 6-12 所示为"永恒之蓝勒索挖矿防御"批量配置模板，图 6-13 所示为一键关闭端口。

涉及其他端口时，可录制相应模板。

3）观察进程启动日志、勒索加密阻断日志，定位攻击源。如图 6-14 所示，病毒进程试图启动自我复制等行为会触发进程防护。通过查看日志，可看到大量进程防护（阻止已知勒索病毒启动）或勒索深度防护（阻止未知勒索病毒加密）记录，然后通过日志给出的位置来逐步定位攻击源。

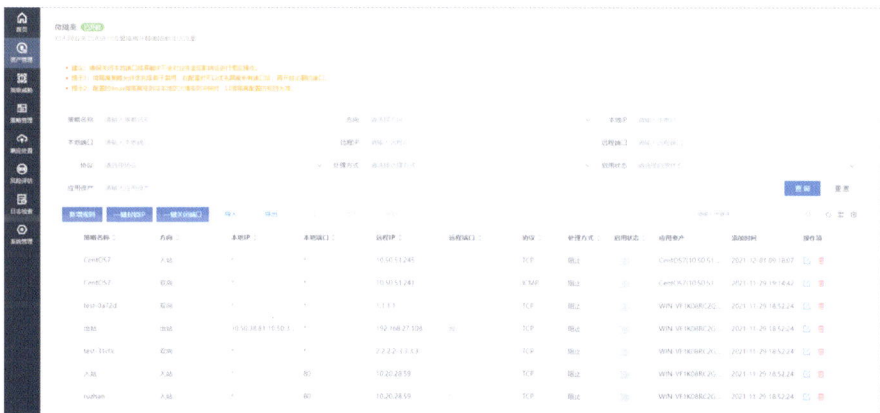

图 6-12　"永恒之蓝勒索挖矿防御"批量配置模板

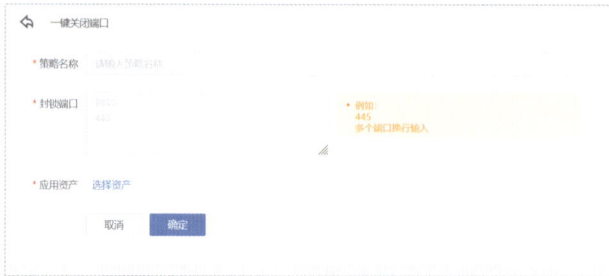

图 6-13　一键关闭端口

所属分组	时间	日志类型	描述	操作项
Windows服务器组	2018-08-21 20:02:13	内存监控	内存使用率出现异常，当前使用率85%	查看
Windows服务器组	2018-08-21 19:43:47	进程启动防护	C:\Windows\SpeechsTracing\Microsoft\svchost.exe (蠕虫(Wor...	查看
Windows服务器组	2018-08-21 19:43:46	进程启动防护	C:\Windows\SpeechsTracing\Microsoft\svchost.exe (蠕虫(Wor...	查看
Windows服务器组	2018-08-21 19:43:45	进程启动防护	C:\Windows\SpeechsTracing\Microsoft\svchost.exe (蠕虫(Wor...	查看
Windows服务器组	2018-08-21 19:43:28	进程启动防护	C:\Windows\SpeechsTracing\Microsoft\svchost.exe (蠕虫(Wor...	查看
Windows服务器组	2018-08-21 19:43:26	进程启动防护	C:\Windows\SpeechsTracing\Microsoft\svchost.exe (蠕虫(Wor...	查看
Windows服务	2018-08-21 19:43:25	进程启动防护	C:\Windows\SpeechsTracing\Microsoft\svchost.exe (蠕虫(Wor...	查看

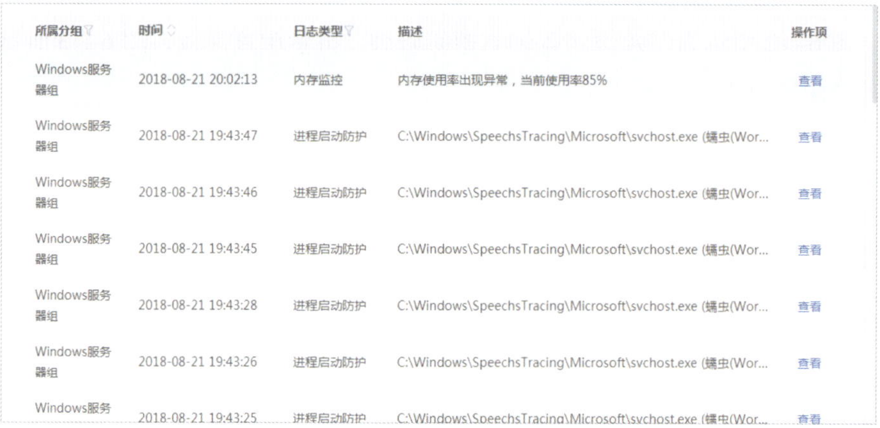

图 6-14　安全日志告警

4）批量查杀病毒并复查。如图 6-15 所示，结合通过日志定位到的攻击源进行病毒查杀，对病毒可一键隔离或清除。通过批量配置可快速为大量资产配置查杀策略。清除病毒后可进行复查。

5）配置定期巡检与漏洞扫描工具进行系统加固。如图 6-16 和图 6-17 所示，通过定期巡检与漏洞扫描功能，结合批量配置，确保所有主机定时进行病毒查杀与漏洞修复，可避开资源占用高峰期，及时修复漏洞，加固主机安全。

图 6-15　病毒扫描结果

图 6-16　定期巡检

图 6-17　漏洞扫描

综上，病毒处置总体流程如图 6-18 所示。

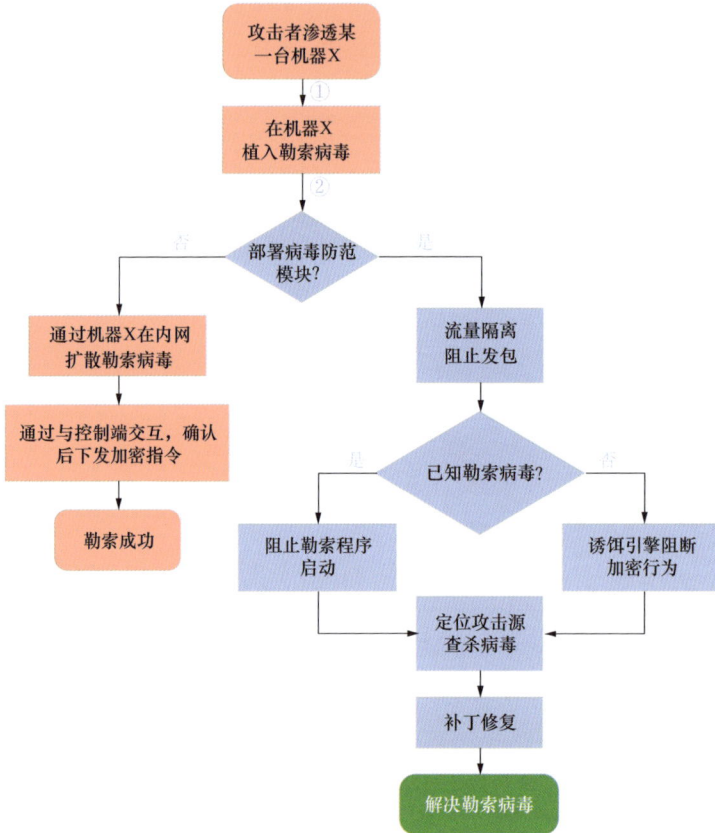

图 6-18 病毒处置总体流程

（2）主机白名单。主机白名单模块可添加在主机磁盘内的所有可执行文件，并生成文件特征签名，建立白名单库。通过内核驱动技术，在加载／执行文件时，检查文件是否为白名单文件，对非白名单文件的加载／执行进行拦截，从而确保仅授权进程可以启动，阻止未授权程序、恶意代码的执行。主机白名单业务流程如图 6-19 所示。

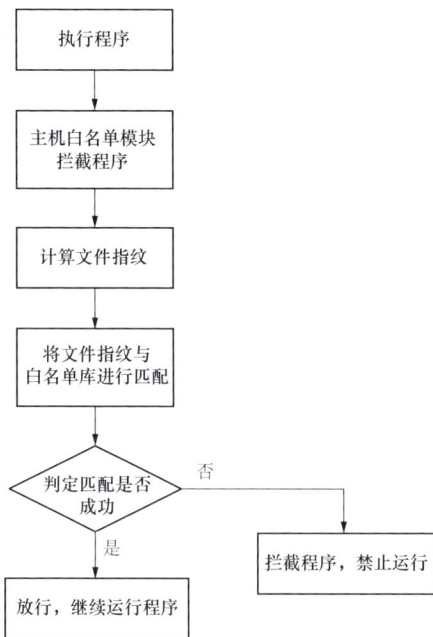

图 6-19　主机白名单业务流程

白名单基于文件签名，而不依赖文件名和扩展名，从而可以有效识别文件变更，防止绕过；基于内核驱动技术和优化匹配算法，可以有效提升响应速度，提供无感知的用户体验，确保不影响正常业务运行；系统支持多种工作模式，可以满足拦截并告警、仅告警不拦截、全放行等多种场景需求。

通过白名单机制的可靠安全防护，可以有效阻拦包括新型未知病毒在内的各类恶意软件攻击，具备防恶意软件传播能力，可以有效提升主机安全防御水平，保障业务连续运行。

主机白名单可采用单机部署方式，也可采用 C/S 架构部署方式，由服务器端统一进行监控和策略下发。具体实践中可根据网络环境灵活选择。白名单配置界面如图 6-20 所示。

图 6-20　白名单配置界面

在白名单建立后，在业务未发生改变的前提下，无须对白名单进行更新，因此主机白名单不依赖网络，无须访问互联网，对系统稳健性有较好的保证，适用于工程师站、操作员站等工业控制系统场景。

3. 主机安全加固

主机安全加固模块是从网络通信防护、外设管理、系统防护等方面对计算机进行安全加固，从而排除主机安全风险，提升主机抗风险能力。

（1）网络通信防护。在网络通信防护方面，有微隔离、防端口扫描、违规外联防护几种加固方式。

1）微隔离。如图 6-21 所示，内置内核级网络防火墙基于自研网络驱动技术实现，而不依赖系统自身的防火墙。该防火墙可对不同业务之间的流量进行精准识别，对非法流量可以精准阻断；支持快捷操作，可一键屏蔽端口或恶意 IP，自动生成隔离规则。

图 6-21　微隔离规则

2）防端口扫描。提供防端口扫描功能，可在网络驱动中检查本机的入站数据包。当识别到某 IP 有探测扫描行为（如短时间内对大量端口进行连接）时，可将恶意探测 IP 锁定，防止其进一步获取终端敏感信息；支持查看并解除已临时锁定的 IP 清单。

3）违规外联防护。支持违规外联防护功能，可在网络驱动中检查本机的出站数据包。因为由内核中的快速匹配算法提供支持，所以即使在有大量规则的情况下，对网络性能的影响也可忽略不计。支持黑白名单两种模式，可手动添加或批量导入黑白名单。

a）黑名单。开启违规外联防护→黑名单模式后，配置黑名单 IP，对黑名单 IP 以内的连接进行记录或实时阻断。

b）白名单。开启违规外联防护→白名单模式后，配置白名单 IP，对除白名单 IP 以外的连接进行记录或实时阻断。

（2）外设管理。在外设管理方面，有非法外设拦截、移动存储管理几种加固方式。

1）非法外设拦截。提供完善的外设管理能力，可以基于设备类型（无线网卡、打印机、手机、PCMCIA、软驱、调制解调器、1394 控制器、红外设备、蓝牙设备、光驱、刻录）或设备接口（USB 口、串口、并口）对外设进行管理，可以分别设置准入、禁止策略。通过禁止非法外设接入，可以避免恶意操作、漏洞利用、病毒传播等安全风险。

2）移动存储管理。如图 6-22 所示，移动存储管理具体如下：①支持移动存储授权管理，对 U 盘读写权限进行细粒度管理，分别为不同 U 盘配置独立权限，实现仅安全 U 盘可接入，普通 U 盘无法接入，从而规范化移动存储使用，防止 U 盘滥用现象，阻断病毒传播途径；②支持管理员对入网的移动存储介质进行注册，并对已注册的移动介质进行管理，从而可以有效防止数据外泄以及移动存储带毒入网的问题；③支持的格式包括但不限于 FAT32、exFAT、NTFS等；④通过移动存储授权，可使未授权存储设备无法接入，实现已授权存储设备的读写控制，并在日志审计中可查看外设的使用记录。

图 6-22　移动存储管理

（3）系统防护。在系统防护方面，有系统登录防护、文件访问监控、防暴力破解、系统安全配置几种加固方式。

1）系统登录防护。使用操作系统本身的安全登录插件机制实现该功能。相较于传统的读取系统日志判断方法，插件防护不会遗漏掉任何登录数据，从而更加安全。

如图 6-23 和图 6-24 所示，可对系统账户登录进行细粒度的精准访问控制，支持对访问来源（账户、地理位置、远程 IP 或域名、远程计算机名）、访问时间的配置，并可实时阻断非法登录；触发登录防护后，可自动联动添加微隔离规则。

图 6-23　文件访问控制

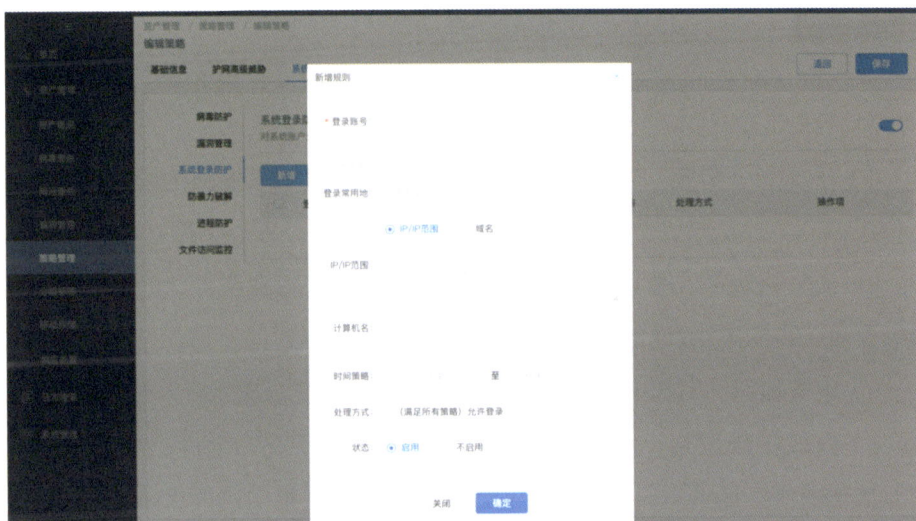

图 6-24　新增规则

2）文件访问监控。使用系统文件过滤驱动技术，可细粒度审计文件创建、删除、写入、重命名等操作。

3）防暴力破解。如图 6-25 所示，当某个 IP 在设置的时间周期内登录系统的失败次数达到一定量时，可将恶意探测 IP 锁定，防止其进一步试探获取系统登录口令；可在资产详情内查看并解除已临时锁定的 IP 清单。

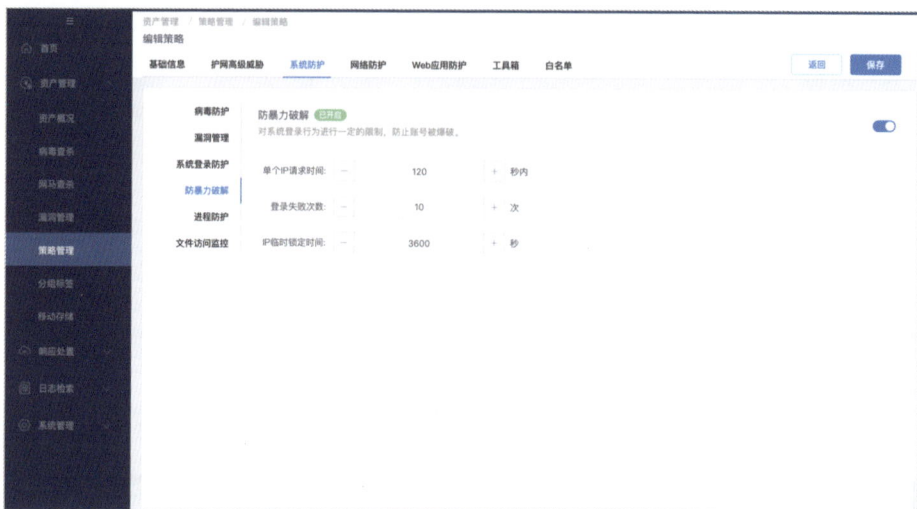

图 6-25 防暴力破解

4）系统安全配置。支持检查系统配置情况，识别不安全的配置信息，主要包括：

a）最小化服务。禁用多余或危险的系统后台进程和服务，如邮件代理、图形桌面、Telnet、编译工具等；

b）服务加固。对 SSH、Xinetd 等常用服务进行安全加固；

c）内核参数调整。修改内核参数，增强操作系统安全性，如禁用 IP 转发、禁止响应广播请求、禁止接受 / 转发互联网控制报文协议（internet control message protocol，ICMP）重定向消息；

d）文件目录权限设置。结合业界安全加固规范及应用要求，保证文件权限最小化；

e）账号口令安全。启动口令复杂度检查，设置密码有效期、登录失败重试次数等；

f）系统认证和授权。禁止 root 远程登录，尽量不用 root 账号安装运行进程；

g）日志和审计。记录服务、内核进程运行日志，可以与日志服务器对接；

h）操作系统完整性检测。检测操作系统启动时所加载的系统文件是否被
修改，当发现操作系统完整性被破坏时进行实时告警和记录；

i）系统注册表保护。用户可自定义添加系统关键的注册表项到被保护列
表中，在被保护列表中的注册表数据不可被非法篡改和删除。

4. 主机安全监测

通过管理控制中心，即可实现对主机的实时安全监测。主机安全监测流程
如图 6-26 所示，监测内容主要包括：

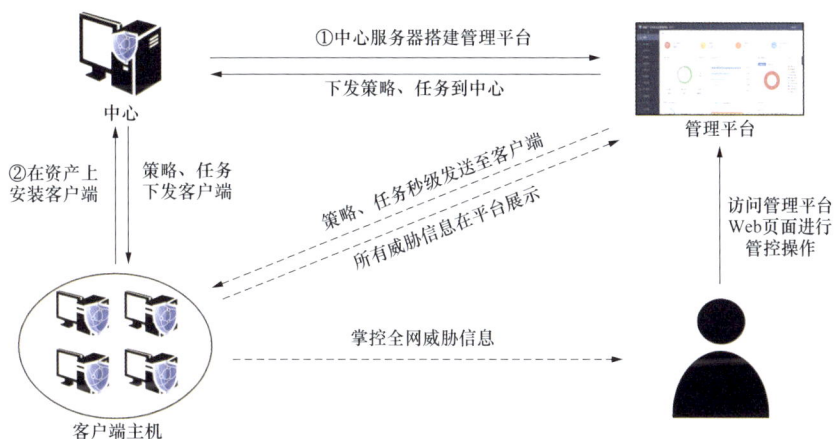

图 6-26　主机安全监测流程

（1）资产概况监测。资产概况监测包括在线状态监测、资产基本信息监
测、资产端口监听、运行进程监测、账号信息监测、软件信息监测、启动项监测。

1）在线状态监测。在线状态监测模块可监测操作系统在线状态、服务开
放状态、进程运行状态等，确保业务处于正常运行的状态。

a）操作系统在线状态监测。主机 Agent 通过发送 Hello 数据包等形式，定
期与平台进行存活验证，当超过最长存活时间后仍未收到存活验证包时，平台
识别为主机下线，并发送告警，提醒运维人员处置。

b）服务开放状态监测。主机 Agent 监测当前监听端口是否为 listening

状态，当发现端口关闭等异常情况时，生成告警信息，通过平台通知运维人员。

c）进程运行状态监测。管理人员可通过 Agent 对关键业务进行实时监测，当识别到进程关闭、重启等异常情况时，发送告警通知。

2）资产基本信息监测。如图 6-27 所示，对终端进行详细信息（包括网络信息、环境信息、其他信息等）展示；并且支持远程关闭和主机重启。

图 6-27　资产基本信息监测

3）资产端口监听。如图 6-28 所示，对终端资产上的端口情况进行实时监控，可查看主机开发的端口号、协议、对应进程、绑定 IP 信息等。

4）运行进程监测。对终端资产上的进程运行情况进行实时监控，并且支持远程结束相关进程。如图 6-29 所示，可查看进程名、进程路径、内存占用、CPU 使用量、启动参数、启动时间、运行用户、父进程等。

5）账号信息监测。对终端资产上的所有账号信息进行统计。如图 6-30 所示，支持监测的内容包括用户名、是否有 root 权限、用户组、用户状态、到期时间、上次登录时间、上次登录地点等。

资产指纹

终端详情　监听端口　运行程序　账号信息　软件信息　性能监控　临时封锁IP　启动项

监听端口号	网络协议	对应进程	绑定IP
80	TCP	java.exe	0.0.0.0
82	TCP	httpd.exe	0.0.0.0
83	TCP	vmnat.exe	0.0.0.0
89	TCP	vmnat.exe	0.0.0.0
135	TCP	svchost.exe	0.0.0.0
443	TCP	httpd.exe	0.0.0.0
445	TCP	System	0.0.0.0
902	TCP	vmware-authd.exe	0.0.0.0
912	TCP	vmware-authd.exe	0.0.0.0
1433	TCP	sqlservr.exe	0.0.0.0
1801	TCP	mqsvc.exe	0.0.0.0
2103	TCP	mqsvc.exe	0.0.0.0
2105	TCP	mqsvc.exe	0.0.0.0
2107	TCP	mqsvc.exe	0.0.0.0

图 6-28　资产端口监听

资产指纹

终端详情　监听端口　运行程序　账号信息　软件信息　性能监控　临时封锁IP　启动项

进程名	进程路径	内存占用	CPU使用率	启动参数	启动时间	运行用户	父进程	操作项
System Idle P...	N/A	0.0B	0.00%	N/A	2020/05/06	SYSTEM	N/A	结束进程
System	N/A	0.0B	0.50%	N/A	2020/05/06 ...	SYSTEM	N/A	结束进程
Registry	N/A	0.0B	0.00%	N/A	2020/05/06 ...		N/A	结束进程
smss.exe	N/A	0.0B	0.00%	N/A	2020/05/06 ...		N/A	结束进程
csrss.exe	N/A	0.0B	0.00%	N/A	2020/05/06 ...		N/A	结束进程
wininit.exe	N/A	0.0B	0.00%	N/A	2020/05/06 ...		N/A	结束进程
csrss.exe	N/A	0.0B	39.05%	N/A	2020/05/06 ...		N/A	结束进程
winlogon.exe	C:\WINDOWS\system32\...	2.00MB	0.00%	winlogon.exe	2020/05/06 ...	SYSTEM	N/A	结束进程
services.exe	N/A	0.0B	0.00%	N/A	2020/05/06 ...		wininit.exe	结束进程
lsass.exe	C:\WINDOWS\system32\...	11.45MB	0.00%	C:\WINDOWS\syste...	2020/05/06 ...	SYSTEM	wininit.exe	结束进程
svchost.exe	C:\WINDOWS\system32\...	1.31MB	0.00%	C:\WINDOWS\syste...	2020/05/06 ...	SYSTEM	services.exe	结束进程
svchost.exe	C:\WINDOWS\system32\...	28.92MB	0.00%	C:\WINDOWS\syste...	2020/05/06 ...	SYSTEM	services.exe	结束进程
fontdrvhost.exe	C:\WINDOWS\system32\f...	7.87MB	0.00%	"fontdrvhost.exe"	2020/05/06 ...	UMFD-0	wininit.exe	结束进程

图 6-29　运行进程监测

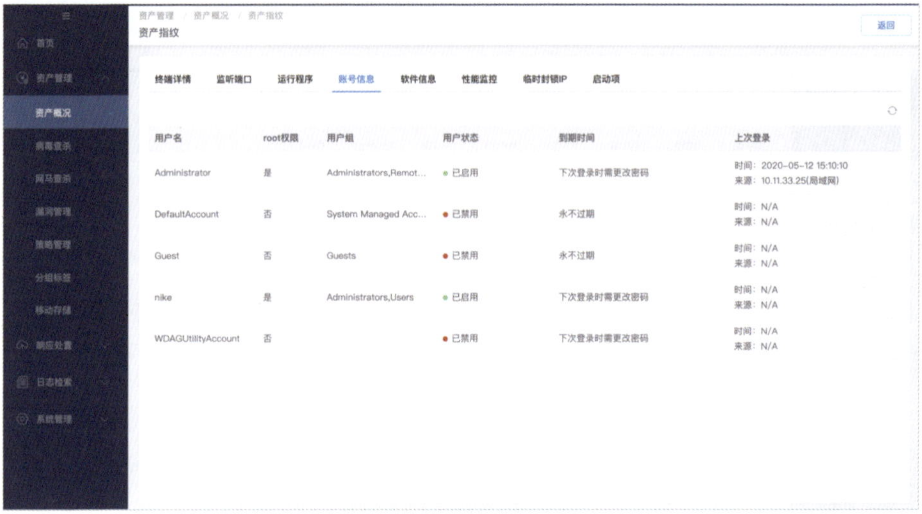

图 6-30 账号信息监测

6）软件信息监测。对终端资产上运行的软件详细信息进行统计。如图 6-31 所示，支持查看软件名称、厂商、版本号、安装目录等。

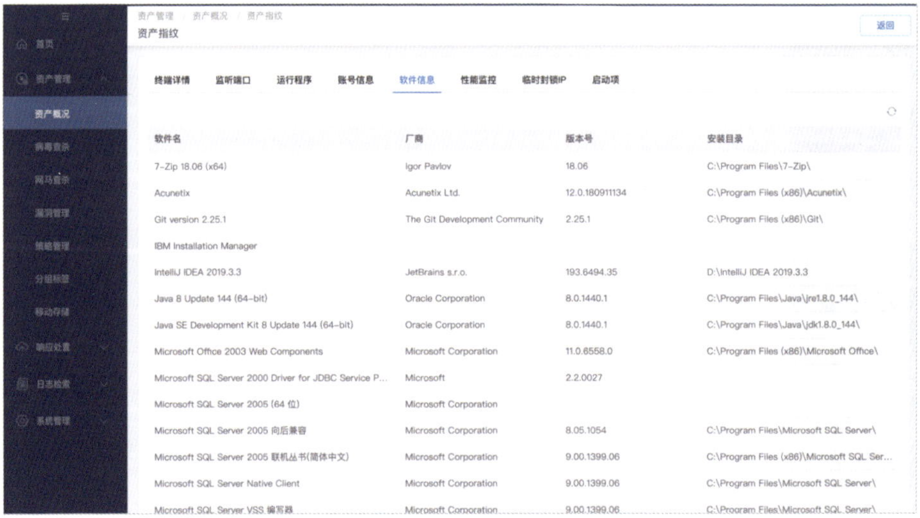

图 6-31 软件信息监测

7）启动项监测。对终端资产上所有的启动项进行统计和管理。如图 6-32

所示，支持查看启动项运行条目、描述、发布者、路径、时间、状态等。

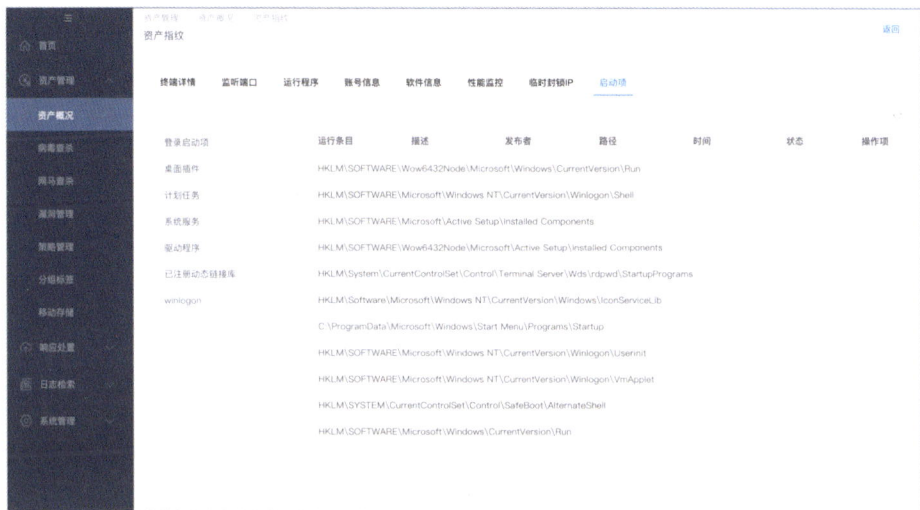

图 6-32　启动项监测

（2）性能监测。如图 6-33 所示，支持 CPU、内存、网络流量、磁盘空间等性能监测，并以图表方式呈现；支持多种时间粒度展示。

图 6-33　性能监测

此外，系统提供性能监控配置，如图 6-34 所示，对终端的 CPU、内存、磁盘及网络入站、出站流量进行监控，并在达到用户配置的阈值时及时发出告警，防止系统资源耗尽。性能监控配置内容主要包括：① CPU 在 Nmin 内，阈值持续超过 $X\%$ 时报警；②内存在 Nmin 内，阈值持续超过 $X\%$ 时报警；③网络 I/O 在 Nmin 内，出站流量持续超过 XMbit/s 或入站流量持续超过 YMbit/s 时报警；④单个磁盘使用量超过 $X\%$ 时报警。

图 6-34　性能监控配置

（3）异常行为监测。如图 6-35 所示，管理控制中心可查看所有主机终端的安全告警信息，可以反映主机的各项异常行为，并支持多种筛选查询条件。异常行为分类见表 6-1。异常行为监测主要包括：

表 6-1　异常行为分类

类型	防护方法
渗透追踪	内网探测、单机扩展、隧道搭建、远程持久化、痕迹清除
系统防护	系统登录防护、暴力破解防护、进程黑名单、文件访问监控、病毒防护、勒索深度防护、进程白名单
网络防护	防端口扫描、违规外联防护

图 6-35 异常行为监测

1）日志详情。如图 6-36 所示，日志中提供日志详情查看，日志详情完整描述了异常资产、IP、风险概况、风险详细、结果、处置建议等内容。

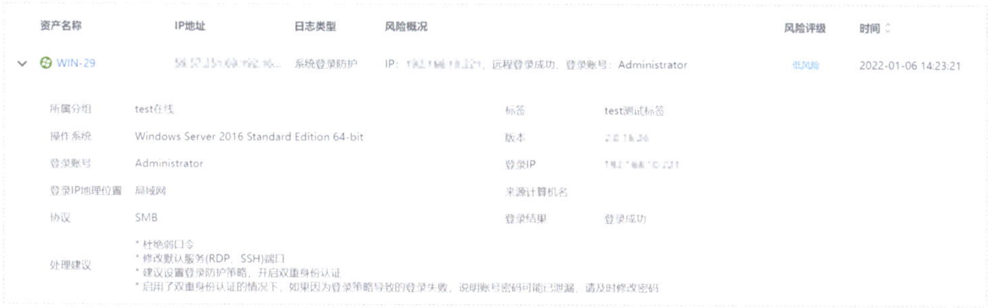

图 6-36 日志详情

2）日志报表。如图 6-37 所示，系统支持生成日志报表，可对事件趋势和病毒以及风险资产做图表展示，并支持各种类型报表的导出。

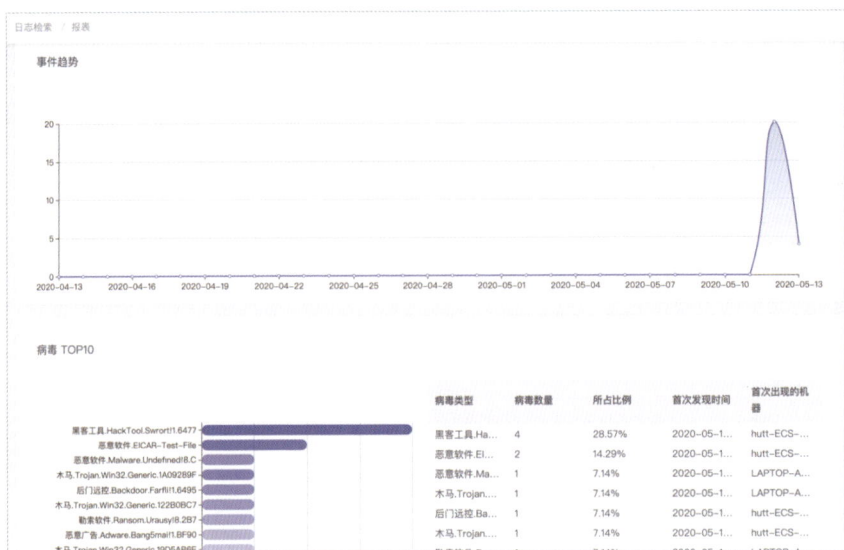

图 6-37　日志报表

3）安全仪表盘。如图 6-38 所示，系统首页提供安全仪表盘，可以集中查看各项安全风险，包括弱口令数量、待处理频度、待处理漏洞、安全威胁防护情况、资产状态、风险资产 Top5、事件类型占比、威胁 IP、威胁区域、安全动态等内容，并以图表结合的形式展示；同时支持向下钻取分析，快速定位详情。

图 6-38　安全仪表盘

（4）流量画像。流量画像通过绘制内网全景流量图，展示内网主机间的通信关系和内网主机对外的通信情况，发现威胁后可对主机间通信进行一键阻断。

如图 6-39 所示，流量画像功能首页展示全景流量图，可按 Windows 服务器、Linux 服务器、个人计算机三类主机和端口、时间进行过滤查看。通过自定义模板，可按资产分组、资产标签、资产名称、资产 IP 等（且 / 或）进行过滤查看，从而无遗漏查看内网主机通信情况。

图 6-39　流量画像

如图 6-40 所示，对于单个主机，可查看其通信关系图和通信关系列表，列表信息包括通信方向、通信开始时间、上次通信时间、IP、端口、协议、时间、次数，对可疑通信关系可进行一键阻断。大量通信信息可以过滤查看。

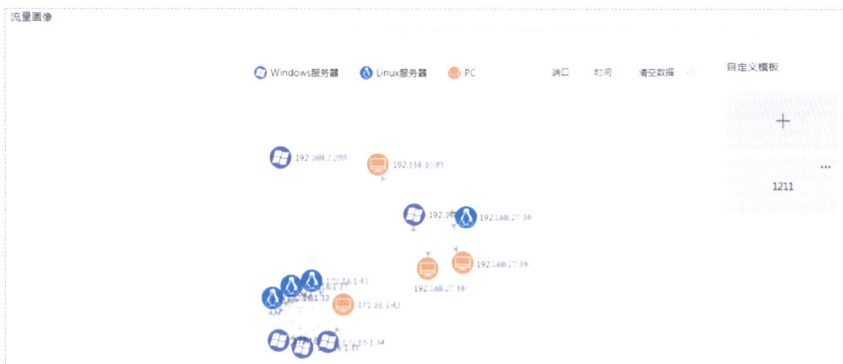

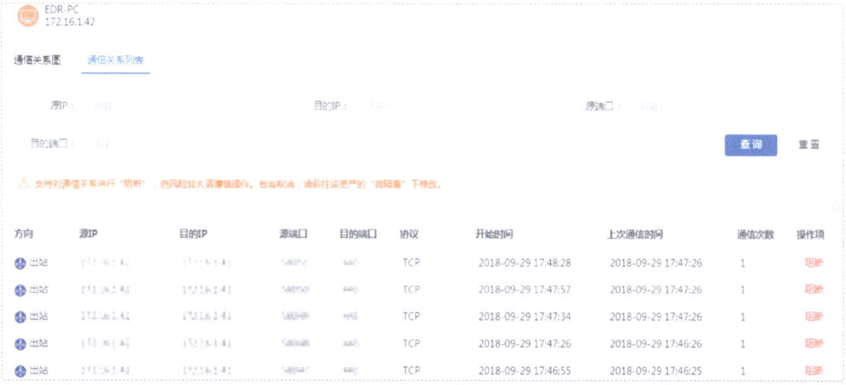

图 6-40　通信关系列表

对于通信路径，也可查看其通信关系列表，列表信息包括时间、IP、端口、协议、次数，便于用户分析威胁产生时间，追溯攻击源。

5. 主机网络诱骗

为防止新型网络攻击持续性威胁电力系统网络，弥补传统静态防御存在的短板，针对现场控制层中的智能仪表设备、异构采集终端等网络传输及控制设备，在关键工业设备周围旁路侧部署主机网络诱骗系统。

（1）安全防御作用。主机网络诱骗的安全防御作用包括动态模拟真实工业设备、攻击诱捕资源合理分配、实时捕获攻击流量、流量数据加密传输、攻击行为可视化分析等。

1）动态模拟真实工业设备。高度模拟能源互联网中工业终端设备实时网络通信，具备工业现场级设备仿真交互能力，实现主流工业控制厂商的设备通信功能。

2）攻击诱捕资源合理分配。避免实时诱骗系统占用大量资源，采取电力系统蜜网动态部署算法进行自适应节点分配，优化动态防御策略，达到提高诱捕能力的目的，同时最大限度地节约系统内部网络资源。

3）实时捕获攻击流量。对恶意攻击行为数据进行全流量捕获，保留攻击者的相关网络信息，如IP、地理位置、攻击时间、攻击协议类型等。

4）流量数据加密传输。对所捕获的攻击数据加密传输至指定数据备份服务器，并用于后期攻击意图、攻击路径分析，以及采取阻断防御措施。

5）攻击行为可视化分析。多维度提取攻击数据特征信息，从不同测度展现攻击行为，逐层分析复杂工业网络环境中导致攻击成功的关键因素。

（2）部署考虑因素。在主机网络诱骗系统的部署过程中，主要考虑以下两方面因素：

1）所部署的诱骗系统应能够吸引攻击者的攻击。

2）所部署的诱骗系统能够进行动态配置，以适应复杂的网络环境。为了能够使所部署的诱骗系统最大限度地接近新型电力系统的真实状态，应制定能够适应不同网络环境的诱捕系统动态部署方案，对真实的新型电力系统网络环境进行模拟仿真，从而主动捕获并分析未知网络攻击。

（3）系统具体要求。主机网络诱骗系统具体要求包括：

1）支持 10 种工业控制协议的模拟，包括 Modbus/TCP、Siemens S7、OMRON FINS、ATG、DNP3、Ethernet/IP、Fox、CodeSys、CIP、IEC104；支持对设备进行配置，支持模拟的工业控制厂商不少于 10 个，至少包括主流工业控制厂商西门子、施耐德、罗克韦尔、欧姆龙等，支持模拟的设备类型不少于 50 种。

2）工业控制蜜罐具备高交互仿真能力，可针对攻击请求做出迷惑性的仿真回复；支持对工业控制蜜罐设备的管理，控制设备的启动和停止；能够通过旁路监听模块监听流量，支持通过数据包捕获（packet capture，PCAP）格式的原始网络流量数据；具备捕获攻击者通信网络数据流的功能，可生成相应的攻击日志，包括攻击者 IP、地理位置、攻击时间、攻击协议类型等信息；支持以加密方式将数据传输至指定服务器。

3）系统支持指定的统一身份认证与授权管理系统；具备日志管理功能，可记录工业控制蜜罐部署时间、各工业控制蜜罐数据量情况；具备数据管理功能，用户可按协议、IP 地址、地区进行检索；具备对工业控制蜜罐所捕获的攻击者信息进行统计展示的功能；支持以 CSV、JSON、TXT 等格式接入和导出工业控制蜜罐数据；具备 IP 核查功能，可识别和分析攻击者 IP 的准确地理位置；支持对工业控制蜜罐设备的运行状况进行监测，如 CPU 及内存状态等。

（4）系统总体架构。在能源及新型电力系统领域存在着上百种工业控制协议，这些工业控制协议在实现架构和公开程度上各不相同。为模拟这些电力设备通信，以往需要针对每种工业控制协议部署单个或多个服务器，该部署方式占用软硬件资源较大且安全防御功能薄弱。该项目将电力系统工业控制协议的高效动态模拟作为提高诱骗能力的突破口，致力于在最大化使用资源的基础上搭建多种工业控制协议并存的高交互主机网络诱骗系统以及实现动态诱捕。主机网络诱骗系统总体架构如图 6-41 所示。

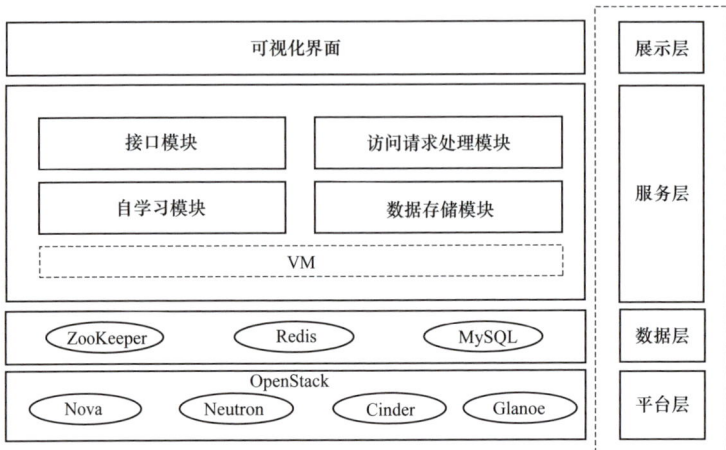

图6-41　主机网络诱骗系统总体架构

主机网络诱骗系统分为平台层、数据层、服务层、展示层四个层次。具体结构描述如下：

1）平台层。模拟多工业控制协议的智能蜜罐采用 OpenStack 作为平台层，并对系统资源（网卡、处理器、硬盘等）进行管理，为诱骗系统提供稳定的网络、计算、存储资源。

2）数据层。数据层的主要作用是为上层服务提供安全可靠的数据存储和管理服务，由 ZooKeeper、Redis 和 MySQL 等组件构成。其中，ZooKeeper 在系统实现与资源调度过程中具备两个重要作用，即服务发现，以及作为配置信息存储的中心服务器；Redis 主要用于缓存关键节点的过程数据，包括存储系统临时数据，如经过计算的漏洞分析结果，以及局部缓存 MySQL 中的存储数据，提升其他环节的数据访问效率；MySQL 则作为关系型数据库，存储在诱骗过程中攻击者与蜜罐交互形成的关系型数据，为漏洞管理和日志管理提供相应的数据索引功能。

3）服务层。作为诱骗系统的核心部分，服务层主要由以下四个模块组成：

a）接口模块。接口模块负责实现当前蜜罐所处工业互联网所需的标准接口。当恶意攻击入侵时，蜜罐可以根据不同的通信协议接收恶意程序，诱骗恶意程序认为蜜罐为真正的工业控制设备。

b）访问请求处理模块。访问请求处理模块用于接收并分析访问请求，判别蜜罐当前能否对接收到的访问请求进行应答，若可以应答，则将应答报文返回访问者，否则将访问请求提交至后续处理模块。

c）自学习模块。自学习模块用于处理当前蜜罐暂时无法处理的访问请求，通过自学习方法获取相应的应答并储存，以应对未来的访问，深度模仿已被扫描的真实工业控制设备。

d）数据存储模块。数据存储模块用于记录蜜罐的访问记录，采集的数据将用于后续的数据分析与预警。根据 IP 地址和网络数据，可定位扫描者的位置、扫描机构、扫描工具等，也可定位工业控制设备位置、所属机构和厂家信息等。数据存储模块还负责对系统行为进行鉴别，分析其中的恶意行为。

4）展示层。展示层由多个可视化界面组成，主要实现对智能蜜罐系统的配置、管理，以及对数据存储模块所收集的信息和分析结果的可视化展示。

（5）系统具体应用架构。主机网络诱骗系统的具体应用架构由平台层、数据层、服务层、虚拟蜜罐主机层等构成。主机网络诱骗系统的具体应用架构如图 6-42 所示。

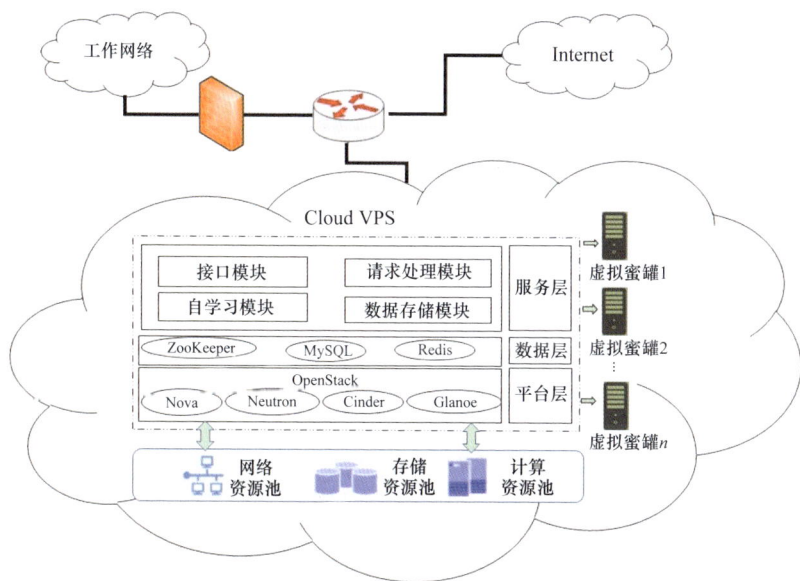

图 6-42　主机网络诱骗系统的具体应用架构

其中，虚拟蜜罐主机层对真实的工业控制设备进行协议和服务的模拟，以吸引攻击者的攻击，从而捕获攻击者的攻击活动，将数据传递给上一层的节点控制中心；节点控制中心对所收集到的信息进行简单处理后上传至管理控制中心，同时由于有多个节点控制中心存在，保证了一旦下层的某个虚拟蜜罐被攻击者识破，不会让整个诱骗系统暴露在攻击者面前；管理控制系统负责整个分布式网络诱骗系统的资源调度，对所收集到的攻击信息进行分析，并以可视化的形式上报至管理员。

（6）系统主要功能。主机网络诱骗系统的主要功能如下：

1）高交互的工业控制协议及服务仿真功能。对工业控制设备的相关特征进行模拟，支持对 Modbus/TCP、Siemens S7、DNP3、Ethernet/IP 等常用电力工业控制协议的仿真，吸引针对工业控制设备的恶意攻击和威胁；利用真实的工业控制设备和工业控制流量来提取正确的通信模式和会话内容，并在与外部扫描流量的持续交互过程中扩充自身的工业控制协议语法库，以不断提升其交互能力，提高蜜罐的仿真度；支持多种工业控制环境如电力系统、供水系统、燃气系统的 Web SCADA 业务模板仿真，能够实现对分布式蜜罐的统一管理，如工业控制业务模板下发、切换以及工业控制蜜罐的运行状态监控；具有匿名访问、用户登录、弱口令、登录框注入等基本安全措施，以对攻击者的攻击能力和攻击行为进行筛选和判别。

2）数据收集功能。当所部署的蜜罐系统遭受到恶意攻击后，在对攻击者发出警告的同时，对收集到的网络流量和系统日志进行存储并上传至节点控制中心，由节点控制中心对网络流量进行预分流操作，最后交由管理控制中心进行统一处理。蜜罐系统具备反扫描功能，并且能够采用插件或 JavaScript 等方式来获取攻击者的系统信息。

3）可视化数据分析功能。通过对相应协议数据包的解析，实现对工业控制协议级别的攻击行为分析，如获取指纹信息、异常读写操作等。通过有效提取蜜罐捕获的网络数据流的内容特征和时序特征，结合威胁情报和异常检测技术对攻击流量进行识别，分析攻击者所采用的攻击类型和方式，统计攻击次数，追踪攻击者的 IP 地址、地理位置等信息，并采用可视化的方式对关键分析结果进行展示。

4）工业控制蜜罐的动态部署功能。保证所部署的诱骗系统最大限度地接近电力系统工业控制网络的真实状态，蜜罐系统不仅包括传统互联网协议的行为交互，而且支持电力系统中常用的工业控制协议；同时采用自适应动态部署算法完成对软硬件资源的合理分配，进而降低蜜罐手动配置和维护的成本，存储并执行诱骗度高的部署方案，通过自学习方式提高诱骗能力，保证大型诱骗系统各部分组件使用资源的合理分配；支持快速部署方式，可以帮助工业电力企业用户在核心服务器 IP 地址周围架设伪装的"业务系统"，构建真实的业务模板诱导攻击者；诱捕也可以直接部署在互联网节点上，以便实时监测、搜集、分析当前部署区域内的攻击行为。

6.1.2　实施效果

主机业务安全系统可做到为其所管理的 10 类主机设备提供主机漏洞检测、主机病毒防范、主机安全加固、主机安全监测等多方面的保护，实现对所管理的主机设备的检测—加固—防护—监测的整体闭环安全保障。该系统具备多角度多层次的威胁可视化展现和病毒防护功能，具备风险评估、响应处置的全流程风险管理能力。

（1）主机漏洞检测。通过多种漏洞类型检测技术对主机进行漏洞检测，漏洞类型包括但不限于操作系统漏洞（Windows、Linux 等）、数据库漏洞（MySQL 等）、Web 容器漏洞（Tomcat、Apache、Ngnix 等）以及其他组件漏洞。同时，主机业务安全系统呈现出完善的漏洞日志记录能力。

（2）主机病毒防范。通过内置的多引擎病毒查杀模块，针对个人计算机和工业控制主机分别提供病毒查杀能力，基于本地病毒库、云查杀、行为特征等多种方式进行病毒识别与清除。

（3）主机安全加固。通过主机安全加固模块，从网络通信防护、外设管理、系统防护等方面对计算机进行安全加固，从而排除主机安全风险，提升主机抗风险能力。

（4）主机安全监测。通过主机安全监测模块，实现操作系统在线状态、服务开放状态、进程运行状态等的监测，从而确保业务处于正常运行状态。

1）上传资产指纹、病毒木马、高危漏洞、违规外联、安全配置等威胁信息到管理控制中心，在管理控制中心可以看到所有安装了客户端软件的主机及安全态势，并进行统一任务下发、策略配置，实现终端安全态势的统一管控。

2）通过流量画像的流量全景图，展示内网所有流量和主机间的通信关系，梳理通信逻辑，从全景视角对策略进行规划，以便第一时间发现威胁，实现一键清除威胁；同时，提供流量可视化，实现安全可见。

（5）主机网络诱骗。通过模拟各种系统和服务，吸引攻击者攻击并记录其行为。通过监控和分析收集到的通信数据，进行攻击溯源，了解当前的网络安全威胁趋势，并改进安全策略。

通过主机业务安全系统的建设与应用，为网络安全的纵深防御建设提供了主机层面的安全能力，有效支撑了能源互联网安全综合防护平台的建设，通过协调联动，可实现工业企业网络安全能力水平的整体提升。

6.2　设备安全建设

设备安全建设是指在能源互联网系统中建立安全可靠的设备环境和运行机制，以确保设备的物理安全和运行安全。设备安全建设包括选择安全可靠的设备、部署合适的安全措施和设置严格的设备管理制度等方面。而设备安全建设的具体措施和方法则需要切实可行的设备安全防护工作。设备安全防护工作是指通过使用安全可靠的设备防护系统和技术，对设备进行安全监测和漏洞修补，及时发现和应对设备的安全隐患，加强设备的安全性和可靠性。

设备安全防护工作按照"可视、可信、可管、可控、可追溯"的思路开展，具体包括以下几方面：一是基于终端指纹识别技术，实现终端身份的可信认证；二是基于桌面终端管理及代理管控技术，实现终端的统一管理；三是通过终端行为分析、终端异常监控等技术手段，实现对终端访问行为、终端本体安全的全面可控；四是利用设备检测技术，确认设备入网前及移动设备的安全。

6.2.1　建设内容

设备安全建设的内容包括桌面终端管理、终端固件漏洞监测、移动终端安全监测、终端安全准入和终端安全行为分析。

1. 桌面终端管理

桌面终端管理建设内容包括桌面终端管理系统建设和终端安全管理一体化建设。桌面终端管理系统是集防病毒、终端安全管控、终端审计、防恶意控制指令等功能于一体的平台化管理系统。

（1）产品架构。如图 6-43 所示，桌面终端管理系统分为控制中心和客户端两大部分。其中，控制中心部分采用 B/S 架构，完成管理员的所有管理需求；客户端部分是一个独立的本地可执行程序，完成管理员下发的任务和策略。在桌面终端管理系统平台上配合使用的组件还包含私有云查杀引擎、软件管家开放虚拟设备（open virtual appliance，OVA）、隔离网升级工具。

图 6-43　桌面终端管理系统架构

1）控制中心。控制中心是桌面终端管理系统的核心，部署在服务器端。控制中心采用 B/S 架构，管理员可以随时随地通过浏览器打开访问，对终端进行管理和控制。控制中心功能主要有分组管理、策略制定下发、全网健康状况监测、统一杀毒、统一漏洞修复、终端软硬件资产管理等。控制中心还提供系统运维的基础服务，如云查杀服务、终端升级服务、数据服务、通信服务等。

2）客户端。客户端部署在需要被保护的终端或服务器上，执行最终的木马病毒查杀、漏洞修复、安全防护等安全操作；同时与控制中心通信，提供控制中心管理所需的相关安全告警信息。另外，客户端支持离线策略部署。策略部署后，客户端会将策略保存在终端本地，在终端离线场景下，依旧可以持续对终端进行安全防护和管理。

3）私有云引擎。私有云引擎提供防病毒"私有云"查询能力，具备可移植可执行（portable executable，PE）文件的 MD5 查询功能，提供 MD5 的黑白属性鉴定功能。

4）软件管家 OVA。软件管家 OVA 主要针对软件进行管理，具体负责管理网内的自有软件和供网内终端使用的软件列表，包括企业私有软件的上传和下载、软件的安全鉴定、公网软件缓存，终端软件应用相关的日志报表、基于软件管家 OVA 的管理员操作日志查看，以及基于软件的下载限流等功能。

5）隔离网升级工具。如图 6-44 所示，为了保障隔离网用户环境内的终端安全，将互联网最新的库文件提供给隔离网用户，每周为隔离网用户提供两次病毒库升级、互联网流行木马库更新，以此保障隔离网用户不会受到最新病毒变种或木马变种的攻击，降低对企业的威胁。隔离网工具的使用分为三步：第一步，同步企业当前版本信息，内网需要下载补丁文件的库信息，以及企业内部灰色文件的指纹信息。第二步，根据第一步同步的信息增量下载数据，同时向云端查询企业内网灰色文件的云端鉴定等级并保存。第三步，将第二步下载的数据更新到服务器，以保障库文件和补丁修复程序都是最新的；同时，内部灰色文件得到鉴定，将在后续防护和扫描中执行最新鉴定结果，以此保障内网安全。

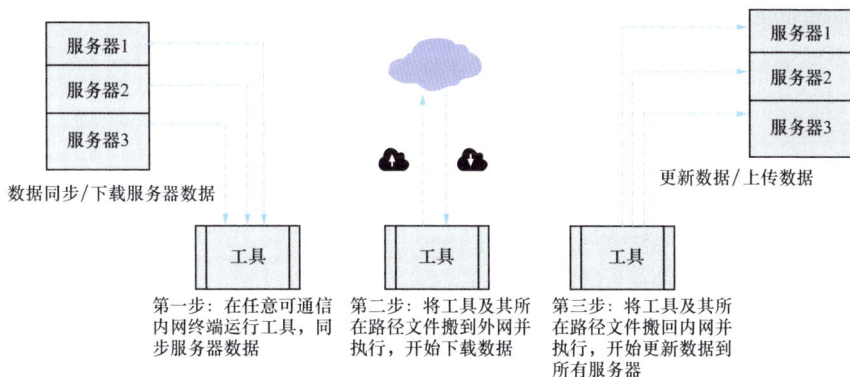

图 6-44　隔离网升级工具

（2）产品模块。桌面终端管理系统提供终端发现、病毒防护、补丁管理、运维管控、移动存储管理、终端审计、屏幕水印、安全 U 盘、多网切换等多个模块。

1）终端发现。终端管理的前提条件是知道所包含的管理对象。随着智能终端的快速推广，IT 消费化的潮流越来越明显，越来越多的企业员工希望使用移动设备访问企业邮件、企业内网等资源，同时希望使用自己的移动设备进行工作。自带设备（bring your own device，BYOD）作为 IT 消费化的一个重要表现形式，对原有的企业网络接入管理产生了严重的冲击；与此同时，物联网万物互联理念的兴起，让更多的非人触设备接入网络，如交通摄像头、温度传感器、网络打印机、互联网电话（voice over IP，VoIP）等，这些设备更加剧了传统管理体系与新兴安全形势的冲突，加大了管理难度。

出于安全考虑，企业 IT 管理员需要根据不同的用户终端类型，定义不同的安全策略。如何高效、准确地识别终端类型，则成为每一个 BYOD、物联网解决方案提供商必须解决的问题。桌面终端管理系统利用终端发现模块发现并识别企业业务范围内的一切 IP 终端，可视化统筹企业终端资产，快速定位终端信息及安全状态。

2）病毒防护。桌面终端管理系统支持对蠕虫病毒、恶意软件、广告软件、勒索软件、引导区病毒的查杀，这依赖于人工智能引擎、云查杀引擎、可执行文件引擎、非可执行文件引擎等多引擎的协同工作。

病毒防护功能分为扫描、实时防护、主动防御三个方面。

a）扫描。通过客户端程序进行文件扫描，根据客户环境可以使用强大的公有云引擎、私有云引擎或鉴定中心，进行威胁文件的识别。在扫描过程中，除了上述云引擎，还启用 Web 本体语言（Web ontology language，OWL）引擎、智能识别多种格式引擎，以及具备动态、静态脱壳能力的引擎等多引擎的协同工作，以便全方位扫描文件，不放过一个死角。

b）实时防护。当文件被访问时，对文件进行扫描，及时拦截活动的病毒，对病毒进行免疫，防止系统敏感区域被病毒利用；当发现病毒时，及时通过提示窗口警告用户，以便迅速处理。

c）主动防御。全方位立体化阻止病毒、木马和可疑程序的入侵。安全中心还会跟踪分析病毒入侵系统的链路，锁定病毒最常利用的目录、文件、注册表位置，阻止病毒利用，免疫流行病毒。目前已经可实现对 DLL 劫持及流行木马的免疫，免疫点还会根据流行病毒的发展变化而及时增加。

3）补丁管理。桌面终端管理系统旨在解决企业多网络环境下的补丁下载与安全问题，提供云端下载和离线下载工具，通过更新补丁来完善软件、修补漏洞，从而提高软件的健壮性，延长软件的生命周期。补丁管理如图 6-45 所示。

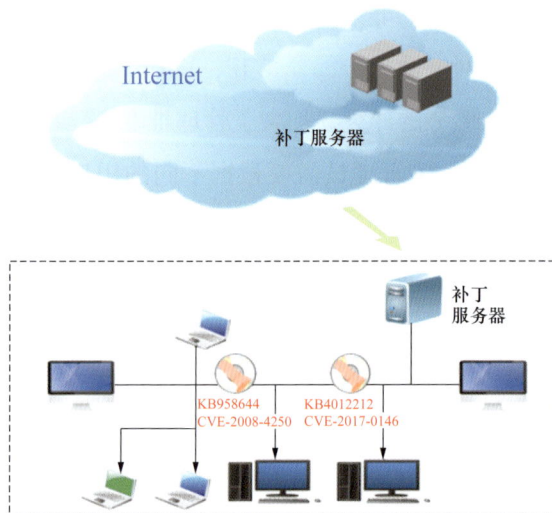

图 6-45　补丁管理

当 Microsoft 更新补丁后，会进行专业的补丁安装测试，测试无问题后会上传到云端补丁下载服务器。控制台会通过云端补丁下载服务器下载所要更新的补丁，并对需要发布的补丁进行统一下发和安装。支持灰度发布，可分多批次安装补丁，先从最小量测试开始，实现补丁影响范围可控。对于物理隔离的内部网络，可以使用离线下载工具下载后通过摆渡设备导入控制台。

4）运维管控。控制中心为管理员提供了终端安全策略管理等多种运维管控功能，管理员可以通过控制台直接对网内所有终端进行统一管控。

提供统一管理界面对终端上的安全情况做全面的收集与管控。从终端的应用程序、网络防护、违规外联、外设使用、桌面加固等多个维度进行安全管控，以避免安全事件的发生并对终端尝试的违规动作产生告警信息。

安全模式下管控策略不生效，但可禁用安全模式或者设置带密码的安全模式，支持对轻量目录访问协议（lightweight directory access protocol，LDAP）域用户下发管控策略。

5）移动存储管理。桌面终端管理系统能够实现对移动存储设备的灵活管控，保证终端与移动存储介质进行数据交换和数据共享时的信息安全。移动存储管理包括移动存储介质的身份注册、网内终端授权管理、移动介质挂失管理、外出管理和终端设备例外等。

移动存储管理解决了用户在安全管控要求下使用移动存储介质、实现数据共享和数据交换的迫切需求。移动存储管理支持分组管理，给予不同的移动存储介质相应的授权使用范围和读写权限，同时支持设备状态的追踪与管理。

6）终端审计。随着信息安全技术和理念的发展，安全监控的关注点已经从设备转向设备使用者的行为，对于设备使用人行为审计和行为控制的需求越来越明显。桌面终端管理系统通过技术手段使各种管理条例落地，同时增强用户的安全和保密意识，以保护内部信息不外泄。终端审计的内容只涉及与内网安全合规管理相关的信息，不涉及终端用户的个人隐私信息，以达到合规管理审计的要求。目前可进行审计的内容包括软件使用日志、外设使用日志、开关机日志、系统账号日志、文件操作日志、文件打印日志、邮件记录日志、安全

U 盘使用日志、即时通信（instant messaging，IM）日志等。

7）屏幕水印。屏幕水印模块可以预防通过拍照截屏方式泄露业务数据。在终端主机启用屏幕水印功能，屏幕水印会始终保持最前端展示，不管启用何种软件，均可正常显示水印信息。屏幕水印模块可以将水印文字、计算机名、用户名、IP 地址、MAC 地址等数据以半透明的方式呈现在屏幕上。屏幕水印虽不能终止业务终端泄露业务敏感数据，但是会对通过拍照等方式泄露敏感数据形成有效的震慑，从而直接降低以拍照方式泄露敏感数据的风险。

8）安全 U 盘。如图 6-46 所示，安全 U 盘是采用安全固件进行加密的移动存储介质，其有效解决了木马摆渡、病毒传播、U 盘交叉使用和 U 盘文件使用缺乏审计等方面的安全问题。通过定制安全芯片的应用可以大大提高 U 盘的安全特性，配合移动存储管理模块可保证即使 U 盘丢失也依然可以有效保护 U 盘内的加密文件，从各个方面降低因 U 盘使用而为企业内网带来的安全隐患。

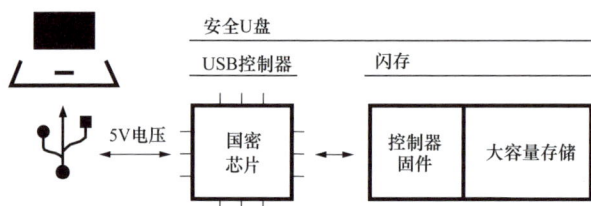

图 6-46　安全 U 盘

9）多网切换。在某些特殊客户场景下，为了满足业务需要会存在一机多网使用的情况，即一台终端同时接入多张相互隔离的网络，这样的业务场景会对终端的管理及信息安全的保护带来极大的风险。为了既满足各企业用户在此特殊场景的业务，又保证终端安全管理的政策及安全需求，经过对客户场景的详细调研后，引入了多网切换功能。

多网切换模块可通过终端访问控制的方式实现对同一终端上不能同时访问多张互相隔离的网络的实际使用场景，解决终端因同时访问多个网络而带来的安全隐患，也帮助用户达到安全合规的要求。相比常见的硬件隔离方式，多网切换减少了用户硬件及网络变更的成本，大大提高了部署和使用的便利性。

2.终端固件漏洞监测

图 6-47 所示为电力工业控制系统与终端固件漏洞监测感知平台架构，其以电网工业控制系统与终端资产为核心、安全监测为起点、安全风险管理为主线、大数据关联分析与人工智能分析为基础，实现工业控制系统与终端资产集中管理、日志集中管理与分析、异常行为建模与分析、威胁统一分析与运营、态势感知大屏以及设备集中管理等核心功能，帮助企业集中可视化管理资产，全面持续监测网络安全漏洞和态势，为风险评估和应急响应提供决策支撑，为电网工业控制及重大安全协同防护提供动态迭代演进依据。

电力工业控制系统与终端固件漏洞监测感知平台具有以下功能：

（1）资产管理。资产属性默认有 21 项，包括资产名称、IP 地址、MAC 地址、资产分类、重要性、资产状态、资产分组、标签、供应商、产品系列、版本号、序列号、操作系统、位置、责任人、资产来源、用途描述、登记时间、首次注册时间、最近变更时间、备注说明。这些属性满足大部分电力工业控制系统与终端场景资产管理的需求。

对于特殊场景，支持通过用户自定义资产标签来满足不同的资产属性需求，资产标签可以自定义多个。同时，支持通过标签形成树形结构以快速显示资产。

支持用户自定义资产分组，并以资产分组的树形结构进行显示。资产分组深度最大可以到 7 级，以满足所有客户场景需求。

系统默认支持资产分类库，也支持自定义分类。资产分类一般分为两级，默认资产分类库包含 6 个一级分类，69 个二级分类。例如，一级分类包括现场控制设备、电力工业控制系统与终端主机设备、生产信息系统、网络通信设备、网络安全设备等，现场控制设备又分为可编程逻辑控制器（programmable logic controller，PLC）、分散控制系统（distributed control system，DCS）、远程终端（remote terminal unit，RTU）、数据终端（data terminal unit，DTU）、安全仪表系统（safety instrumented system，SIS）、数控机床、电力工业控制系统与终端机器人等。

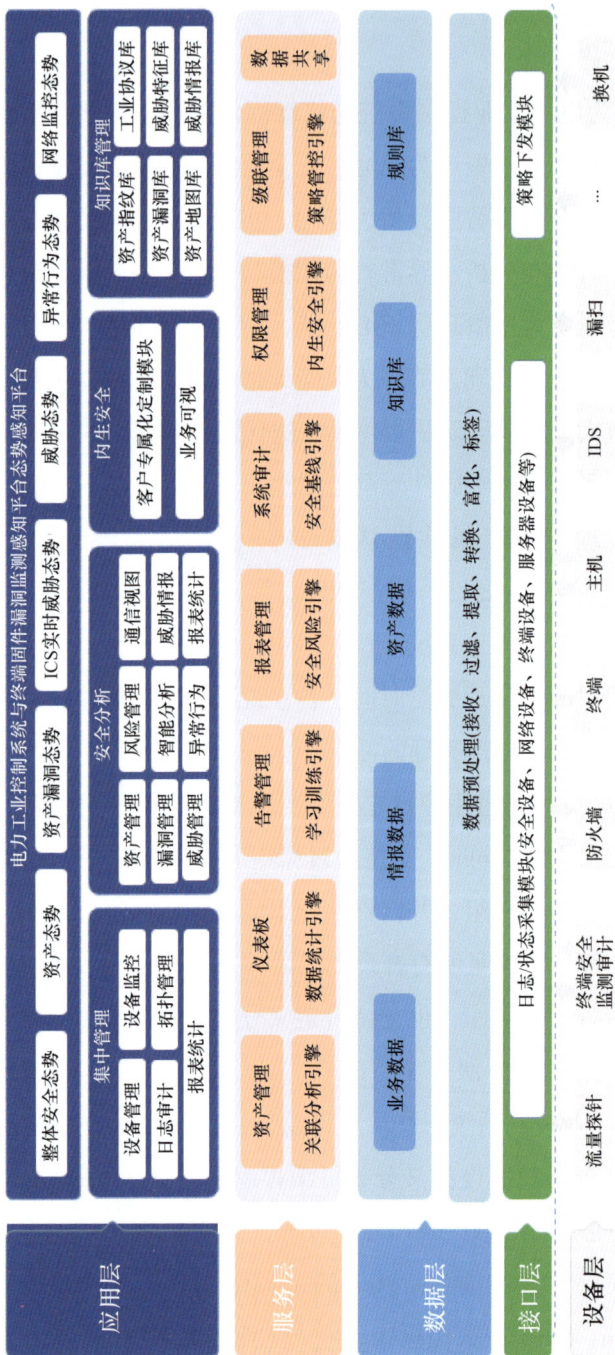

图6-47　电力工业控制系统与终端固件漏洞监测感知平台架构

资产活跃度根据资产活跃的时长，分为活跃、休闲、僵尸三种情况，从而帮助用户快速识别资产的活跃分布情况。如图 6-48 所示，用户可以根据业务情况自定义活跃时长。

图 6-48 资产活跃度时长配置

该系统的资产支持用户从流量探针或第三方系统自动获取，也支持用户自动添加或导入，还支持用户在自动获取的基础上进一步修改完善。同时，针对资产的任何变更，包括资产属性、分组、添加、删除等，都会有相应的变更日志以做记录。

（2）风险管理。风险管理主要是通过风险指数和风险等级反映当前网络的安全风险状态，包括单个资产的风险、资产分组的风险、全网的风险等。该系统参照《信息安全技术 信息安全风险评估方法》（GB/T 20984—2022），并结合电力工业控制系统与终端场景特点，设计出了一套针对性的风险计算模型，能有效实现风险评估的量化。

风险管理以资产风险为核心，包括资产风险指数、风险等级、失陷状态、非法接入状态、漏洞数、威胁告警、异常行为告警等多维度风险项，支持以风险指数排名，快速对危急、高危资产进行排查，并支持钻取资产的任何风险项进行详细关联分析，获取详细的资产信息、漏洞信息、威胁信息、异常行为信息，帮助用户快速处理风险。风险分为危急、高危、中危、低危四大类。

除以资产为维度进行风险分析外，还支持对资产分组、全网进行风险分析，风险项与资产风险类似。

（3）脆弱性管理。资产脆弱性管理主要包括资产漏洞和资产服务两部分。

1）资产漏洞主要是通过资产漏洞知识库进行匹配，以获取对应资产的漏洞信息。资产漏洞知识库可以通过定期升级的方式进行更新，覆盖通用漏洞披露（Common Vulnerabilities & Exposures，CVE）、CNVD、CNNVD、工业互联网安全应急响应中心（ICS-CERT）漏洞等漏洞库。资产信息更新的同时，对应的资产漏洞也会发生相应的变化。

2）资产服务是基于实际的流量分析该资产对外开放的端口，包括端口数量、端口号以及协议。

支持对资产历史漏洞的变化情况进行记录，以便在分析时使用。

（4）关联分析与威胁管理。关联分析是利用关联规则对网络威胁进行分析和判断的过程。关联规则可以是系统内置的，也可以是用户自定义的，还可以是导入的或者来自威胁情报的。定义关联规则的目的是帮助系统识别威胁，而以规则模板的形式出现，则是为了系统能够灵活更新，且不断完善威胁判断的逻辑过程。

关联分析支持引用不同来源的结构化日志相互关联、集中处理，支持利用条件表达式等多种方式对日志进行过滤、关联、统计、结算、对比、分析等操作，分析结果会转化为威胁告警或其他关联规则的输入，转化为威胁告警的内容含危害等级、攻击结果和攻击链阶段等信息。

系统内置规则数量为150+，支撑语义类型为100+，支持识别日志属性类型为200+，提供可视化图形界面来自定义关联规则。

关联规则支持利用奇安信威胁情报引擎，结合可机读威胁情报，对本地的数据进行实时关联分析，以发现可疑的网络连接和行为，如IP、域名、文件MD5等。威胁情报可以通过奇安信云端威胁情报库以在线或者离线的方式定期进行更新，同时支持情报自定义功能。

如图6-49所示，威胁告警列表是对所有的威胁信息进行集中分析和管理。

可以查看所获取的威胁的详细信息，包括受害者、攻击者、威胁名称、威胁分类、威胁级别、威胁来源、威胁次数，并且可以对相同告警进行归纳等。

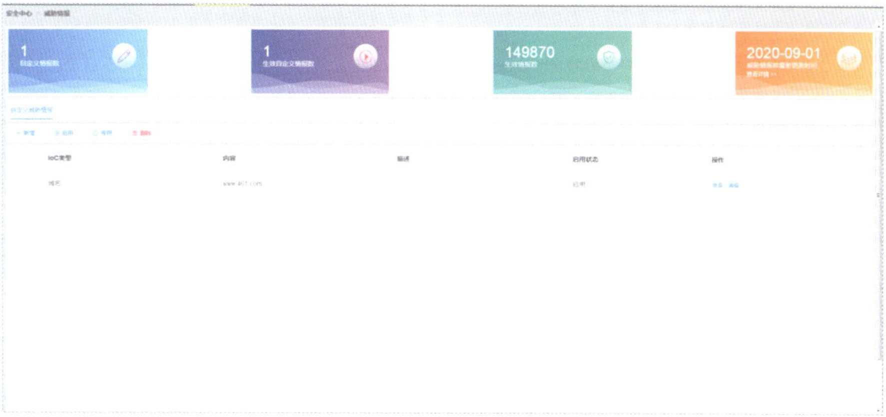

图 6-49　威胁告警列表

支持对告警的时间、攻击者、受害者、告警来源、资产分类、处置状态等多个过滤条件进行查询分析，为安全运营人员提供帮助。

支持对威胁处置状态进行设置，根据用户对实际威胁处置的进展情况，可以设置为待处置、处置中、已处置，同时支持告警外发。

支持对威胁告警的实时统计和历史统计，统计信息包括告警资产占比、告警来源占比、威胁分类占比、威胁资产排名、新增威胁告警趋势、未处置威胁告警趋势等。

（5）异常行为分析。异常行为分析是针对电力工业控制系统与终端安全典型场景采用的大数据行为建模分析方法，包括异常资产分析、异常网络行为分析等。

1）异常资产分析。通过建立资产安全基线，可以分析出非法接入资产。如图 6-50 所示，资产安全基线可以根据起始时间段、数据来源进行动态学习。根据规则的不同，可以制定多条安全基线，但在同一时间段内，只能有一条安全基线生效。通过数据的实时分析，对偏离安全基线的行为将产生非法接入资产告警。

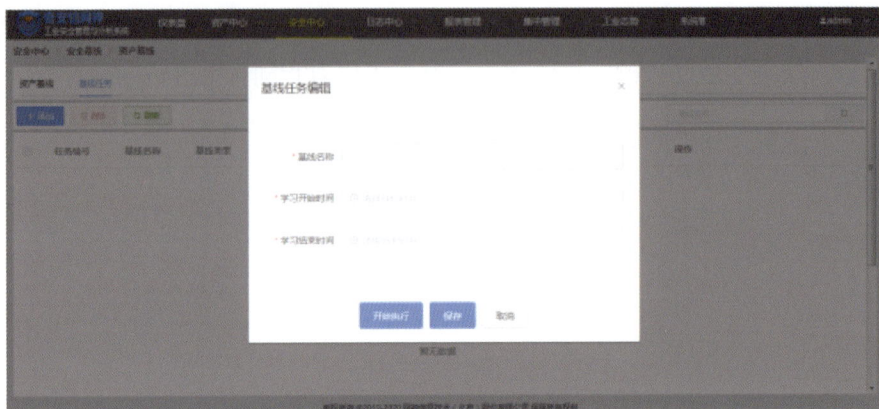

图 6-50　资产安全基线任务配置

2）异常网络行为分析。通过源地址、目的地址、目的端口、协议号、应用协议等进行建模分析，在指定时间段内分析出网络行为基线。通过对数据的实时分析，及时对异常网络行为发出告警。异常网络行为基线任务配置如图6-51所示。

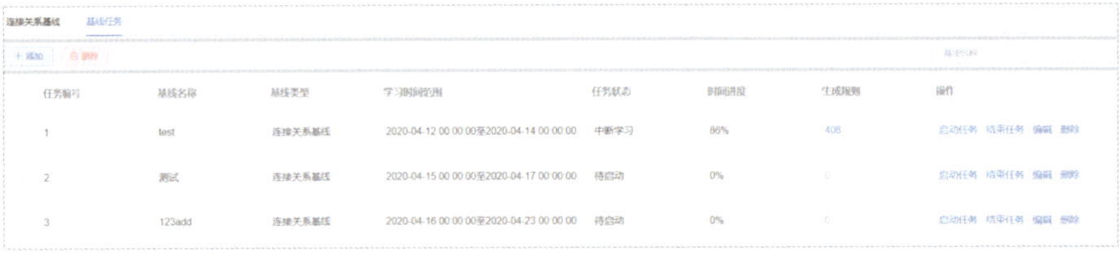

图 6-51　网络异常行为基线任务配置

基于电力工业控制系统与终端协议审计的深度，包括五元组、终端协议、指令、寄存器值域等，建立指定时间段的异常行为基线，可对偏离安全基线的行为及时发出告警。

（6）智能分析。系统支持对行为的智能分析和对异常行为的智能监督。如图6-52所示，该功能是基于机器学习技术，通过自动训练模型，辅以人工纠错的方式，分析网络中的正常行为，并以此为基线，反向监督电力工业控制系统与终端现场网络是否存在异常行为。

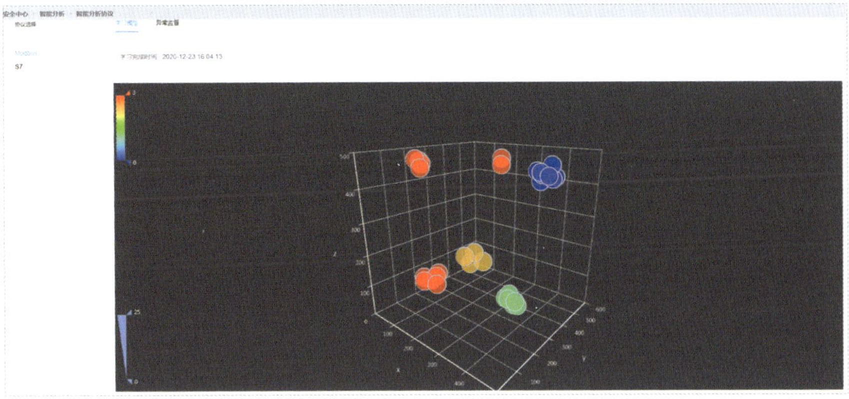

图 6-52　电力工业控制系统与终端协议学习模型

现实场景下，用户可以通过反复多次追加训练的方式减免误差，训练的次数越多，训练模型越接近真相。

不同的电力工业控制系统与终端协议会产生不同的学习模型和不同的监督维度，如 Modbus 协议的监督维度包含源 IP、目的 IP、功能码、端口、协议及时间等信息。

（7）日志集中管理。如图 6-53 所示，日志集中管理支持对电力工业控制系统与终端网络中各种设备和终端日志的统一采集分析，包括安全设备、网络设备、终端设备、工业控制设备、应用服务器等。核心数据存储采用全文检索方式，自适应任何格式的数据来源。

支持数据的归一化，支持通过自定义的可视化编辑方式，简化用户流程，降低使用难度。

图 6-53　日志集中管理

支持对海量数据的搜索，包括模糊搜索和精准搜索。面向不同角色用户提供了不同的搜索方式：①面向普通用户的交互式快捷搜索模式，通过选择、拖拽即可完成日志数据的检索；②面向安全分析人员的高级搜索方式，提供类SQL语句的数据分析和数据挖掘功能，能够有效帮助安全分析人员进行追根溯源，绘制完整的事件画像。

（8）报表管理。支持对数据进行多维度统计分析，形成报表。这些报表可以有效帮助客户进行安全分析和决策处理。

如图6-54所示，系统自带灵活的报表任务，包括快速任务和周期性任务。快速任务能够立即生成报表内容，无须等待执行周期，以便汇报使用；周期性任务则会定期生成报表内容，以便从时间维度进行对比，用于辅助决策。系统支持HTML、PDF、WORD等报表格式，能够避免对报表的非法篡改行为。

图6-54　报表任务

系统内置了综合报表模板，内容包括资产信息、风险信息、漏洞信息、资产服务器端口、资产告警、威胁告警、异常行为告警、日志统计等，同时支持模板二次定义和完全自定义。

（9）可视化仪表盘。可视化仪表盘用于客户实时监控网络状态和安全状态。系统包括全网实时风险及组成元素、风险趋势、风险资产（组）排名、资产分类占比、资产活跃占比、漏洞资产 Top5、威胁资产 Top5、异常行为资产

Top5、设备状态监控、日志存储趋势等几十种仪表盘。用户可以根据自身需求进行自定义，灵活展示。可视化仪表盘－风险部分如图 6-55 所示。

图 6-55　仪表盘－风险部分

（10）电力工业控制系统与终端态势感知。电力工业控制系统与终端态势感知模块提供各种维度的态势大屏分析，帮助客户快速了解安全状况并进行决策。系统默认有 7 块大屏，包括电力工业控制系统与终端安全综合态势、网络资产态势、资产漏洞态势、ICS 实时威胁态势、电力工业控制系统与终端威胁态势、异常行为态势、网络监控态势。

1）电力工业控制系统与终端安全综合态势。围绕电力工业控制系统与终端场景下所有资产的风险、漏洞、威胁、异常行为进行整体监控与趋势分析，帮助客户快速了解整体安全态势。

2）网络资产态势。围绕资产变化趋势、资产活跃趋势、资产重要性占比、资产供应商、资产服务情况、资产分布情况等多个维度进行综合分析展示。

3）资产漏洞态势。围绕漏洞资产、漏洞分类、漏洞严重性、漏洞分布、漏洞趋势等多个维度进行综合分析。

4）ICS 实时威胁态势。围绕威胁攻击链，包括实时攻击、攻击手段、攻击阶段、攻击目的、资产损失等多个维度进行综合分析。

5）电力工业控制系统与终端威胁态势。围绕威胁告警趋势、威胁严重性、威胁分布、威胁处置状态等多个维度进行综合分析展示。

6）异常行为态势。围绕电力工业控制系统与终端异常行为，包括网络异常行为、异常行为资产、异常行为处置状态、异常行为分布等进行综合分析展示。

7）网络监控态势。围绕网络运维监控维度，包括设备在线状态、在线时长、设备分类、设备监控参数状态等进行实时性展示。

3.移动终端安全监测

（1）产品架构。移动终端安全监测系统的主要功能包含用户管理、终端管理、应用管理、内容管理、安全策略、终端配置、套件管理、行为审计、安全防护、日志报表、报表管理、系统管理等。移动终端安全监测系统架构如图6-56所示。

图6-56　移动终端安全监测系统架构

移动终端安全监测系统分为后台管理中心和移动终端客户端两大部分。后台管理中心部分采用B/S架构，其包含管理员的所有管理需求；移动终端客户端部分是移动终端应用程序，负责执行管理员下发的策略和上报的信息。移动终端安全监测组件见表6-2。

表 6-2　移动终端安全监测组件

组件	用途	说明
客户端	安装在移动终端上，是企业员工移动应用接入企业网络的入口	必选
控制台	移动终端安全监测系统管理中心，为移动应用提供用户导入、工作区策略、内容管理、应用分发管理、终端安全防护等安全策略的管理和下发	必选
应用网关	为移动办公应用提供安全接入、应用授权、高强度加密等移动安全服务	可选
智能身份平台	为移动办公应用提供统一的身份认证、用户管理以及单点登录服务	可选

（2）产品模块。移动终端安全监测系统包括用户统一管理、设备管理、企业级应用市场、单点登录、内容管理、安全策略、管控策略、空间策略、合规策略、终端配置管理、行为审计、终端防护、报表管理、日志及数据可视化、系统管理等模块。

1）用户统一管理。移动终端安全监测系统支持手动添加、逗号分隔值（comma-separated value，CSV）批量添加、轻型目录访问协议（lightweight directory access protocol，LDAP）、远程身份验证拨号用户服务（remote authentication dial-in user service，RADIUS）认证四种方式导入用户，对导入的用户可进行邮件或短信邀请注册、双因素认证、单点登录认证系统联动、分组管理、管理员设置、管理员角色定义、禁用等操作，并支持对激活信息的手动更新，以及用户信息的索引、查看和文件推送、消息推送等。

采用三权分立模式，只有超级管理员和管理员才可以登录管理中心，同时超级管理员可以添加普通管理员，并赋予普通管理员对用户和功能的管理范围及权限，以满足企事业单位对分支机构的功能权限限制。

2）设备管理。设备管理是对 Harmony、Android 和 iOS 三种操作系统的设备从激活到注销的全生命周期管理。为保证对设备的全面管控，支持以下功能：

a）查看基础状态信息，包括设备的硬件/系统信息、无线/移动网络状态、应用安装详情、行为日志、网络流量等基本信息。

b）监控设备行为，包括上报屏幕截图、上报地理位置、上报运行状态等。

c）防数据泄露，包括锁定设备、解绑动态密码、清除工作区数据、恢复出厂设置等操作。

d）资产管理，包括标记为单位设备、转移用户、报废设备等。

e）强制合规，包括下发工作区密码、更新客户端、推送证书等操作。

3）企业级应用市场。移动终端安全监测系统通过建立企事业单位应用市场来搭建一个安全、统一、便捷的应用下发通道，这样不仅很好地规范了企事业单位移动设备应用的下载和使用，保证了应用的安全性，而且提高了管理员统一管理企事业单位移动应用的效率。应用管理如图 6-57 所示。

图 6-57　应用管理

企业级应用市场具有如下功能：

a）支持 Android、iOS、H5 应用的下发管理。

b）采用应用封装技术，保证工作区内使用的移动应用安全可靠。

c）支持强制安装、卸载终端应用，支持远程清除业务应用数据。

d）支持数据泄露防护（data leakage prevention，DLP）功能，禁止移动应用调用摄像头、蓝牙、录音、Wi-Fi 等系统功能。

e）支持设置应用的 Wi-Fi 黑白名单。

f）支持禁用应用功能、控制应用运行过程中的数据泄露行为，也支持统计查看应用的安装情况。

4）单点登录。移动终端安全监测系统可以实现工作区内应用的单点登录功能。成功登录工作区后，对其他应用可以免密使用。单点登录采用 OAUTH 协议，一次一密，从而保证账号的安全。单点登录支持 iOS 和 Android 的原生应用，也支持 H5 轻量级应用的单点对接。

5）内容管理。管理员可通过管控平台管理文件夹与各类型文件，并可对不同分组的设备下发不同的文件，支持设置文件有效期、阅后即焚、自动下载等策略。移动端支持下载、查看文件。

6）安全策略。管理员可通过安全策略灵活控制对设备的管控强度，有效管理企事业单位移动设备的行为合规性，并可对不同分组的设备执行不同的策略，以满足对不同办公场景的员工的行为限制。安全策略主要分为管控策略、安全空间策略和合规策略。

7）管控策略。Android 已与各厂商（华为、小米、OPPO 等）终端实现相关接口对接，使支持的接口更全面。iOS 支持通用接口及监管模式相关接口，以满足业务强管控需求。

管控策略包括以下内容：

a）密码管理，包括设备密码复杂度、工作区密码复杂度管理等。

b）功能禁用，包括摄像头、蓝牙、移动网络、Wi-Fi、外联设备、恢复出厂设置等。

c）单应用模式，如 TrustSpace 客户端单应用霸屏。

d）隐私策略，如上报地理位置。

e）应用策略，包括应用安装控制、应用运行控制、应用更新控制、应用卸载控制等。

f）Wi-Fi 黑白名单，根据服务集标识符（service set identifier，SSID）、Wi-Fi MAC 地址设置黑白名单。

g）水印策略，支持文档阅读器水印及第三方应用屏幕水印，可自定义配置水印参数与内容。

h）围栏设置，包括电子围栏、时间围栏、地理围栏、无线局域网（wireless local area network，WLAN）围栏设置等。

8）空间策略。空间策略是为客户建立安全空间，保护客户的核心业务数据，防止数据泄露。

空间策略包括以下内容：

a）支持设置工作区密码。

b）支持设置工作区 banner 轮播页面的内容定义及查看。

c）支持应用明 / 暗水印功能，支持水印追踪码。

d）支持配置工作空间显示内容。

e）支持防复制、粘贴、转发分享、密码合规等安全工作空间相关策略配置。

9）合规策略。基于网络安全等级保护制度 2.0 相关要求全面支持合规策略。企业可依据自己的合规要求进行相关安全策略配置。

a）违规检测，包括 root/ 越狱、更换 SIM 卡/TF 卡、终端失联、连接到非法 Wi-Fi、设备有病毒等。

b）惩罚措施，包括禁止进入工作区、注销 TrustSpace、清除单位数据等。

10）终端配置管理。终端配置管理主要是对终端用户的设备或应用所需的配置进行推送管理。

终端配置管理包括以下内容：

a）Wi-Fi 配置，管理配置员工连接 Wi-Fi 的权限和密码。

b）Exchange 配置，管理配置员工邮箱的登录权限和邮箱。

c）浏览器书签配置，统一下发书签至客户端浏览器。

d）证书配置，分组推送证书至客户端。

e）虚拟专用网络（virtual private network，VPN）配置，统一下发系统级和应用封装级 VPN 的账户、密码、认证服务器地址 / 端口至客户端。

f）其他邮件配置，按不同分组、标签、智能标签下发邮件配置信息至客户端。

g）企业通信录，将导入服务器端的单位通信录统一下发至客户端。

11）行为审计。支持审计终端用户通信行为和加固应用使用行为。管理员在管控策略中开启终端通信行为上报开关后，可以在管理后台查看终端电话、短信、彩信通信记录。管理员还可以在管理后台查看下发的加固应用的打开次数和使用时长。

12）终端防护。终端防护主要是支持对选定的终端进行杀毒等远程管理，如病毒和木马的快速扫描、全盘扫描、病毒库版本远程更新、查看扫描结果，并查看各终端的风险应用数量和详情；同时，按多种分类方式查看病毒日志，并将病毒扫描结果以列表形式导出。

13）报表管理。支持报表模板创建，并支持报表订阅功能。用户可基于用户、应用、策略相关模块对报表模板进行自定义化管理，可定义每周或每月定期将报表信息发送至管理员邮箱。

14）日志及数据可视化。TrustSpace 会完整记录管理员在管理中心的操作以及用户在客户端的操作，以进行行为审查。管理中心可从管理员日志、设备日志、事件日志、违规截屏上报情况、敏感词日志的维度查询日志，并支持按照时间段和功能分类进行查找，还可对重要日志进行文件导出。

支持 Syslog 分级管理，支持警告类、提醒类、正常信息类日志并上报日志服务器，支持设备日志及管理员操作日志统计。

为了方便重点事件的及时查看，管理中心首页会将设备违规情况、策略执行情况、最新激活设备等重要数据可视化，以柱形图等形式直观显示，同时支持管理员自定义需要显示的图表数据，如图 6-58 所示。

15）系统管理。系统管理包括以下几个方面：

a）客户端管理。用户可对 Android、iOS 客户端进行版本管理工作，可对终端服务器（terminal server，TS）客户端进行灰度升级及强制更新工作。①在客户端部署方面，为满足用户不同业务场景要求，还支持正式版 Android 客户端、测试版 Android 客户端、iOS 客户端；②在客户端界面方面，支持用户自定义桌面主题、工作空间名称、桌面背景设置等。

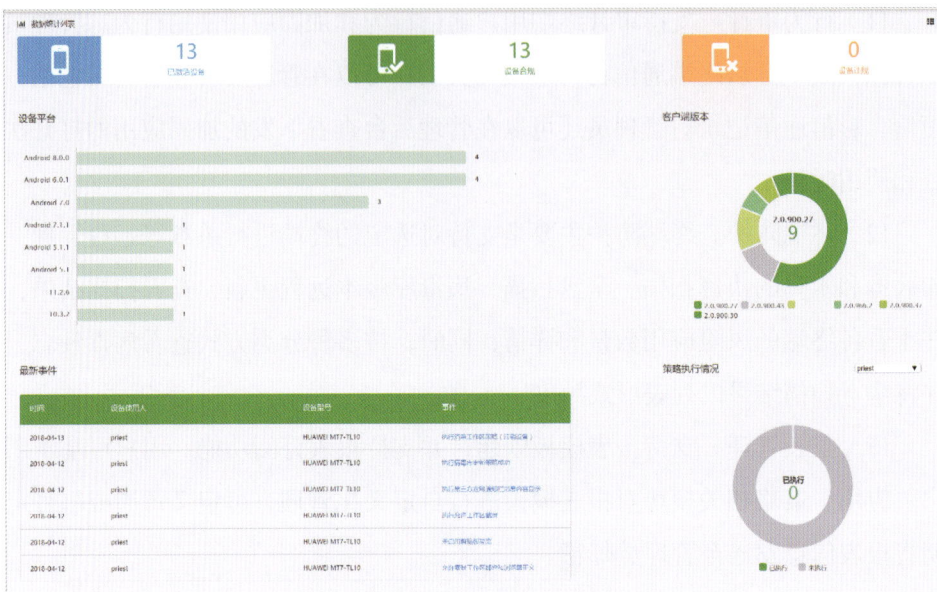

图 6-58　数据可视化

b）运维管理。管理员可在管理中心进行系统数据的备份和还原，以防服务器损坏或更换时数据丢失；同时，管理员可自主升级 TrustSpace 系统和进行服务器迁移，以简化运维成本。

c）Agent 管理。Agent 通过签名机制实现强移动设备管理（mobile device management，MDM）能力，其支持不同终端不同型号的安全管理要求。Agent 采用动态上报机制，上传后会在安全策略中显示对应安全功能项。

d）其他管理。①暗水印追踪，通过对照片的解析可反查出对应人员信息，进行事后追溯管理；②管理控制，可设置访问控制列表（access control list，ACL）权限。

4.终端安全准入

（1）产品架构。如图 6-59 所示，终端安全准入系统是为解决各类设备安全接入管理的难题而推出的一款接入控制类产品，其能够轻松实现网内设备的发现和识别、网络设备的联动与信息采集、多类型设备的统一准入控制、仿冒检测和处置、安全合规检查、网络行为访问控制等安全管理功能。

图 6-59　终端安全准入系统架构

终端安全准入系统由控制中心和准入控制器设备两部分组成。

1）控制中心。控制中心采用 B/S 架构，管理员可以随时随地通过浏览器对其进行访问，对准入控制器设备下发配置策略，进行操作和监测管理。控制中心由设备发现、设备管控及告警、安检合规、入网控制等功能构成，能够对网络边界的安全风险和安全事件进行实时监视和在线管理。

2）准入控制器设备。准入控制器是终端安全准入系统的核心，采用机架式软硬一体化设备，采用 Linux 系统，硬件为全内置封闭结构。为适应不同规模的客户场景，物联网准入控制器提供多种规格硬件设备，最高支持 10Gbit/s 的数据流量；同时，准入控制器提供丰富的扩展板卡，以适应不同的网络环境。

准入控制器中内置控制中心页面，同时支持在外部服务器通过软件安装包安装控制中心，以满足不同规模客户单机管理或分布式集中管理的需求。

（2）产品模块。终端安全准入系统包括资产发现、网络感知、IEEE 802.1x 接入认证、IP 控制、WebAuth 控制、DHCP 准入、第三方认证源联动、访客管理、终端合规检查、哑终端设备入网管理、哑终端设备合规检查、无代理外联检查、访问控制等模块。

1）资产发现。安全管理的前提是发现被管理的设备对象。终端安全准入系统支持以多种方式发现资产，资产包括摄像头、打印机、电话、自动缴费机、工业控制计算机等各类网络设备。系统支持通过自动学习建立行为模型，形成资产白名单，监测非法设备和仿冒设备接入。系统支持资产管理，包括厂商名称、设备类型、操作系统、设备型号、IP 地址、MAC 地址、接入位置、自定义资产数据等多种属性的管理。

系统支持通过镜像流量监听、广播报文监听、交换机联动等多种方式持续监听网络内设备的接入事件，以便第一时间发现新设备接入事件并获取接入设备信息。

2）网络感知。终端安全准入系统具备网络设备扫描和网络内数据包监听功能，通过扫描读取交换机接入设备数据、分析网络内地址解析协议（address resolution protocol，ARP）广播数据以及接收交换机简单网络管理协议陷阱（simple network management protocol trap，SNMP trap）信息，能够感知设备的接入、断开事件，确认设备的物理连接关系并绘制网络拓扑，方便管理与定位各类设备的网络接入位置，帮助用户及时发现不可信节点和故障节点。

3）IEEE 802.1x 接入认证。IEEE 802.1x 接入认证是通过 IEEE 802.1x 协议，在网络接入层做准入认证，根据认证授权情况确定能否访问网络。支持动态虚拟局域网（virtual local area network，VLAN）/访问控制列表（access control list，ACL）片段的下发，也可绑定多种认证因素实现强认证管理。结合入网合规性检查策略，根据合规性下发网络访问权限，IEEE 802.1x 接入认证可提供端口级的强准入认证方案，并支持认证授权、合规检查、隔离修复、访问控制"一站式"的全流程接入管理。

IEEE 802.1x 接入认证是联动交换机进行基于可扩展认证协议（extensible authentication protocol，EAP）的认证，最终目的就是确定交换机端口是否可以通信。对于一个端口，如果认证成功，那么就授权该端口，允许网络报文通过；如果认证不成功，那么就使该端口保持未授权状态，此时只允许 IEEE 802.1x 的基于局域网上的可扩展认证协议（extensible authentication protocol over local area network，EAPOL）认证的报文通过。该认证技术方案兼容国内外大多数常用交换机或无线接入控制器，支持有线和无线网络环境下的接入认证。

该认证技术方案具有如下优势：

a）端口级的入网控制强度，适应强入网控制需求。

b）支持复杂网络环境的认证，支持有线、无线、手持终端、集线器环境的入网认证。

c）支持多种认证绑定控制策略，支持身份、设备、位置等混合绑定，支持同时认证在线数限制等。

d）支持多种认证方式，如账号认证、主机认证、MAC 认证、Ukey 认证、证书认证等。

e）支持多种逃生方式，如双机热备、冷备、一键逃生、第三方服务器异常自动放行等。

f）支持基于设备连接方式、认证客户端类型、接入位置、认证用户进行动态授权，支持 VLAN（组）、ACL 片段、其他厂家 RADIUS 属性下发。

4）IP 控制。IP 控制是一种通过流量欺骗或流量过滤技术，对网络内终端穿越网络准入控制（network admission control，NAC）防护边界的流量进行检测与控制的方案。IP 控制支持旁路镜像、策略路由、透明网桥等三种设备部署方案，可通过监听终端经过 NAC 防护边界访问服务器的网络数据流做连接跟踪，对内网数据流进行合法性检测，并对非法连接进行阻断和控制，以保护核心区域访问的安全。IP 控制基于用户核心业务保护概念，对非法访问用户核心资源进行访问限制，只有确认身份合法后才能进行正常访问。IP 控制系统登录界面如图 6-60 所示。

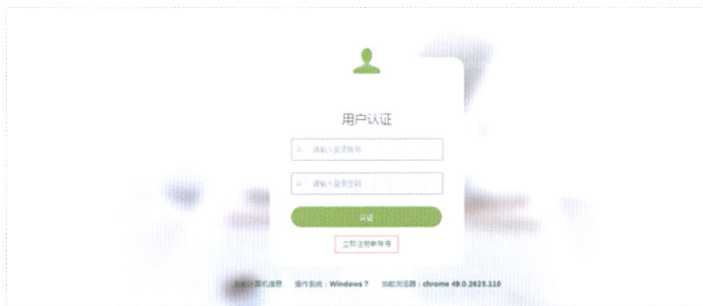

图 6-60　IP 控制系统登录界面

IP 控制支持多种入网流程，用户可以根据需求灵活选择：

a）用户经过 Portal 认证 / 用户注册，可直接访问受保护服务器，注册用户须经管理员审批确认或自动审批确认。

b）用户下载并安装准入客户端，使用客户端进行用户身份认证或设备身份认证后才能访问受保护服务器，注册用户须经管理员审批确认或自动审批确认。

c）用户下载并安装准入客户端，提交资产登记信息并经过管理员审批之后才能访问保护服务器。

5）WebAuth 控制。WebAuth 是一种基于交换机的 Portal 入网控制方式。当新终端接入交换机或无线接入控制器时，若交换机或无线接入控制器发现该终端未经身份认证，则将其浏览器请求重定向至 Portal 认证页面，身份认证成功后即可正常访问网络。未经身份认证的终端无法访问其他已认证终端或未认证终端。

6）DHCP 准入。准入系统提供基于动态主机配置协议（dynamic host configuration protocol，DHCP）的准入服务。对于使用 DHCP 进行 IP 地址管理的用户环境，可使用 DHCP 准入服务进行动态地址分配，同时可通过基于终端认证状态、终端合规状态分配不同 IP 地址的准入方式，对不合法终端分配访客区的 IP，仅限其访问特定修复服务区，并对不合法终端的业务访问流量进行重定向，从而引导其修复。通过访客区与业务区 IP 段的 ACL 规则配置，可实现未合法终端与合法终端无法互访的隔离需求。

使用 DHCP 准入服务对网络内设备进行地址分配，能够极大地提升网络内地址的使用率，降低地址冲突等常见问题；对于终端的 IP 变更事件，准入系统有详细的变更记录，方便管理员第一时间追溯到问题 IP 的关联终端与个人。

7）第三方认证源联动。当前企业网络结构复杂，账号服务器呈现多样化，为保证与这些服务器实现联动，实现统一认证管理，在网络适应性上提出了兼容多种认证源的认证方式。该认证方式支持本地用户认证、活动目录（active directory，AD）认证、LDAP 认证、E-mail 认证、HTTP 认证以适应用户不同网络环境，满足用户实名制认证、集中统一管理的入网需求。

如图 6-61 所示，准入系统支持第三方认证源的高可用方案及自动逃生方案。通过配置第三方认证源资源池，可确保单个认证源服务异常时及时切换至备选认证源或执行自动认证逃生，从而不影响设备入网。

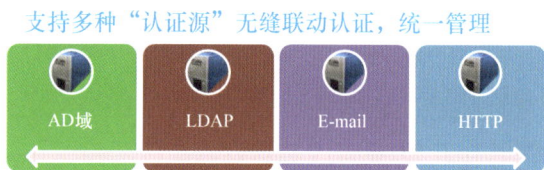

图 6-61　第三方认证源联动

8）访客管理。企业有很多访客，要确保访客的接入是合法的，并且要控制其对资源的访问权限。

终端安全准入系统提供对访客入网的管理，访客可在注册账号并通过管理员授权后访问企业资源；同时，系统提供访客二维码，访客扫描填写信息后可自动入网。系统支持对访客进行入网时效、访问控制等安全性限制，这样在有效审计访客身份信息的同时，最大限度地保证了内网安全。

9）终端合规检查。合规检查模块会检测终端入网安全状态，能快速定位发现入网计算机终端的安全合规情况，并利用其终端 ACL 防火墙隔离机制立即将该设备与网络上的其他设备隔离起来，只能够访问自定义的隔离修复区或修复服务器，同时依照相关策略进行引导式修复或一键式修复。对于已确认的合规终端，也可调用周期检测或定时检测引擎，对该终端的安全状态进行多次评估，如发现运行阶段又不符合安全检查策略，则进行再次隔离或提示，这种具有安全隐患的终端不可访问企业核心资源，以保证入网终端的安全基线是标准的、可控制的、可修复的，同时提供一系列入网安全状况统计和终端合规性详情等报告。

入网合规策略支持多种灵活的处置方式，支持基于否决项与评分制的检测策略。针对检查不通过的终端，可联动准入设备对其进行 VLAN 划分、ACL 下发或终端流量控制，使其仅能访问有限的修复资源。

10）哑终端设备入网管理。企业用户网络中存在着大量的哑终端设备，如网络打印机、视频会议系统等，并分散在各地，而企业网络则处于透明状态。为保证这些哑终端接入网络是安全可控的，系统提供基于设备 IP、MAC 地址或设备类型的例外操作，即由普通用户提出哑终端入网申请，提交设备资产管理信息并经管理员审批之后，这些哑终端设备被加入入网名单，添加到名单的例外设备可以直接接入网络，而非法设备则不允许接入。该方法可适用于多种认证技术，如 IP 控制和 IEEE 802.1x 认证方式。

11）哑终端设备合规检查。哑终端入网之后极易被不法分子克隆 IP/MAC 地址，从而仿冒入网；或者哑终端的配置漏洞容易被不法分子利用，从而将其作为跳板机侵入内网。终端安全准入系统支持对入网的哑终端进行安全合规检查。准入设备通过主动扫描和行为分析对接入网络的哑终端设备进行健康和安全性检查，对设备的仿冒替换、弱口令、开放端口、流量协议、带宽等进行全面检查；同时，对于网络内存在的未安装准入客户端的个人计算机，可通过不安装终端软件的方式对终端进行非法外联、异常行为、安装应用等合规状况检查。根据合规策略的配置，当发现有合规检查不通过的设备时进行预警并将其隔离，从而实时掌握接入设备的安全风险信息，隔离具有威胁的"亚健康"设备。

12）无代理外联检查。违规外联是不法分子常用的一种内网渗透手段，其通过双网卡的方式将内网与互联网打通，从而将内网资源暴露到公网上。针对违规外联，业界通常通过安装安全客户端来检测与处置，而那些无法安装安全客户端的个人计算机或物联网终端则成了漏网之鱼。为此，终端安全准入系统提供了无代理（不安装安全客户端）的外联检测手段，当发现终端在连接内网的同时，具备与"互联网"（探测地址或取证服务器）的连通性，则第一时间对终端的外联事件进行告警与处置。

如图 6-62 所示，使用无代理外联检查功能时，需要单独采购外联检测服务组件，并将其部署于外网服务器环境中。当内网中出现具备外联能力的设备时，外联检测服务器将收到对应外联设备的终端主机名、内网 IP、内网 MAC

地址、外网出口 IP 等信息，并通过邮件或短信的方式向管理员及时告警。

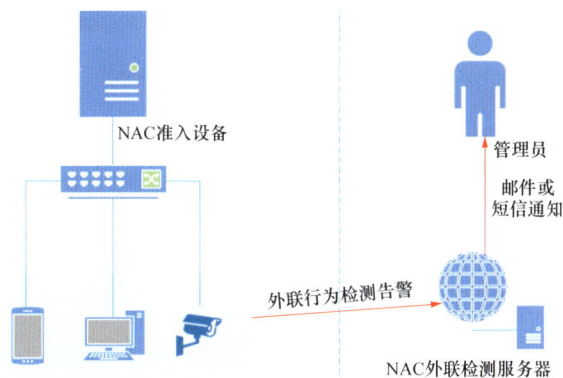

图 6-62　无代理外联检查

13）访问控制。如图 6-63 所示，针对已入网终端或各类哑终端，可基于设备类型、设备标签、认证用户、安检结果等维度信息配置设备 ACL，访问控制规则支持目的地址、端口、协议、应用细粒度。访问控制模块支持跟随用户认证信息自动调整访问控制规则，用户变更设备或 IP 地址，无须重复设置控制规则，从而实现"业务随行"效果。

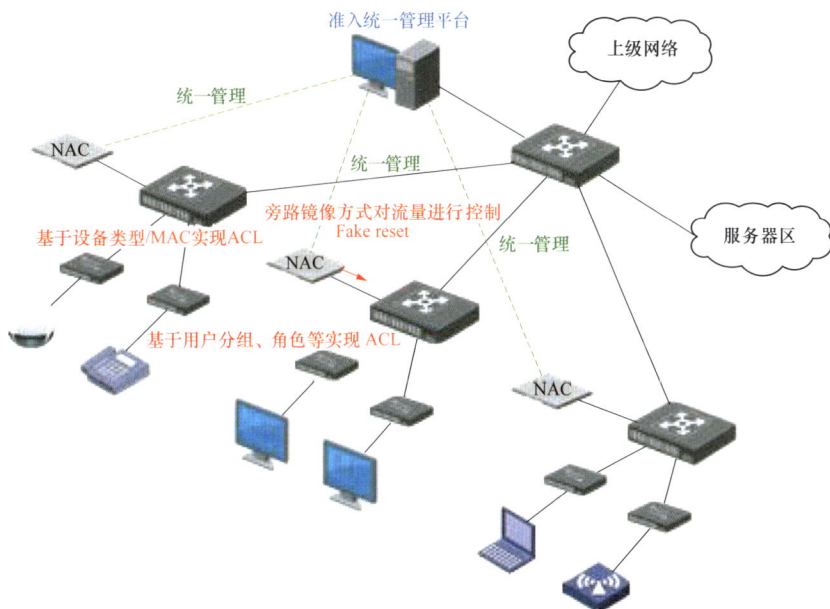

图 6-63　访问控制

5.终端安全行为分析

（1）产品架构。如图6-64所示，终端安全行为分析系统以"可信"为基础，集设备快速发现、资产全面管理、漏洞全面掌控、行为深入分析、违规自动阻断、运行状态清晰掌握、边界访问精准控制于一身。

1）硬件架构。工业控制计算机硬件部分采用X86架构；网络端口采用千兆电口和万兆光纤端口，其中千兆电口用于设备管理、终端设备探测、网卡零拷贝数据采集，万兆光纤端口用于网络全流量镜像端口数据采集。

2）软件架构。软件部分采用B/S架构；操作系统采用经过安全加固的Ubuntu Linux 16.04 Server；浏览器采用Google浏览器；后台数据库采用MySQL+MongoDB双数据库引擎。

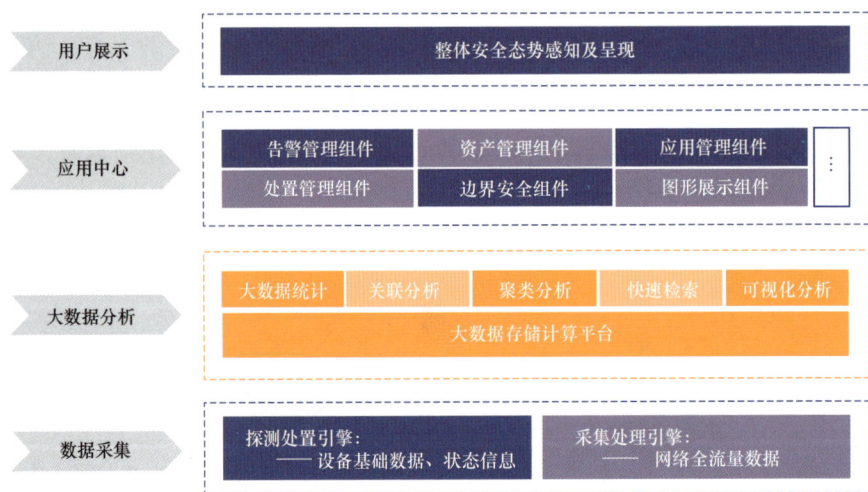

图6-64　终端安全行为分析系统架构

（2）产品组件集合。如图6-65所示，终端安全行为分析系统包括探测处置引擎、采集处理引擎、大数据分析平台和安全运行平台四大组件，具体如下：

1）探测处置引擎。探测处置引擎主动发现并识别网络内各类物联终端、管理终端、服务器等设备，获取设备属性信息，采集设备及业务应用系统的运行状态数据，并将其归一化处理后传输给大数据分析平台。

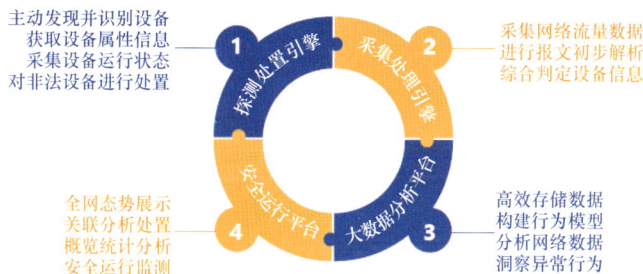

主动发现并识别设备
获取设备属性信息
采集设备运行状态
对非法设备进行处置

采集网络流量数据
进行报文初步解析
综合判定设备信息

全网态势展示
关联分析处置
概览统计分析
安全运行监测

高效存储数据
构建行为模型
分析网络数据
洞察异常行为

图 6-65　终端安全行为分析系统组件集合

2）采集处理引擎。采集处理引擎的功能是采集网络流量数据，并在对报文进行初步解析、归一化、格式化等操作后传输给大数据分析平台，用于后续的深度分析。

3）大数据分析平台。大数据分析平台为产品的核心组件，主要包括以下三个功能：首先，用于存储设备伺服探针和流量采集引擎提交的设备信息和网络流量数据；其次，使用分布式存储及并行计算等大数据技术，构建行为模型，分析网络数据，洞察异常行为；最后，为安全应用中心提供数据接口。

4）安全运行平台。安全运行平台提供友好的用户交互界面，运用微服务技术、容器技术抽象封装各类业务组件，主要包括告警管理组件、资产管理组件、处置管理组件、准入管理组件、应用管理组件、边界安全组件及图形展示组件等，将前台展现与后台数据剥离，从而提高系统部署和项目实施的效率。

（3）产品模块。终端安全行为分析系统包括终端设备的发现识别、资产统一管理、终端运行状态及图像采集质量监测、异常行为分析预警、终端画像、业务应用管控、边界安全及策略管控、端口分布管理、漏洞检查和弱口令、IP地址可视化管理、大屏展示等模块。

1）终端设备的发现识别。物联终端行为分析装置基于网络指纹、SNMP、主动探测和被动探测，结合快速收敛算法，实时发现并识别物联终端设备、智能终端、哑终端、智能电能表、温湿度报警设备、烟雾报警设备、主机、防火墙、隔离设备、交换机、路由器、服务器等各种类型的终端设备，并形成资产底账。

终端设备资产信息包括设备类型、设备型号、IP 地址、MAC 地址、操作系统、开放端口、发现时间、在线时长、位置信息等。

2）资产统一管理。资产统一管理模块将设备的所有有价值的信息都详细列于资产清单、Top 图、趋势图，资产信息包括唯一标识、类型、厂商、IP 地址、MAC 地址、物理位置、入网状态、开放端口、设备风险、实时流量等，方便用户实时了解资产的状况。系统还支持终端多维度多层级分组，如基于管理部门、设备型号、操作系统、地理位置的分组。

3）终端运行状态及图像采集质量监测。运用探测感知、图像分析等技术，从网络可达性、设备健康状态等方面实时监控物联终端的运行状态和图像采集质量（针对视频类终端），特别针对物联终端设备离线以及视频摄像头类终端设备的黑屏、白屏、花屏等图像质量问题。一旦终端设备发生故障、离线、图像质量（针对视频摄像头终端）等异常事件，系统会立即报警。

4）异常行为分析预警。终端安全行为分析系统对网络流量进行全量分析监测，对流量异常、端口异常、协议异常、操作异常等异常行为进行实时洞察预警。告警信息依据源地址、设备类型、源安全域、协议、目的地址、目的设备类型、目的安全域、目的端口、行为名称、时间等进行展示。通过智能分析模型，可发现网内的违规外联行为、使用不安全协议行为、高危端口行为、使用违规软件行为、非法访问数据库行为等多种异常访问行为。

通过行为分析功能，可将网络流量分为黑、白、灰三种。通过黑名单，可发现网络的非法网络行为；通过灰名单，可发现网络的可疑网络行为。通过内置的黑名单端口和高危端口，可发现网内访问高危端口和黑名单端口的行为。

5）终端画像。终端安全行为分析系统基于网络行为聚合分析技术，从访问时间、访问动作、访问对象及访问结果等多个维度提取设备的动态属性和行为习惯，并在此基础上结合连接访问关系，完美呈现终端设备画像。

a）终端画像 – 访问关系白模型。通过智能学习终端画像功能，分析网内设备类型和安全域之间的访问关系，自动生成设备类型和安全域之间的访问关系白模型，对超出白模型范围的访问行为进行预警，用于网络内非法网络行为和未知攻击行为的发现。

b）终端画像 – 统计数据模型。通过终端画像的统计数据功能，从上行流量、下行流量、总流量、上行数据包数、下行数据包数、总包数、连进 IP 数、连出 IP 数、总连接 IP 数、连出目的端口数十个维度，统计网内终端设备的网络动态信息，形成终端设备访问行为安全基线，对超出安全基线的异常访问行为进行报警，用于网络内非法网络行为和未知攻击行为的发现。

6）业务应用管控。通过"管理 + 技术"的方式，实现业务应用系统的精准识别，形成全面、准确的业务应用系统台账，并进行监控。对应用的可用性及活跃度进行监控，对未管理的应用系统（如未报批报备的应用）及时发现并报警，对新增的应用进行实时监测。

终端安全行为分析系统内置的业务识别引擎可对网络流量和网络协议进行深度分析，综合采用协议特征分析、特征匹配、服务器端口解析、机器学习等多种技术，能够精准识别网内基于各类技术架构（B/S 类、C/S 类、扫描类）的业务应用系统。对现有应用系统增加唯一且固定的特征码，且优先使用特征码进行识别，可以提高识别的准确度。可根据学习结果生成行业业务应用特征库，并可很方便地进行全网共享。

7）边界安全及策略管控。终端安全行为分析系统依据真实的网络互联和访问关系，在系统运行过程中对边界访问控制策略按应用、服务、源 IP、目的安全域、目的地址进行梳理，同时对边界策略进行跟踪校验，以发现无效策略、过宽策略、失效策略等，从而确保边界策略真实、精细、准确。

8）端口分布管理。端口分布管理模块以目的端口为视角展示设备信息，探测、收集、统计、分析网内设备的开放端口，重点关注黑名单端口、高危端口和受限端口，以及端口的部门分布情况，以便及时准确地发现和展示设备端口管理的脆弱性和规范性，防范入侵和攻击风险。

9）漏洞检查和弱口令。利用动态和静态分析方法，深入研究漏洞的成因、被利用的模式、后果，对固件和通信协议进行漏洞挖掘，以便及时发现终端设备、操作系统的攻击和远程控制等风险漏洞；可基于内置的弱口令字典（可更新），对账户和密码相同、密码相对比较简单、默认密码等问题进行自动探测。

10）IP 地址可视化管理。IP 地址作为网内正常通信的关键，其合法性决定了网络是否能够正常使用，而在实际运行过程中管理人员很多时候无法对某个 IP 地址的即时在线状态进行正确判断，从而导致 IP 地址重复分配，造成网络风暴。终端安全行为分析系统针对此类问题，实现了 IP 地址使用信息的可视化，将网内 IP 地址情况分为"在线""离线"和"未使用"三种状态，据此管理人员可快速辨别具体 IP 地址的状态。

11）大屏展示。安全决策者、安全管理者正面临着资产看不见、风险理不清、资产管不住、流程跑不顺、责任查不出的难题。对于决策者、管理者而言，需要对全网或相关业务信息系统的整体安全运行状况有直观的了解和清晰的掌控。通过大屏集中展示全网整体安全运行状况，包括安全态势、攻击分布、防护缺陷、安全风险等，可方便安全决策者、安全管理人员和运维人员及时、全面地掌控全网安全情况。

6.2.2　实施效果

1. 桌面终端管理

桌面终端管理系统显示，总体终端安全状态级别为低，未发现终端安全风险项，整体终端注册率为 100%，终端杀毒软件安装率为 100%。

（1）在终端异常情况方面，共发现终端弱口令 586 个，存在异常行为 1 条，未发现系统异常进程、违规上网、共享异常、注册表异常、违规刻录、多操作系统行为。

（2）在终端变更情况方面，共监测到所有客户端完整性变更等行为 225 条，终端移动存储介质的打标签和清除标签记录 27982 条，终端移动存储设备接入数据 24663 条，系统硬件改动 550 条，终端系统软件变化 7985 条。

2. 终端固件漏洞监测

基于辽宁某信息安全实验室部署的电力工业控制系统与终端固件漏洞监测

平台,已针对智能电能表、用电信息采集终端及智能配电网终端固件、通信协议、准入措施与上位机的安全性进行了研究。研究的目的是对智能电能表、用电信息采集终端及智能配电网终端的本体安全和通信协议进行分析,挖掘终端固件安全漏洞,查找现有安全防护措施的不足,分析可被利用的风险点。智能电能表、集中器、用电信息采集终端所处的环境均比较安全,并且接口很少,没有常规网线接口、USB 接口,如不进行破坏性操作则无法利用常规工具进行信息安全渗透操作;采用载波通信的表计,需要得知厂商设定的专用中心频率,并且只能通过读取载波信令来获取抄表信息,而无法进行信令和控制信息的发送;而采用 4G 专网进行通信的表计,除已安装在表内的运营商 SIM 卡外无可用接口,而 4G 专网使用的都是加密信道,并且表计与主站进行通信前都要有身份验证过程。因此,表计本体安全性基本判定为安全。

3.移动终端安全监测

(1)创新的基于"零信任"的核心移动安全技术。具体实施效果如下:

1)设备运行环境可信技术:移动威胁防御。通过基于大数据的移动威胁防御核心技术,从系统风险(如越狱/root、系统脆弱性等)、网络风险(如Wi-Fi 安全检测等)、App 风险(如恶意 App 行为检测等)等维度解决移动终端安全监测系统在 BYOD 终端内的运行环境可信问题。

2)应用身份可信技术:新一代应用沙箱/身份认证。如图 6-66 所示,移动终端安全监测系统内置新一代应用沙箱,其通过免拆包以及系统级 Hook 方式实现对企业/个人应用基本边界的划分。可通过沙箱技术与 ID 身份认证技术的深度融合,在移动终端安全监测系统内部实现根据应用价值和敏感度进一步划分应用边界的能力。

3)企业数据可信技术:密钥沙箱。如图 6-67 所示,通过密钥沙箱核心技术,实现 BYOD 终端加密密钥、证书等关键数据的安全存储和管理,为构建移动终端安全监测系统内部全生命周期数据安全可信防护方案提供坚实的基础。

图 6-66　新一代应用沙箱 / 身份认证

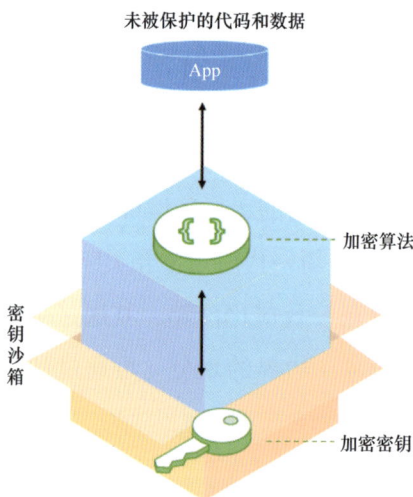

图 6-67　密钥沙箱

（2）BYOD 解决方案与 MDM 的完全分离。首次提出 MDM 不适合 BYOD 移动办公场景的理念，并将 MDM 能力从 TrustSpace BYOD 场景解决方案中完全剥离。

移动终端安全监测系统采用新一代沙箱技术，为企事业单位构建了一个安全工作区。在该工作区内，创造了一个办公的统一入口，可与个人生活区灵活切换，只需轻轻点击安全工作区的图标，就可轻松、方便地进入办公专属的区域。

在安全工作区内，提供了完整的办公套件，可以满足员工基本的办公要求；对于运行安全工作区内的应用数据以及重要数据，全部采用高强度的加密方式进行加密存储，从而保证了内部数据的安全性；另外，在安全工作区内禁止了复制、粘贴的功能，从而保证个人生活区有风险的数据无法进入安全工作区，安全工作区的办公数据无法流出到个人生活区。

如图 6-68 所示，安全工作区所用的新一代沙箱技术是一项基于应用层实现的数据安全和防护技术，该技术不破坏程序本身，而是采用"在应用外边包一层壳"的方式，隔离个人与企业数据，并提供加密存储，从而保证企业数据安全，具有兼容性好、可远程动态升级等优点。

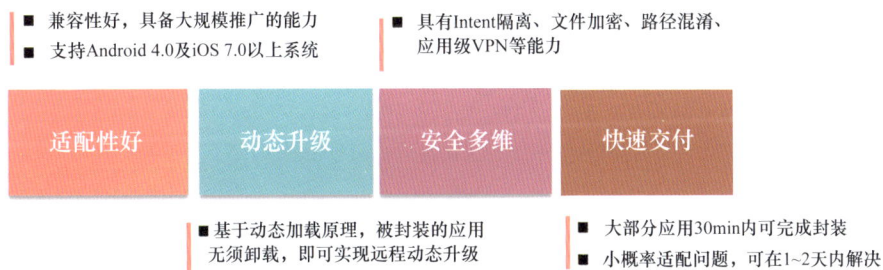

■ 兼容性好，具备大规模推广的能力
■ 支持Android 4.0及iOS 7.0以上系统

■ 具有Intent隔离、文件加密、路径混淆、应用级VPN等能力

| 适配性好 | 动态升级 | 安全多维 | 快速交付 |

■ 基于动态加载原理，被封装的应用无须卸载，即可实现远程动态升级

■ 大部分应用30min内可完成封装
■ 小概率适配问题，可在1~2天内解决

图 6-68　安全工作区功能

（3）安全杀毒。移动终端安全监测系统集成了专业的防病毒引擎，经过多年的积累维护，拥有自主知识产权的恶意样本库，能实现查杀无死角、新病毒秒级查杀修复，保障设备免受病毒侵扰，避免移动终端被攻击者利用成为渗透企事业单位内网的跳板。

管理员可在管理中心定期对设备进行批量扫描或病毒库更新，以保证设备的运行安全。对有病毒的设备，管理中心会进行预警，并记录日志。企事业单位员工还可在客户端随时进行自主病毒扫描，时刻保障设备端的安全。

（4）NAC 准入控制。移动终端安全监测系统与设备准入产品联动，通过规范接入内网的端点行为，保障内网数据的安全。如图 6-69 所示，在设备访问内网时，NAC 服务器会判断设备是否满足安装移动终端安全监测系统和检查合规两项条件，若满足条件则可以成功访问内网，若不满足条件则拒绝访问。同时，可对不同用户设置不同的网络访问权限，以实现企事业单位内网的访问权限控制。

（5）Agent 安全管控架构。通过 Agent 安全管控架构全面兼容各品牌手机的强 MDM 模式，与各终端厂商进行相关接口对接，可满足用户多终端安全管控场景。

通过 Agent 安全管控架构可减少研发定制的工作量，快速满足企业对新功能需求的定制工作。增加新接口时，无须对 TS 客户端和服务器端进行升级，从而极大降低了客户生产环境的运维风险。

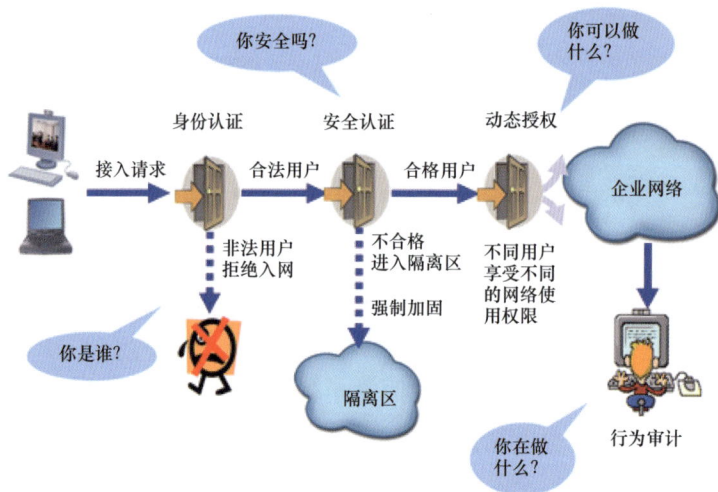

图 6-69　NAC 准入控制

（6）移动态势感知。通过终端数据的收集、分析，并以可视化的大屏方式展现移动终端安全态势、违规事件、运营数据等，可以给用户提供最清晰、最直观的移动分析数据，帮助用户了解全局安全态势，以作安全参考。

支持安全态势、违规事件、终端安全趋势统计、用户活跃统计、应用安装趋势统计、应用风险统计等数据的展示。

4.终端安全准入

目前该辽宁电力企业共部署终端安全准入设备 51 台，准入内网终端 3 万余台，配置通用安全检查项弱口令检查、杀毒软件客户端安装检查、桌管客户端安装检查、违规外联等相关管控策略。

（1）准入流程。如图 6–70 所示，首先需要安装准入安全控件，安装后进行设备注册，上传设备信息至准入服务器，填写实名认证信息，并经管理员审核通过后方可入网。

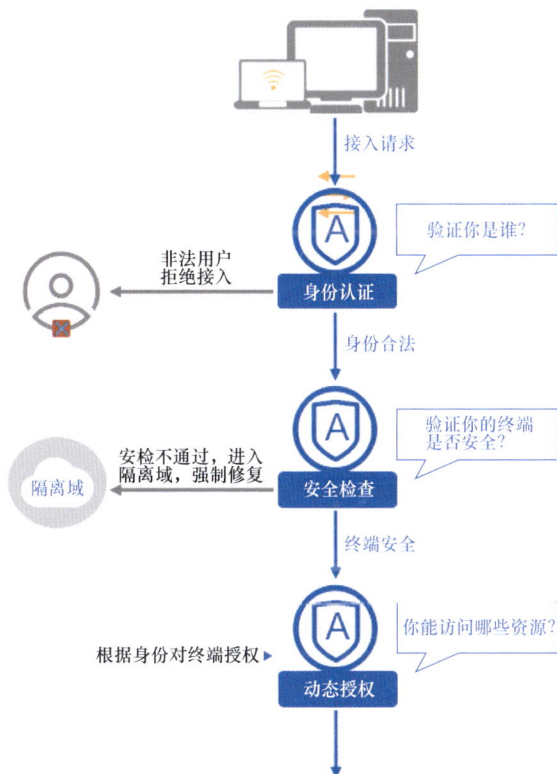

图 6-70　准入流程

（2）安全检查项。设备入网安全检查项包含 33 项，其中基础检查项 31 项，特殊检查项 2 项。

5. 终端安全行为分析

（1）互联网大区云平台数据中心场景。终端安全行为分析系统部署在国家电网有限公司某省互联网大区云平台数据中心，所分析的网络镜像流量为云平台数据中心出口上行和下行的网络全流量数据。

1）终端设备发现和识别。终端安全行为分析系统通过网络指纹、主动探测和被动探测相结合的方式，共发现设备 750 台，其中包含主机 718 台、防火墙 2 台、交换机 11 台、视频类设备 12 台、Jetty 服务器 2 台、Niginx 服务器 2 台、Apache 服务器 2 台、网络探测器 1 台。

2）异常行为（攻击、非法、违规等）监控。终端安全行为分析系统通过异常行为监控发现终端通过对应端口直接访问 MySQL 数据库、通过对应端口直接访问 Oracle 数据库行为 3 次；发现存在黑名单端口行为和高危端口行为，涉及风险设备 242 台。

3）设备风险状态监控。终端安全行为分析系统通过设备风险状态监控，发现系统漏洞 3 个，涉及终端设备 37 台。

4）终端画像。终端安全行为分析系统通过终端画像访问关系模型形成异常访问模型 80 条，通过终端画像统计数据模型形成终端画像安全基线，并建立模型策略 42 条，用于异常行为和未知攻击行为监控。

5）设备运行状态监控。终端安全行为分析系统通过设备运行状态监控发现离线设备 32 台，设备在线率为 95.73%。

6）网络边界访问控制策略管控。终端安全行为分析系统对进出云平台数据中心的网络流量依据目的 IP 地址进行梳理，形成网络当前 IP 地址到目的 IP 地址的边界访问控制策略 332 条。

（2）互联网大区电力物联外网场景。终端安全行为分析系统部署在国家电网有限公司某省互联网大区第三方边界路由器上，所分析的网络镜像流量为电力物联外网与该省电力公司进出的网络全流量数据。物联外网物联终端设备分为配电类物联终端、移动作业类物联终端和视频类物联终端 3 大类。

1）电力物联终端设备资产底账建立。终端安全行为分析系统共发现电力物联终端设备 31 类，共计 2 万余台。

2）电力物联终端设备统一管理。系统实时监测和管理各类电力物联智能电表、远程终端、数据采集器等终端设备，对电力网络和设备进行远程控制、自动化运维管理、报表收集和数据分析。

3）电力物联终端运行状态监控。终端安全行为分析系统运用探测感知，从网络可达性、设备健康状态等方面实时监控电力物联终端的运行状态，特别是对物联终端设备的离线情况。一旦发现有电力物联终端设备故障、离线等异常事件，系统会立即报警。系统发现离线设备 364 台，设备在线率为 98.48%。

4）电力物联终端风险状态监控。终端安全行为分析系统发现风险设备 3 台，涉及高危端口和黑名单端口。

5）电力物联外网专有设备指纹库和行为模型库建设。针对电力物联外网的特有终端（移动作业终端、配电采集终端、温湿度传感器、智能电能表、机器人等）建立电网专有设备指纹库，解析专有协议（IEC 104、MQTT、HPLC、DNP3、CoAP 等），以及电力物联外网流量，逐渐形成电网业务行为模型库。

6.3　网络安全建设

为满足能源互联网安全防护需求，结合终端广泛接入及海量数据实时交互场景，提升安全设备部署配置的灵活定义和弹性扩展，开展恶意域名监测系统、入侵检测系统、电力专用安全接入网关、信息网络隔离装置、集中管控系统等专用系统和设备部署应用，实现安全设备系统的快速部署，满足物联网节点、边界、业务的安全需求。同时，开展 5G 安全应用研究，支撑能源互联网网络安全建设。

6.3.1　建设内容

1. 安全接入

（1）建设需求。安全接入的建设需求包括网关定位、防护对象、核心功能三个方面。

1）网关定位。物联安全接入网关是一款高度定制的基于服务器端认证/安全套接字层（server side authentication layer/ secure sockets layer，SSAL/SSL）的 VPN 产品，遵循国家密码管理局颁布的 SSL-VPN 网关产品规范及技术规范、国家电网有限公司的 SSAL 安全协议技术规范，部署在国家电网有限公司互联网大区、管理信息大区的接入边界，从终端的身份管理、可信传输通道防护以及访问权限控制三个方面，为终端到信息网业务系统的接入流程提供安全保障，具备防边界渗透能力。

2）防护对象。物联安全接入网关的适用防护对象包括两类：一类是国家电网有限公司内部敏感的对外交互业务，仅限内部员工使用，如 i 国网、外网移动协作类应用、移动办公系统、移动作业系统、用电信息采集系统、配电自动化系统、边缘物联代理、融合业务终端等；另一类是国家电网有限公司外网特定用户业务，供互联网用户使用，如全国统一电力市场交易等。

3）核心功能。物联安全接入网关提供基于统一密码基础设施签发的 SM2 数字证书的双向身份认证功能，基于用户名与 App 名组合的资源访问控制机制，采用传输层安全协议（transport layer security，TLS）协议、SSAL 协议构建专用安全传输通道，应用国密 SM1/2/3/4 系列算法，确保传输数据的机密性、完整性。

物联安全接入网关可用于基于 C/S 架构（包括 Windows 客户端、Android 客户端、iOS 客户端、物联网专用客户端）及 B/S 架构的业务系统的数据安全传输。

安全接入网关功能模块如图 6-71 所示。

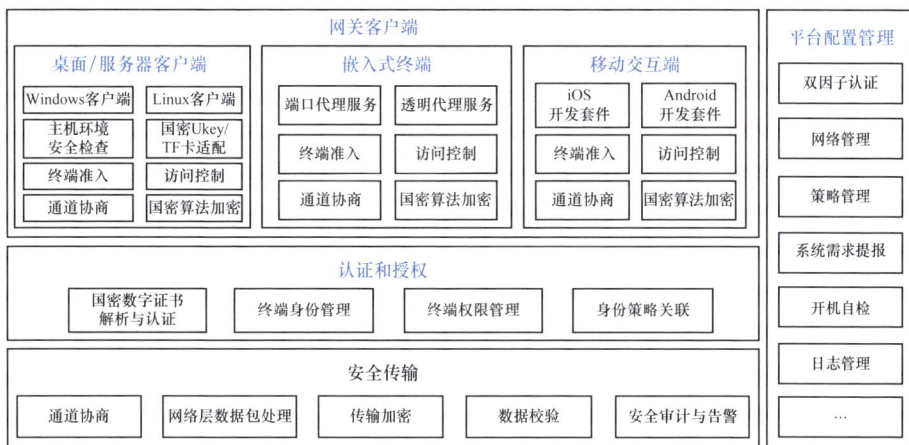

图6-71 安全接入网关功能模块

物联安全接入网关由安全传输、认证和授权、移动交互端和嵌入式终端、桌面/服务器客户端、网关客户端以及平台配置管理等组件构成。安全传输层负责在终端客户与信息网之间建立安全数据通道，确保数据传输的机密性和不可抵赖性；认证和授权层负责对终端和用户的身份认证、授权和访问行为控制，并在应用交互层对解密后的应用数据进行校验、过滤和异常检测；在移动交互端和嵌入式终端方面，为iOS/Android智能终端App、Linux嵌入式设备提供软件开发包，确保应用的通信安全；在桌面/服务器客户端方面，提供桌面客户端供桌面和服务器用户使用；网关客户端层负责对物联安全接入网关从终端到应用交付的整套流程进行策略管理、配置以及审计；平台配置管理为物联安全接入网关提供证书密钥、网络管理、日志管理等底层支持。

（2）建设现状。随着信息技术和电网业务的发展，各专业、各单位对信息内外网终端接入、数据交互安全的需求日益增加，对信息网络边界专用安全防护设备的功能和性能提出了更高要求。

随着物联网、移动业务等的广泛快速发展，内外网的接入需求日益增加，现有信息网络边界专用安全防护设备在实际应用过程中逐渐暴露出功能单一、性能不足、技术规范不统一、产品类型复杂等问题；同时，电动汽车充电设施和变电站设施等大量设备的无线安全接入，对现有信息网络边界用安全防护专用设备提出了新的要求。

（3）建设目标。在信息网与专用 APN、互联网等外部网络的边界部署物联安全接入网关，建设集新型物联网安全接入网关、新型网络安全隔离装置（网闸型）和集中监管装置于一体的安全接入域，提供符合要求的对外安全交互能力，建立内外交互的专用加密通道，实现终端设备的数据传输加密、可信传输通道防护、身份认证、访问权限控制和集中安全管理等功能。

（4）建设方案。建设方案涉及硬件网关安全、操作系统安全、客户端身份认证、数据信息安全、网关自身安全、文件访问控制、进程控制、专业通道安全、身份认证与访问控制、数据加密传输及完整性校验、对业务透明的传输模式、移动业务和物联网 App/ 物联网终端的安全交互等方面。

1）硬件网关安全。物联安全接入网关设备采用国产安全工业控制网关硬件系统。硬件系统供电采用工业级开关电源，实现主、备电源的在线无缝切换，以确保硬件工作的可靠性和延长系统的使用时间；在印制电路板（printed-circuit board，PCB）的设计中，增加了线性稳压及滤波装置，并严格按照电子设计自动化（electronic design automation，EDA）对高频电路设计的要求，设计了单独的电源层与地层，以进一步确保证整个印制电路板上电源的稳定性。

物联安全接入网关采用国密 PCI-E 密码服务模块，PCI-E 密码服务模块能够为物联安全接入网关提供多线程、多进程和多卡并行处理的高速密码运算服务，满足其对数字签名 / 验证、非对称加 / 解密、对称加 / 解密、数据完整性校验、真随机数生成、密钥生成和管理等功能的要求，保证敏感数据的机密性、真实性、完整性和不可抵赖性。

2）操作系统安全。操作系统作为计算机系统的基础软件是用来管理计算机资源的，它直接利用计算机硬件并为用户提供使用和编程的接口。各种应用软件均建立在操作系统提供的系统软件网关之上，上层的应用软件要想获得运行的高可靠性和信息的完整性、保密性，必须依赖于操作系统提供的系统软件网关。不难想象，在网络环境中，网络系统的安全性依赖于网络中各主机系统的安全性，而主机系统的安全性正是由其操作系统的安全性所决定的。

为了达到高安全性、高可靠性和高加密速率，物联安全接入网关采用成熟的国产凝思磐石安全操作系统。凝思磐石安全操作系统遵循《计算机信息系统　安全保护等级划分准则》（GB 17859—1999）、《信息技术　安全技术　信息技术安全评估准则》（GB/T 18336—2015）、《信息安全技术　操作系统安全技术要求》（GB/T 20272—2019）、《军用安全操作系统安全评估等级要求》（GJB 4936—2003）、《军用安全操作系统用户安全接口使用要求》（GJB 4937—2003），以及可移植操作系统接口（portable operating system interface，POSIX）、《可信计算机系统评估准则》（trusted computer system evaluation criteria，TCSEC）、《信息安全、网络安全和隐私保护　信息技术安全评价标准》（ISO/IEC 15408—2022）等标准、协议进行设计和实现，是我国拥有自主知识产权的高安全、高可用和高效的操作系统。该操作系统进行了面向网络安全、网络访问控制与网络信息加 / 解密的全面改造，有助于增强网关自身的安全防攻击能力，是整个安全处理的关键基础。这种"底座"安全网关具有最小安全内核和必要的安全调用接口，为安全产品提供了安全、可靠的运行环境。

3）客户端身份认证。物联安全接入网关服务器端需要为终端颁发证书文件，配置访问资源管理策略。所有接入网关的终端证书，由服务器端统一管理。签发前需要向国家电网有限公司 CA 申请签发一张 CA 证书。服务器端与客户端依托数字证书进行身份认证。接入网关服务器端主要提供终端 /App 的身份验证和授权服务，负责响应终端 /App 传来的客户端信息，服务器端获取预先配置的客户端权限，并向接入服务器端返回该结果。

4）数据信息安全。为保证数据信息安全，实现通过物联安全接入网关的各种数据的完整性、保密性、不可抵赖性，物联安全接入网关系统通过终端硬件密码模块、在硬件加密卡间建立加密隧道进行数据的安全加密传输，通过数字签名机制保证数据传输者的真实身份，实现数据的不可抵赖性。

同时，由安全数据过滤系统进行基于电力规约、协议的应用层的协议裸数据剥离和交换，以及应用层的协议数据过滤检查，防止非法接口访问，从而保证数据安全，杜绝恶意渗透、攻击行为。

5）网关自身安全。物联安全接入网关作为保护网络及系统主机安全性的关键设备，其自身的安全性至关重要。由于物联安全接入网关控制终端的接入，是系统的核心控制节点，如果被攻破则后果难以预计。因此，系统基于 Linux 安全模块（Linux security modules，LSM）实现对进程的完整度量和验证，以控制非法进程的启动；基于粗粒度标记实现主体（进程）对客体（文件）的强制访问控制，防止敏感信息被 Rootkit 之类的木马病毒非法访问；通过透明的文件加 / 解密机制，实现安全存储机制。

6）文件访问控制。文件访问控制根据自主访问控制策略和强制访问控制策略完成，这些策略均位于安全与访问控制策略库中。在进行自主访问控制时，检查当前用户是否能够对文件进行相应的操作。在进行强制访问控制时，检查主体范畴是否包含客体范畴，如果不包含则认为失败，如果包含则需要判断其级别。对于保密性来说，根据上写 / 下读的原则进行判断，对于完整性来说，根据下写 / 上读的原则进行判断。最后综合两个判断结果来决定是否能够访问。

7）进程控制。进程（可执行程序）控制用于检查某一进程能否启动，以防止恶意进程运行。根据系统的安全策略，在网关中维护着一张预先生成的白名单，该白名单中存放着系统中合法程序的摘要值。当程序启动时，通过检查程序摘要值是否在该白名单中来决定程序能否执行。

8）专用通道安全。物联安全接入网关作为网络安全传输设备，部署在信息网与专用 APN、互联网等外部网络的边界，定位于为信息网业务系统提供符合要求的对外安全交互能力，从内外网终端的身份管理、可信传输通道防护以及访问权限控制三个方面，为互联网终端到信息外网业务系统的接入流程提供安全保障。

9）身份认证与访问控制。SSAL / SSL 协议提供了基于 PKI 体系的身份认证机制，可通过数字证书验证其基础身份。物联安全接入网关基于 CA 证书与客户端进行双向身份认证。在客户端与服务器端完成协商握手后，客户端将自身数字证书信息通过加密隧道发送至物联安全接入网关。物联安全接入网关业务管理员在平台配置页面对此证书进行访问权限配置管理，以白名单形式设置其访问资源列表（包括业务系统的 IP 地址及端口）。持有该证书的客户端，将只能访问管理员设定的白名单中的业务系统。

对于个人计算机业务，可在物联安全接入网关拨号程序中进行设置，通过使用 Ukey 硬件设备（需要已存储国家电网有限公司 CA 签发的 SM2 数字证书）；移动 App 集成国家电网有限公司 CA 签发的 SM2 数字证书，与物联安全接入网关完成身份认证等流程，建立与物联安全接入网关服务器端的专用通道。所有接入物联安全接入网关的终端证书，由物联安全接入网关统一管理。

10）数据加密传输及完整性校验。物联安全接入网关同时支持 SSL 安全协议和 SSAL 安全协议。其中，SSL 遵循国家密码管理局颁布的《SSL VPN 技术规范》（GM/T 0024—2014）；SSAL 协议遵循国家电网有限公司相关技术规范。

物联安全接入网关采用基于 PCI-E 总线技术的高速密码设备，遵循国家密码管理局关于 PCI-E 密码卡的相关技术规范。产品全面支持 SM1、SM2、SM3、SM4 等国密算法，以及 RSA、AES、3DES 等多种国际标准算法，能够提供多线程、多进程并行处理的高速密码运算服务，满足其对数字签名 / 验证、非对称加 / 解密、对称加 / 解密、数据完整性校验、真随机数生成、密钥生成和管理等功能的要求，从而保证敏感数据的机密性、真实性、完整性和不可抵赖性。

11）对业务透明的传输模式。物联安全接入网关透明代理客户端为独立运行的应用程序。该程序经初始化配置后，运行时会自动进行安全通道建立和重连、双向身份认证、动态密钥协商和透明数据转发。无论是专用业务客户端还是网页浏览器，都无须对程序进行改造。

12）移动业务和物联网 App/ 物联网终端的安全交互。从业务角度，业务应用希望利用现有物联安全接入网关的安全传输通道，但又不希望用户额外安装专门的移动安全防护 App，导致用户体验下降。因此，移动业务需要物联安全接入网关提供一种业务 App 和安全传输套件的集成方法，在保障 App 安全的同时，保障互联网边界传输的统一性、机密性和完整性。

物联安全接入网关具备移动交互协议的解析功能，业务系统 App 通过集成物联安全接入网关软件开发包（Android SDK、iOS SDK、Linux SDK），调用物联安全接入网关提供的相关接口，实现移动业务 App 通过物联安全接入网关与业务系统服务器端的加密通信。

（5）总体实施。落实加强网络与安全管理的总体要求，在信息网边界部署下一代物联安全接入网关、配套专用隔离装置，建立边界的安全加密传输通道，完成物联管理平台业务集成和终端数据传输验证。同时，部署终端集中监控平台、集中监管平台，并实现与统一密码服务平台的集成，开展终端软加密证书在线申请技术方案落地验证工作，为未来海量融合终端安全接入提供强力支撑。

（6）技术方案。技术方案涉及技术原理和集成模式两个方面。

1）技术原理。物联安全接入网关终端软件开发工具包（software development kit，SDK）支持 SSL/SSAL 两种安全方式与物联安全接入网关构建安全通道，提供基于传输控制协议（transmission control protocol，TCP）的代理服务，为业务系统提供安全服务，如图 6-72 所示。

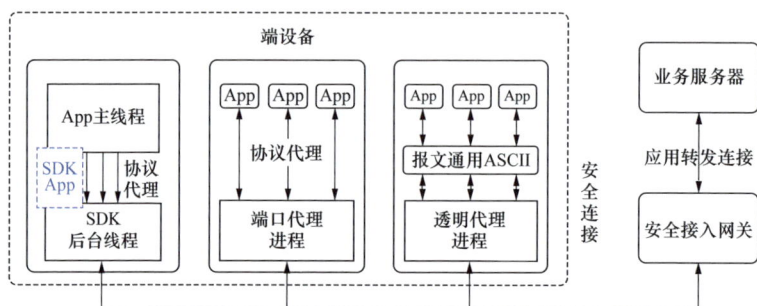

图 6-72　物联安全接入网关终端 SDK 代理服务模式

物联安全接入网关终端 SDK 用于为终端 App 提供一套开发接口，使其可以通过物联安全接入网关访问业务系统。

SDK 基于物联安全接入网关的代理模式的客户端的实现原理进行开发。简单来说就是 SDK 会在终端本地开一个或几个（视有多少业务系统需要访问）监听端口，当 App 需要访问外网业务系统时，需要连接该监听端口，建立代理连接，由 SDK 对业务数据进行加密传输。

2）集成模式。SDK 提供以下三种代理模式，分别用于不同的场景模式。

a）线程代理模式（图 6-72 左侧 SDK 后台线程）。线程代理模式提供易编程的接口，用于终端无法直接独立运行 SDK 的进程系统，如移动终端。终端通过调用编程接口（SDK API）配置 SDK 代理服务，启动代理线程，通过访问代理线程的服务访问业务系统。

b）进程代理模式（图 6-72 中间端口代理进程）。进程代理模式用于能够使 SDK 独立以进程运行的终端，如物联代理终端。用户通过 SDK 的配置文件，启动 SDK 进程即可。

c）透明代理模式（图 6-72 右侧透明代理进程）。透明代理模式用于支持 IP 包的透明转发，且能够使 SDK 独立以进程运行的终端。相较于线程代理模式和进程代理模式，透明代理模式最大的优势在于 IP 层双向透明，支持云 – 端间的双向通信，支持从业务系统（如配电自动化系统）发起请求，终端作为服务响应请求。

2. 安全隔离

根据国家电网有限公司《新一代信息网络安全接入网关与信息网络安全隔离装置应用指导意见》（国家电网信通〔2018〕289 号）要求的信息网络安全设备及部署方式，以及《信息安全技术　网络和终端隔离产品安全技术要求》（GB/T 20279—2015），设计信息安全网络隔离装置体系结构。

信息网络横向边界主要是指管理信息大区与互联网大区的边界，以及管理信息大区无线接入边界。其中，互联网大区与管理信息大区边界，部署的是信息安全网络隔离装置（SGI-NDS 200 Logic），实现对不同业务的支持和应用层防护，以及信息内外网边界和信息内网第三方边界的网络隔离；管理信息大区接入边界，部署的是信息安全网络隔离（SGI-NDS 200 GAP）和泛在电力物联安全接入网关，实现终端的安全接入和网络层的数据过滤。

（1）部署方式。信息安全隔离装置部署方式分为以下两种：

1）逻辑强隔离 SGI-NDS 200 Logic（SQL 代理服务）。

a）互联网大区与管理信息大区边界的数据库访问场景，应部署信息安全网络隔离装置和 SQL 代理服务，实现基于 SQL 代理服务的逻辑强隔离。

b）主要交互功能是为业务系统提供数据库代理访问。

c）外网业务只能使用专用 SG-JDBC 驱动通过私有安全通信协议访问内网数据库。

d）支持双向部署。

2）网闸隔离 SGI-NDS 200 GAP。

a）在管理信息大区的无线专网延伸边界，应部署 SSAL/SSL/IPSec 逻辑隔离服务和双主机网闸隔离装置，实现安全接入区与核心网络的逻辑物理双隔离。

b）网闸隔离具备通用网闸的全部隔离防护功能，引入 SSAL 协议隔离，对应用层协议的隔离强度有一定程度的增强，同时可实现更加灵活的网络交互功能；当不适用 SSAL 协议时，也支持基于 SSL/IPSec 协议的接入，并提供网闸隔离功能。

（2）基础安全功能。基础安全功能包括以下几个方面：

1）加固的安全操作系统。采用安全 Linux 操作系统，根据最小特权原则对装置的软件制定强制访问控制策略。

2）IP 地址过滤。只有特定的 TCP 链路才能通过该装置，可以配置对源 IP 的控制。

3）安全通信协议。内部自定义安全传输协议，支持基于国密算法的加 / 解密。

4）统一密码服务支持。支持统一密码服务设备证书，向管控中心提供证书下载、更新和删除接口，并使用该证书实现集中管控交互过程中的安全加固功能，包括身份认证、密钥协商、签名验签和数据加密等。

5）安全审计。支持对网络层、传输层、应用层的安全审计。

（3）专用防护功能。专用防护功能按不同的部署方式分别阐述。

1）逻辑强隔离（SQL 代理服务）。该部署方式的专用防护功能包括：

a）基于 SG-JDBC 驱动、私有安全通信协议和定制安全硬件装置，提供逻辑强隔离状态下的数据库代理访问功能。

b）可以配置多个应用和虚拟数据库，支持不同种类的真实数据库。

c）可以对信息内外网间的传输进行过滤，只允许特定的应用服务器通过特定的程序对特定的数据库服务器进行访问，并且对客户端程序访问数据库服务的内容和行为进行控制。

d）可以对 SQL 语句进行控制，对 SQL 规则进行配置和更新。可以根据用户配置的安全控制策略，对来自特定网络地址范围以及具有特定内容的应用数据进行阻断或允许操作，将来自外部网络中企图对后台数据库进行攻击的危险行为阻断；可以对一些常见的 SQL 注入攻击预置相应的默认过滤规则，随着黑客技术的发展和网络攻击手段的进步，技术人员可以对过滤规则进行及时更新。

2）网闸隔离。该部署方式的专用防护功能包括：

a）提供基于双主机＋隔离卡的硬件隔离架构。

b）支持 SSAL 和 SSL 协议，引入多协议支持，通过开发插件的方式支持接入新的协议类型，增加新的过滤算法，从而实现其功能的灵活扩展。

3. 集中管控

根据国家电网有限公司《新一代信息网络安全接入网关与信息网络安全隔离装置应用指导意见》（国家电网信通〔2018〕289 号）要求的信息网络安全设备及部署方式，集中管控系统应实现对信息网络安全设备的集中管控。集中管控系统应在信息管理大区和互联网大区分别部署，如图 6-73 所示。

（1）部署方式。集中管控系统采用两级部署方式，总部一级系统可查询网省二级系统所管辖的管控设备运行信息和配置信息。

（2）管控范围。集中管控系统的管控范围分以下两个方面阐述。

1）部署于管理信息大区信息内网的信息网络安全设备。具体包括：

a）高并发型业务安全接入信息内网场景下的信息网络安全隔离装置和信息网络安全接入网关。

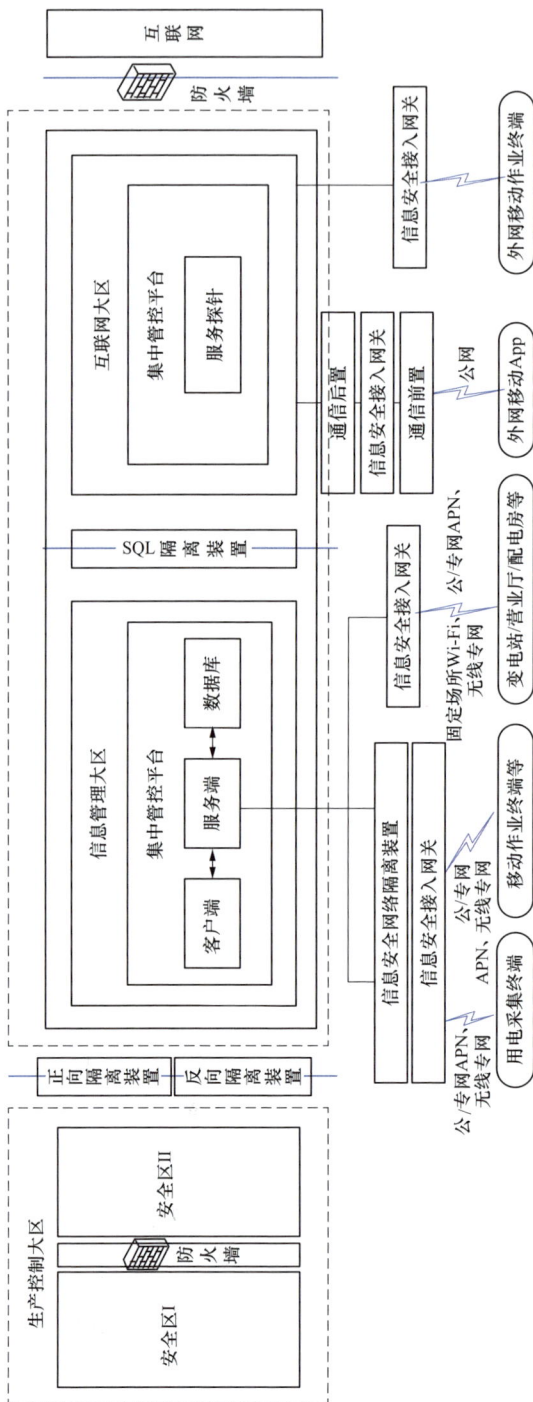

图6-73 集中管控系统架构及部署方式

b）标准业务安全接入信息内网场景下的信息网络安全隔离装置和信息网络安全接入网关。

c）变电站等业务安全接入信息内网场景下的信息网络安全接入网关。

d）信息内外网数据隔离场景下的信息网络安全隔离装置。

2）部署于管理信息大区信息外网的信息网络安全设备。具体包括：

a）高并发型业务安全接入信息外网场景下的信息网络安全接入网关、通信前置网关、通信后置网关。

b）标准业务安全接入信息外网场景下的信息网络安全接入网关。

（3）基础功能。集中管控系统功能组成如图 6-74 所示，主要功能如下：

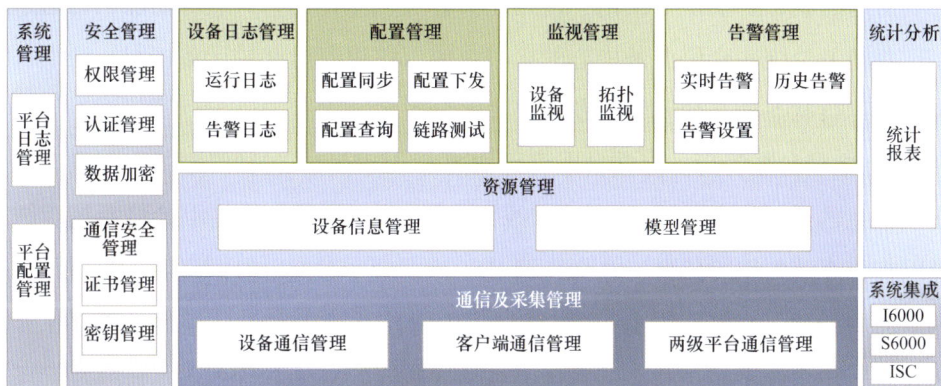

图 6-74 集中管控系统功能组成

1）具备与管控设备、系统客户端通信功能，可实现三方之间的加密通信。

2）具备两级系统通信功能，一级系统可调阅二级系统的相关信息。

3）通过 Ukey 认证系统用户身份，进行用户的访问控制，保证用户的合法性。

4）通过调用服务器管理（integrated supply chain，ISC）系统，获取用户权限。

5）具备配置下发功能，配置信息下发通过统一格式的 XML 方式实现，对信息网络安全设备进行管控，并通过密钥协商和数据加密方式实现数据传输的保密性。

6）通过私有协议接收管控设备的运行指标数据，实现对设备的实时监视。

7）具备对管控设备之间通信链路的监视功能，可查看设备网络链路拓扑图。

8）具备告警功能，可对设备及网络通信异常进行告警。

9）可对管控设备运行情况进行统计分析。

10）具备系统日志管理功能，可记录用户的登录、配置、操作等信息。

11）按照 SG-I6000 和 SG-S6000 要求上报管控设备信息。

（4）系统建设。终端集中管控系统具有终端台账管理、网关联动访问控制、终端访问控制、终端证书吊销、密码证书管理、SDK 远程升级等功能，可通过实现和网关及统一密码服务中心的接口集成，解决海量终端设备档案、证书、SDK 及运行状态的高效监管难题，提高运维效率。

1）终端台账管理。终端台账管理如图 6-75 所示，包括终端的自动发现及终端信息的自动上报，即在终端上线，通过 SDK 接入终端集中管控系统后，可以查看终端的相关信息，并将终端 ID、IP 地址、MAC 地址等信息上报。

2）网关联动访问控制。通过终端集中管控系统中对设备运行是否存在异常和证书是否处于吊销状态的管理，可形成相应的终端管理列表。将终端管理列表下发给网关设备，可使其在终端接入时对终端进行联动访问控制。

3）终端访问控制。终端集中管控系统访问控制流程具体如下：

a）终端申请证书时，终端集中管控系统上存储终端对应的证书信息。

b）终端集中管控系统可通过操作终端信息决定是否允许终端接入，默认允许所有终端接入。

c）当发现某些终端存在问题，或设备检修时不想让部分终端接入进来，则可主动配置不允许的终端接入。

d）终端集中管控系统将下线终端的 ID 下发给网关。

e）网关将下线终端的 ID 存入列表，并对列表中的终端进行下线处理。当被下线终端尝试再次登录时，网关将拒绝该终端的接入请求。

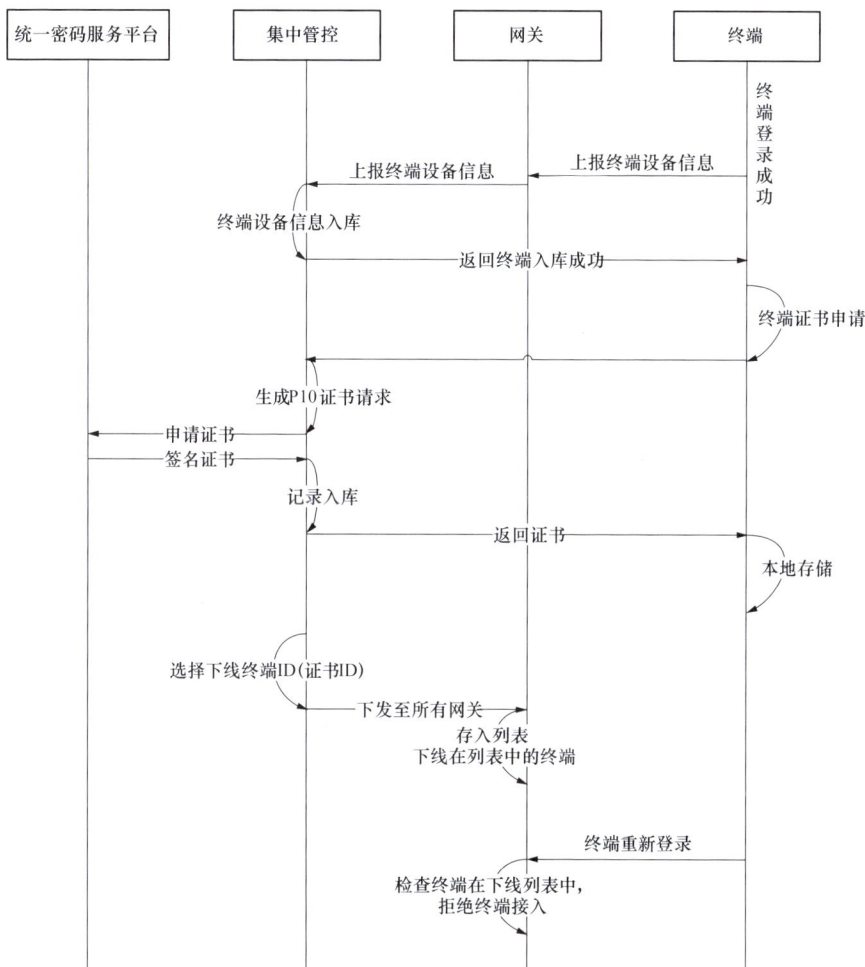

图 6-75　终端集中管控系统终端台账管理流程

4）终端证书吊销。终端证书吊销具体流程如下：

a）统一密码服务平台发现终端证书不安全时，将吊销终端证书，并通知终端集中管控系统。

b）终端集中管控系统将证书吊销列表发送到网关程序。

c）网关验证终端证书时，若终端证书在吊销列表中，则不允许终端接入。

5）密码证书管理。密码证书管理流程如下：

a）终端定期校验证书有效期，发现证书即将过期时，终端 SDK 发起证书更新请求。

b）集中管控接收终端证书更新请求后，首先检查终端加密方式：①当终端采用软加密方式时，终端集中管控系统将上报的终端信息和公钥作为参数，调用统一密码服务平台 P10 生成接口，生成 P10 证书请求，再向统一密码服务平台申请证书签发；②当终端采用硬加密方式时，终端集中管控系统直接向统一密码服务平台申请证书签名。

c）终端集中管控系统接收到统一密码服务平台返回的签名证书后，保留终端证书备份，并与终端对应起来。

d）终端集中管控系统将证书转发至终端侧本地存储。

6）SDK 远程升级。SDK 远程升级流程如图 6-76 所示，具体如下：

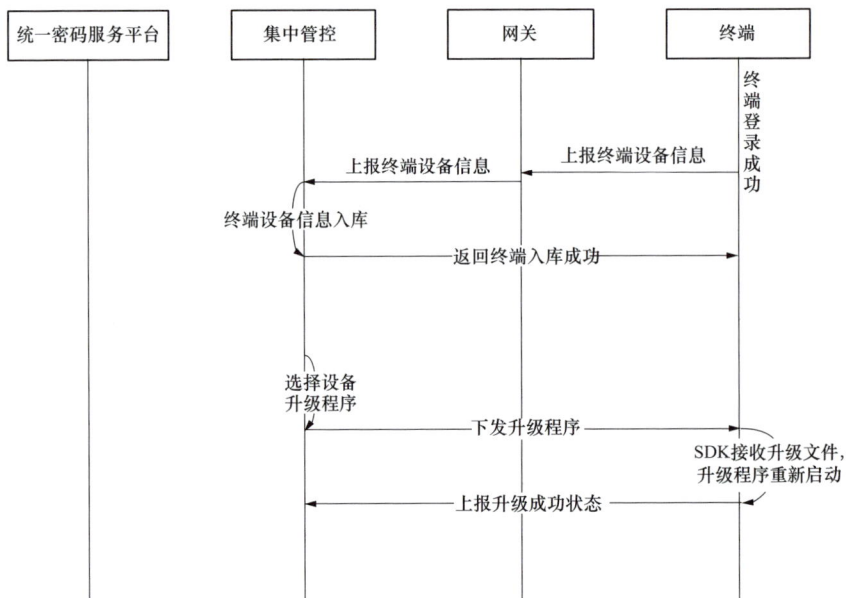

图 6-76　终端集中管控系统 SDK 远程升级流程

a）终端上线后，终端集中管控系统上存有终端在线信息。

b）终端需要升级时，首先由终端集中管控系统业务员上传升级包，其次选择需要升级的 SDK 版本和需要升级的客户端，最后由终端集中管控系统的升级模块将升级包下发至指定的终端。

c）终端接收到终端集中管控系统的升级信息后，开始接收升级包。

d）升级包接收完成后，终端首先检查升级包的一致性，备份原程序文件，其次更新程序包，最后重新启动 SDK。

e）终端集中管控系统业务员可以通过 SDK 升级监控，查看 SDK 升级任务是否执行成功。

4.恶意域名监测

如图 6-77 所示，当设备处于串联部署模式时，终端设备发送域名请求至域名安全监测设备，安全域名系统（domain name system，DNS）对请求进行解析和威胁检测，并根据策略引擎匹配结果执行对应的策略动作，将需要转发的域名请求转发给上级域名服务器。

图 6-77　恶意域名监测串联模式部署

域名安全监测设备在 Web 应用层面提供以下几个主要功能，即告警查询、日志分析、报表统计、情报升级、策略管理和系统管理。

域名安全监测设备在运行过程中产生的设备状态日志、DNS 原始日志、告警事件日志等重要数据都可以 Syslog 的形式进行外发，以及与其他业务系统进行集成。

（1）恶意域名检测方式。恶意域名检测包括以下几种方式：

1）基于威胁情报的恶意域名检测。可对 APT 攻击、勒索软件、窃密木马、僵尸网络等进行规则化描述，当前域名类威胁情报包括 C&C 域名、DGA 域名和 Sinkhole 域名。其中，通过对 C&C 域名的监测可发现 APT 攻击、僵尸网络、流氓推广、网络蠕虫、远程控制、黑客工具、窃密木马等恶意软件攻击的线索。

2）DNS 隐蔽通道检测。DNS 隐蔽通道是 APT 攻击和窃密木马等高级攻击中常见的控制和数据传输方式。由于一般企业出口都会对 53 端口的流量放行，因此这种方式日益受到攻击者的欢迎。域名安全监测设备可通过常见隐蔽通道工具传输规则、域名行为特点和机器学习等多种方式识别隐蔽通道行为，实现对 APT 攻击线索的发现和告警分析。

3）DGA 域名检测。为有效避开黑名单列表的检测，攻击者利用 DGA 域名生成算法生成随机字符串，实现 C&C 控制端通信和数据传输。域名安全监测设备中的检测方式分为两种，即 DGA 家族域名库，以及基于机器学习得到的 DGA 域名检测模型。域名安全监测设备在基于 DGA 域名库实现了精准告警之外，还应用机器学习模型形成了对未知 DGA 域名家族的检测。

4）异常域名请求行为检测。恶意软件攻击在域名层面有一些异常特征，域名安全监测设备通过这些特征作为恶意软件攻击发现的检测点。攻击方式包括域名 A 记录指向环路地址、心跳域名、IDN 可疑域名、FastFlux、DNS 重绑定、DNS 反射放大攻击。其中，环路地址在 APT 攻击中非常常见，攻击者在 C&C 控制端不活动时，会将域名 A 记录指向环路地址，以避免被溯源到攻击使用的服务器；心跳域名主要用于客户端与服务器端的心跳通信；IDN 可疑域名用于"形近义异"的伪造知名网站的行为；FastFlux 常见于僵尸网络隐藏其真正的母体；DNS 重绑定借助恶意的域名服务器对内网的物联网设备进行攻击；DNS 反射放大攻击可放大流量近 100 倍。

（2）域名行为统计。域名行为统计包括以下几个方面：

1）Top IP 地址统计。设备将解析域名的客户端 IP 地址进行统计排名，通过统计可发现异常的通信情况，如 DNS 隐蔽通道会在短时间产生大量域名请求。在调查分析中，也可查看所有访问特定的恶意域名的客户端 IP 列表。

2）Top 域名统计。设备将所有域名按照解析数量进行统计排名，可通过筛选找到特定域名所有客户端 IP 的访问总数。此外，通过此方式可以对用户上网行为进行分析。

3）请求数量统计。在时间维度上展示域名单位时间访问量，可通过对域名和 IP 的筛选实现对特定域名和客户端 IP 的行为分析。

4）请求类型统计。在时间轴上统计展示各种类型的域名请求数量，包括 A、AAAA、TXT、NS、MX、ANY 等类型。通过异常请求类型的数量情况，可以发现 DGA、DNS 隐蔽通道等恶意软件行为，如 DNS 隐蔽通道工具使用 TXT 类型作为通信方式，当传输数据时在短时间会出现大量 TXT 请求。

5）请求结果统计。在时间轴上统计展示各种类型的域名响应数量，包括 NXDomain、NoError、ServFail、Refused 等类型。

（3）策略管理。策略管理包括以下几个方面：

1）域名组管理。运维人员可对业务已知相关域名（也可包括其子域），如内网域名、恶意域名等进行分组管理，方便用户从域名组的维度进行策略的配置，批量实施定向处置动作。除此之外，通过应急域的配置，当上级域名服务器出现意外故障时，设备仍然可以对应急域内的相关请求进行缓存应答，从而保证业务不中断。

2）转发地址管理。运维人员可以结合企业内部实际业务需求，对上级域名转发地址进行配置和管理，从而提高使用灵活度。

3）资产管理。域名安全监测设备具备资产管理功能，提供通过 Web 界面录入及 Excel 导入的方式添加资产，包括资产类别、资产归属、归属机构的类型信息，所有的 IP 产生的域名日志将和用户导入的资产属性关联，从而可以快速的定位发生安全事件的 IP 的资产归属，提高安全事件的处置效率；同时，提供历史接入终端情况的展示，帮助用户了解当前接入情况，对新发现资产进行补充，对没有接入的终端进行通知整改。

4）用户策略管理。运维人员可基于资产组和自定义域名组进行策略的配置，可选择不同的策略类型，包括阻断、转发和应答；可以满足多种安全场景需求，如对特定来源的特定域名请求进行阻断和告警、对内网域名的定向转发从而减轻本地域名服务器的压力，以及对部分特定域名请求的智能解析，实现企业内部网络安全和上网行为的管理。同时，提供策略检查功能，用户可以通过该功能对预设的域名请求进行策略命中情况的检查，查看策略配置参数的准确性。

5）安全类域名阻断。恶意域名监测设备内置安全类域名拦截策略，可将 C&C 域名、DGA 域名、Sinkhole 域名的解析地址直接返回 NxDomain，实现恶意软件控制或数据通信信道的阻断，有效缓解恶意软件造成的危害。

（4）日志记录。日志是对所有可以捕捉到的行为的记录，包括正常行为日志和异常行为日志。在恶意域名监测设备中日志分为以下四类：

1）域名请求日志。对所有捕捉到的域名请求类型的行为进行记录，记录每一次 IP 对域名的请求信息；支持使用阻断策略、域名类型、请求类型、时间作为过滤条件对日志进行多维度过滤，以便聚焦匹配的结果。日志默认不展示噪声域名的结果，但支持展示所有域名，包括内容分发网络（content delivery network，CDN）域名和域名反向解析请求。

2）响应日志。对请求的响应结果进行归并存储，包含域名、域名分类、域名的首次出现时间、域名的末次出现时间、响应类型、响应内容、生存时间、请求次数。

3）审计日志。对用户操作和系统操作审计的记录。

4）系统运行日志。记录设备的 CPU、内存、磁盘、网络等基础信息，便于用户对系统运行状态进行跟踪维护。

5. 入侵检测

入侵检测系统（intrusion detection system，IDS）可对各业务域系统的流量进行实时检测，快速过滤掉海量的低质量报警事件，及时发现攻击威胁；通过资产关联算法，大幅度减少展示出来的告警事件数量，从而快速定位网络威胁、聚焦重点事件、降低管理难度；运用可视化技术手段，把复杂的网络威胁检测的问题变得更加直观有效；通过准确的日报、周报、月报，实现每一条结论都有据可查，从定量分析到定性分析，提供对网络威胁的整体感知。

（1）部署方式。如图 6-78 所示，根据网络架构与系统区域划分的不同，IDS 可旁路部署在各业务域的边界，通过镜像边界交换机流量的方式进行实时威胁检测与告警。当多个业务域具有相同网络架构时，可通过 IDS 控制器对部署在不同业务域边界的 IDS 设备进行策略下发、系统升级等统一管控。

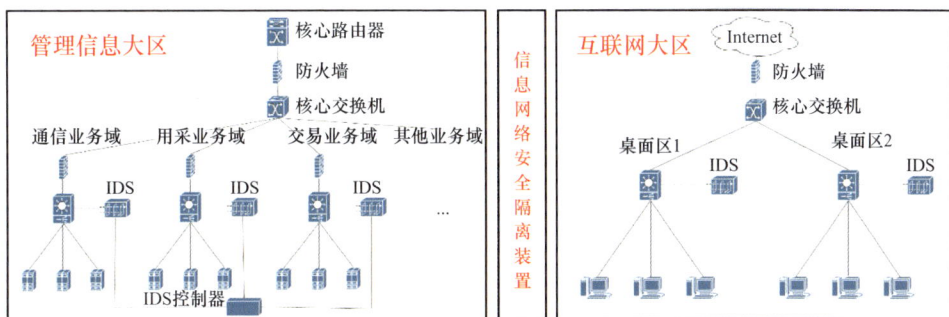

图 6-78　IDS 部署方式

（2）基本功能。IDS 的包括以下基本功能：

1）攻击检测。IDS 中的攻击检测如图 6-79 所示。首先，基于形式化建模和数据挖掘的攻击特征提取算法，对捕获的报文进行逐层分析，按照 TCP/IP 协议栈分层统计网络流量的组成，分析协议的通信环境、提供的服务，以树形结构显示分析的结果。其次，采用分类分析、聚类分析、关联分析、序列模式分析等数据挖掘方法，通过分析网络流量信息，根据关联规则对网络协议规则进行聚类分析。最后，形成全面的 4 ~ 7 层应用检测与防御能力，支持对缓冲溢出、蠕虫、木马、病毒 SQL 注入、恶意代码、网络钓鱼、暴力破解、弱口令扫描等攻击的检测；同时，利用内置的专业攻击特征库，提供近万条攻击特征，可完全兼容 CVE。

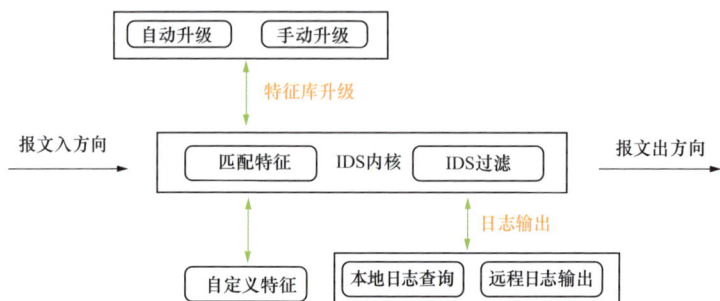

图 6-79 IDS 中的攻击检测

2）深度报文检测。支持 5000 多种应用协议特征库并在设备 / 系统维保期内提供持续更新，可对特征库进行自定义应用，支持从应用类型、时间等维度对访问行为进行管控；支持 IPv4/IPv6 双栈、多协议标记交换虚拟专用网络（multi-protocol label switching virtual private network，MPLS VPN）、边界网关协议（border gateway protocol，BGP）等复杂网络环境可以识别并检测 QinQ、基于以太网的点对点协议（point to point protocol over Ethernet，PPPoE）、多协议标记交换（multi-protocol label switching，MPLS）、通用路由封装（generic routing encapsulation，GRE）等特殊封装的网络报文。

3）未知威胁检测。利用内置的协议防护策略和系统集成的协议正规化规则，针对正规化的应用层协议，如超文本传送协议（hypertext transfer protocol，HTTP）、简单邮件传送协议（simple mail transfer protocol，SMTP）、邮局协议版本 3（post office protocol version 3，POP3）、文件传送协议（file transfer protocol，FTP）等，对不符合协议规则的网络数据进行识别。例如，当网络数据流使用 HTTP 协议，但 HTTP 的请求不符合请求评论（request for comments，RFC）标准文档的规范时，IDS 利用内部集成的协议正规化规则，对数据流进行告警。

4）威胁情报分析。IDS 结合威胁情报数据，提供本地化、全方位的威胁情报能力，对威胁来源进行实时采集、分析、分类、关联、研判，发现潜在威胁并告警；同时，为安全管理人员提供有价值的分析结果，提升响应处置速度。

5）URL 过滤。通过海量统一资源定位符（uniform resource locator，URL）

地址信息并每天定制更新，可以配置灵活的 URL 分类信息，并对未知 URL 地址进行自动更新。URL 分类过滤基于地址特征库，通过配置策略，可以根据特征库里的 URL 地址对访问页面进行过滤，保护内网使用者不受非法网站的侵害。根据网络现实情况，可以积极迅速地更新 URL 地址特征库，保证 URL 过滤的及时性。URL 高级过滤支持根据安全管理的需求以及网络环境来定义要过滤的 URL 链接，以满足日常安全管理的需求。可以定义具体的 IP 或主机名作为 URL 地址进行过滤，还可以使用正则表达式来定义 URL 地址，实现配置一条策略而对多个 URL 地址进行过滤。

6）病毒检测。集成专业病毒特征库，能够检测 HTTP、FTP、SMTP、POP3、IMAP 等协议，以及 RAR、ZIP 等格式的文件中的病毒。防病毒模块通过实时分析，自动检测携带病毒的报文与异常流量并进行告警。防病毒模块的主要功能包括防病毒规则管理、防病毒特征查询、防病毒日志，支持防御文件型、网络型和混合型等各类病毒，能够通过新一代虚拟脱壳和行为判断技术，准确查杀各种变种病毒和未知病毒。设定三种级别的流行性病毒检测，根据流行度，可以配置开启不同级别的病毒防护控制。定期更新防病毒特征库，以保证对新病毒的及时响应。

7）攻击日志和报表统计。IDS 支持独立的日志服务器，日志可自动定时备份。针对发生的各种攻击行为，IDS 内置多维度报表，提供丰富的日志和报表统计功能，可图形化地查询、审计、统计、检索各种网络攻击行为日志，日志信息包括攻击源、目的 IP 和端口、攻击发生时间、攻击详细描述以及相应 CVE 漏洞编号等。此外，IDS 支持多维度报表信息，能够按照攻击级别、频率、地址进行输出和查看，以便及时掌握网络中存在的风险。

8）告警信息上报。按照 S6000 的要求及时上报告警信息。

6.3.2　实施效果

辽宁某电力企业高度重视网络边界安全建设,通过边界安全管控能力建设,提升该企业边界的整体安全防护能力，实现企业边界安全隔离、身份认证、集中监管等功能，同时强化企业信息安全管理，实现技术与管理并重，全面提升边界安全管控能力。

该项目的实施实现以下两大方面的效益：

（1）经济效益。项目实施后，实现了终端设备的身份认证、接入管控、传输加密、物联网络与信息网络隔离、有效数据交互等功能。

（2）社会效益。该企业通过边界安全管控能力建设，建立了互联网边界移动终端设备接入安全专用通道，实现了数据加密传输、身份认证、访问控制及完整性校验，提升了企业边界的整体安全防护能力。

6.4　数据安全建设

为积极贯彻落实国家数据安全相关法律法规和国家电网有限公司制定出台的各项数据安全制度规范，更好地为打造数字经济、挖掘数据价值保驾护航，数据安全建设具体包括：①建设数据安全合规管控平台，实现数据安全功能的统一管控；②建设强大的敏感数据识别功能，敏感数据识别是安全人员掌握敏感数据分布、流转的前提；③建设敏感数据脱敏功能，避免海量客户敏感数据泄露；④建设水印溯源功能，以加强数据在流转及外发时泄露之后的责任追溯能力；⑤建设数据库审计功能，以加强内外部网络行为监管，实现重要业务的防泄密、防篡改、防越权、可审计、可监控；⑥建立核心业务系统间的接口数据白盒审计模式，实现敏感数据流向透明，明确风险接口范围；⑦建立业务行为全面审计模式，利用大数据"人脑式"审计分析模型和智能学习引擎机制，甄别业务违规行为，实现"会思考"的业务安全审计监测体系，具备甄别、感知及预测的能力；⑧建立对数据库脆弱性进行自动化安全检测的模式，充分评估、检测数据库系统的安全漏洞和威胁，对数据库的安全状况进行持续化监控。

6.4.1　建设内容

1. 数据安全合规管控

如图 6-80 所示，数据安全合规管控面向辽宁某电力企业数据共享融通、增值变现等多业务场景，以该企业内部电力数据以及政府、金融等相关行业数据为数据输入源，为数据分析人员、数据管理人员、数据审批人员、数据运维人员等多种用户角色提供数据安全管理服务。数据安全合规管控平台采取"微服务、轻部署"架构，基于标准化接口集成基础数据安全功能，面向不同业务场景提供数据安全服务功能的统一按需调用，实现数据过程可控和全景可视。

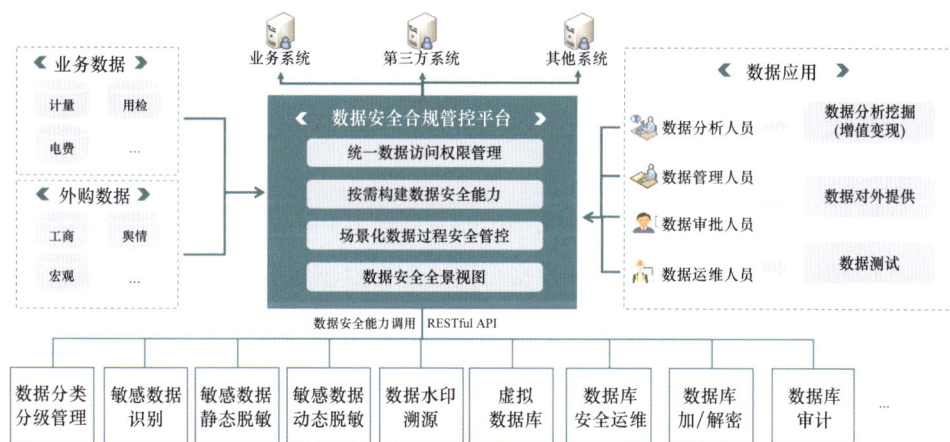

图 6-80　数据安全合规管控平台功能架构

数据安全合规管控平台具有如下主要功能：

（1）统一数据访问权限管理。如图 6-81 所示，基于辽宁某电力企业新基建和数字化转型的数据业务，深入分析电力数据管理特点，明确涉及的数据管理人员、安全合规人员、数据使用人员、电力客户等多种数据业务角色，基于组织、人员角色进行账号权限管理以及操作的差异化管控，实现面向多场景的数据访问和操作权限的细粒度管控，提升数据安全的统一管控能力。

图 6-81　统一数据访问权限管理

（2）敏捷高效的数据安全服务功能。充分吸取业界成熟产品的典型经验，数据安全合规管控平台采取"微服务、轻部署"的架构，按照数据安全功能模块化、标准化思维，打造安全功能统一管控服务模块，通过标准化的安全功能调用接口和日志采集接口，整合各项数据安全功能，灵活集成第三方数据安全服务，提供数据安全工具统一服务功能和统一策略管理功能，构建兼容并包的数据安全生态。

通过自主研发以及引入业界成熟产品等多种方式，数据安全合规管控平台可广泛调用数据分类分级、敏感数据识别、数据静态脱敏、数据动态脱敏、数据水印溯源、虚拟数据库、数据安全运维、数据加/解密、数据库审计等安全功能。其中，数据分类分级模块可根据新基建和数字化转型下的数据业务场景灵活配置数据项、数据类别和数据等级，并关联对内对外管控要求；同时，可与敏感数据识别、数据脱敏、水印溯源等安全功能形成协同联动，实现多场景、多主体数据的精细化、差异化安全防护。

（3）基于场景编排的数据过程安全管控。如图 6-82 和图 6-83 所示，深入分析辽宁某电力企业的典型数据业务场景、数据安全管理及技术防护现状，按照安全管理和技术融合思路，建立面向业务场景的数据合规管控机制，可基于场景、人员、流程等要素灵活配置管控机制，并在机制中按需敏捷调用数据脱敏、水印溯源等数据安全功能，构建基于业务、流程、功能的统一协作方式，为数据分析、使用、测试等各类人员提供数据安全专业管控手段。

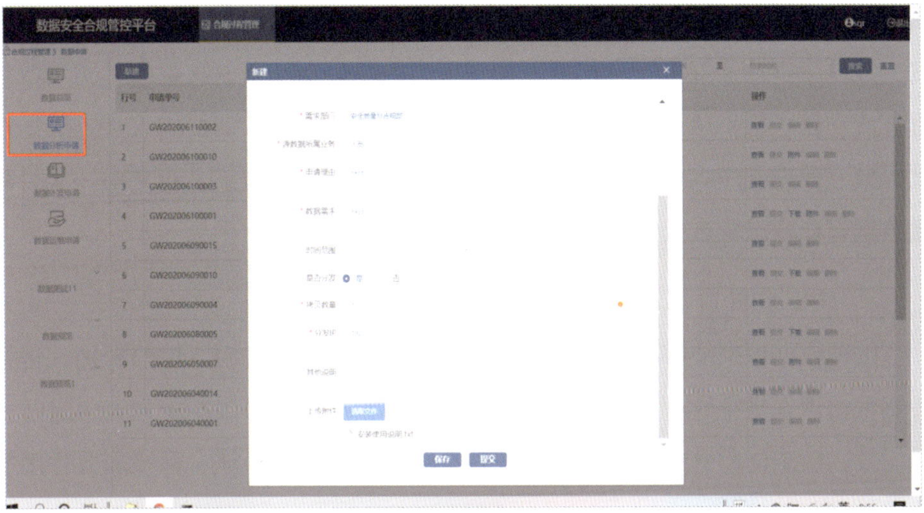

图 6-82　数据分析测试申请

图 6-83　数据分析测试审批

（4）数据安全全景视图。深耕辽宁某电力企业新基建和数字化转型的数据业务发展现状，结合该企业数据安全实际需求，以数据静态和动态安全合规监测为切入点，打造数据安全合规态势感知和监测预警功能。一是基于敏感数据深度识别和数据分类分级，构建电力敏感数据全局分布视图，可静态展示数据库分布、数据敏感字段、数据敏感类型、分类分级等信息；二是基于数据脱敏、数据库审计等安全服务功能，构建电力敏感数据动态流转视图，实现数据所有流动路径的安全合规监测和风险研判，可动态展示数据使用人员、数据审批人员、数据操作人员、流转数据路径等信息。最终助力该企业全面、实时掌握数据资产静态分布及流转安全合规情况。

2. 敏感数据识别

敏感数据识别能够支撑个人信息、营销客户信息、负面清单的识别，包括敏感数据识别规则管理、敏感数据识别、敏感数据详情、误匹配列表、定时识别任务、敏感词库管理、负面清单识别管理、负面清单管理、系统配置管理等功能。

（1）敏感数据识别规则管理。如图 6-84 所示，支持敏感数据识别规则的添加、修改、删除等基础管理，默认支持营销 6 大类 23 项客户信息的识别策略；可实现敏感数据类型和特征的保存，以及数据的抽样检测和匹配。

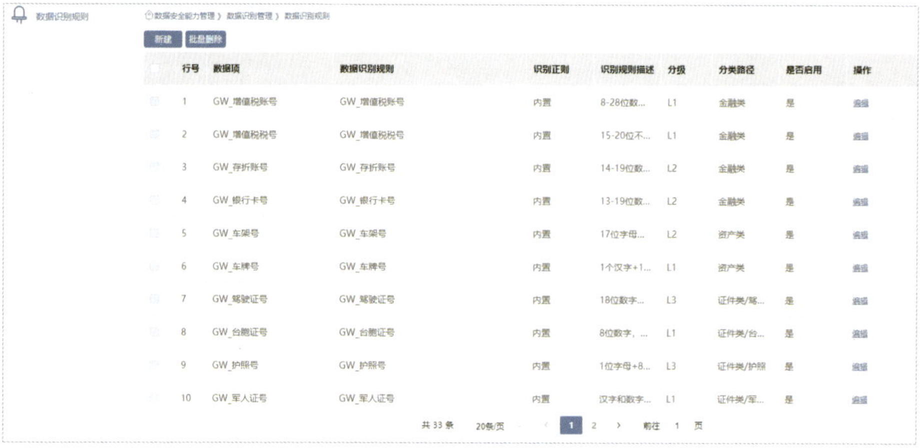

行号	数据项	数据识别规则	识别正则	识别规则描述	分级	分类路径	是否启用	操作
1	GW_增值税账号	GW_增值税账号	内置	8-28位数...	L1	金融类	是	编辑
2	GW_增值税税号	GW_增值税税号	内置	15-20位不...	L1	金融类	是	编辑
3	GW_存折账号	GW_存折账号	内置	14-19位数...	L2	金融类	是	编辑
4	GW_银行卡号	GW_银行卡号	内置	13-19位数...	L2	金融类	是	编辑
5	GW_车架号	GW_车架号	内置	17位字母...	L2	资产类	是	编辑
6	GW_车牌号	GW_车牌号	内置	1个汉字+1...	L1	资产类	是	编辑
7	GW_驾驶证号	GW_驾驶证号	内置	18位数字...	L3	证件类/驾...	是	编辑
8	GW_台胞证号	GW_台胞证号	内置	8位数字，...	L1	证件类/台...	是	编辑
9	GW_护照号	GW_护照号	内置	1位字母+8...	L3	证件类/护照	是	编辑
10	GW_军人证号	GW_军人证号	内置	汉字和数字...	L1	证件类/军...	是	编辑

图 6-84　敏感数据识别规则配置

（2）敏感数据识别。如图 6-85 所示，支持创建敏感数据识别任务，填写任务名称，选择数据库，选择发现数据范围以及敏感信息类型，启动目标数据库的识别工作。

图 6-85　敏感数据识别目标数据库配置

（3）敏感数据详情。能够查看敏感数据识别任务产生的识别结果详情信息，并能够按照数据源、任务名称等信息进行检索。

（4）误匹配列表。如图 6-86 所示，能够对敏感数据识别任务产生的识别结果进行人工验证，针对识别不准确的结果，可以进行人工校验，并能够按照数据源、任务名称等信息进行检索。

图 6-86　敏感数据识别误匹配列表

（5）定时识别任务。如图 6-87 所示，能够按需创建定时识别任务，支撑对增量数据、已更新数据的周期性自动化识别，包括任务创建、任务执行、任务结果信息查看等内容。

图 6-87　敏感数据识别定时任务

（6）敏感词库管理。如图 6-88 所示，支持敏感词库的添加、更新、删除等操作，能够下载模板，按照模板批量进行导入。敏感词库包含业务、类型、时间等基础信息。

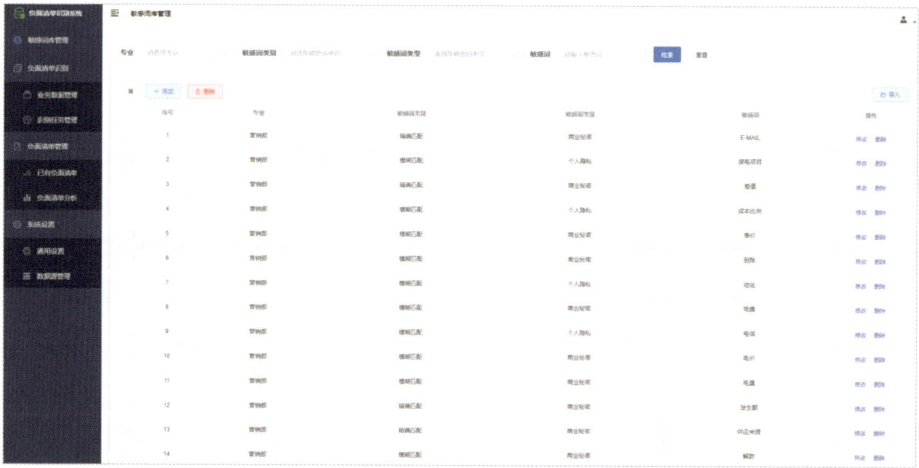

图 6-88　敏感数据识别敏感词库管理

（7）负面清单识别管理。如图 6-89 ~ 图 6-91 所示，负面清单识别管理包括负面清单业务数据管理和识别任务管理。负面清单业务数据管理支撑对业务数据的添加、更新、删除等操作，能够下载模板，按照模板批量进行导入；负面清单识别任务管理包含识别任务的创建和识别结果的查看，并能够根据设定的专业、业务系统、数据库英文名称、负面清单类型、识别匹配类型导出相应的负面清单识别结果。

（8）负面清单管理。如图 6-92 所示，负面清单管理包括已有负面清单数据管理和识别结果分析功能，支撑对负面清单数据的添加、更新、删除等操作，能够下载模板，按照模板批量进行导入；同时，能够从不同维度对识别结果进行汇总分析展示。

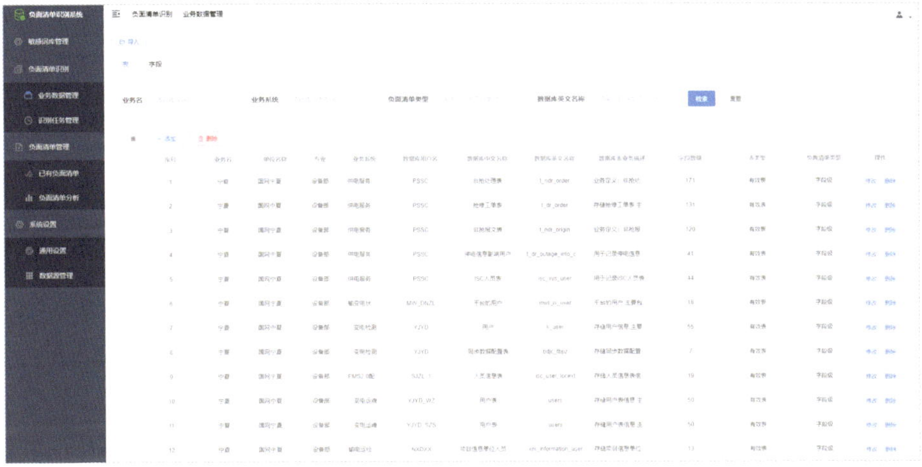

图 6-89　业务数据管理页面

图 6-90　识别任务创建页面

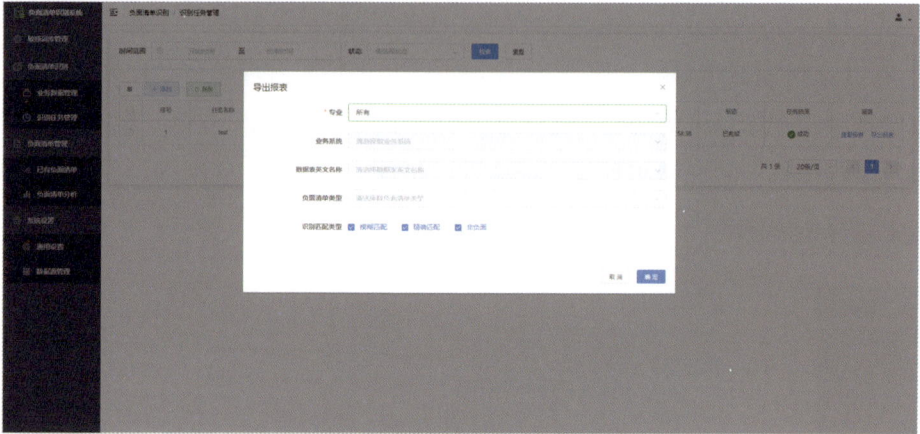

图 6-91　识别结果导出页面

图 6-92　识别结果分析页面

（9）系统配置管理。如图 6-93 和图 6-94 所示，系统配置管理支撑敏感词类型的配置和数据源的配置，包括数据源的添加、修改、删除以及指定数据源的连接测试。

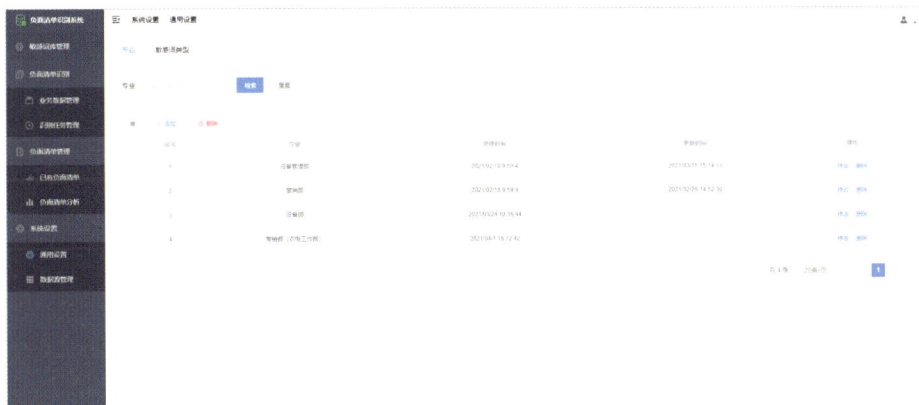

图 6-93　敏感词类型配置页面

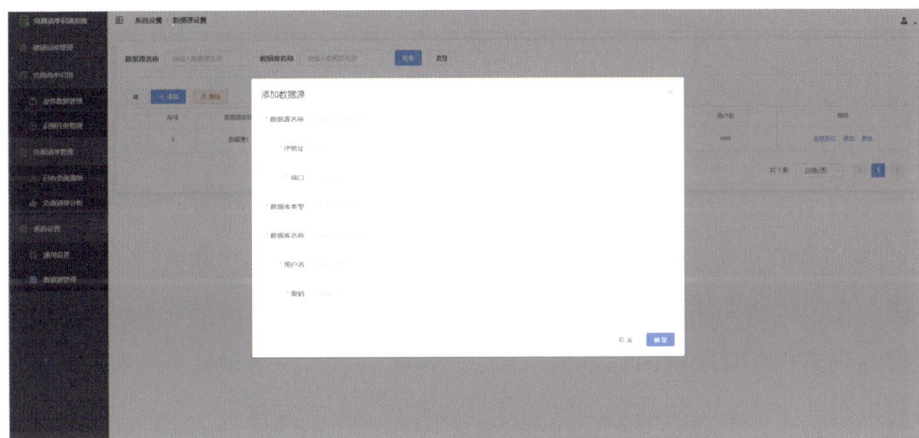

图 6-94　数据源配置页面

3. 数据脱敏

（1）敏感信息智能扫描。内置敏感信息匹配库，对数据库的敏感信息进行智能定义扫描，成功发现后自动匹配成敏感类型，并以匹配度和敏感信息类型进行灵活排序，保证每一条敏感记录都能被成功发现，从而避免漏扫。敏感信息扫描结果支持多样化图表展示，方便用户查看表内敏感数据类型情况，减少按照数据源筛选敏感类型的人为操作，智能化地选取敏感数据源。

（2）约束信息关联一致。以最大化保证敏感数据原有业务关系为目标，支持对数据库中表间和表内的约束信息进行脱敏，保证脱敏后数据值一致，确保脱敏前表间和表内的约束关系一致；同时，保留两个或多个数据库之间的业务关系，以确保脱敏的同时不影响原有生产业务。

（3）灵活设置脱敏策略。脱敏策略的制定支持单一独立配置和批量化配置两种方式：单一独立的脱敏策略配置能够快速精准地锁定敏感数据，执行脱敏任务；批量化的脱敏策略适用于敏感数据离散分布在数以百计张表的场景，借助智能扫描机制，能够快速制定多项脱敏策略。针对脱敏策略的统一制定，系统内置脱敏模板，方便多种敏感数据类型快速绑定脱敏策略；同时，系统支持预览脱敏前后数据的对比，以便及时修正脱敏策略。

（4）具备丰富脱敏算法。丰富的脱敏算法是脱敏功能的基础。平台不仅具备广义的通用型脱敏规则，如支持置空、替换、变形，而且增加了保留原有数据含义的特殊脱敏规则，支持中文字典库与编码字典库，从而保证身份证号、姓名、地址等脱敏后数据的有效性、可用性。

（5）脱敏任务实时监控。自动化的脱敏过程应能以时间或进度为单位，返回任务过程，给用户以良好的使用体验。以多样化的结果随时反馈任务进度情况，方便用户统计脱敏记录数量，预估任务执行时间。脱敏任务制定后，支持即时脱敏和定时脱敏两种方式。其中，即时脱敏可使脱敏任务立刻执行；定时脱敏则需要设置时间周期，如每月、每周、每天、具体某一天的某一个运行时间，时间到达就激活脱敏任务，开始执行脱敏任务。

（6）脱敏数据高效分发。该脱敏产品的一大独特优势是支持对虚拟数据库的脱敏，经过脱敏的数据可以被高效地分发到不同业务中，以避免多次重复脱敏。相较传统的脱敏方式，该脱敏产品显著提高了脱敏数据的利用率，且针对虚拟数据库的脱敏，无须在业务不繁忙时设置定时脱敏策略，因此对业务系统不会造成任何影响。

4. 水印溯源

（1）自动识别敏感数据。内置智能识别算法，自动精准识别数据表中的姓名、手机号码、身份证号码、地址、银行卡号、固定电话、存折账号、邮编、电子邮箱、护照号码、营业执照号码等字段属性，而不需要人工配置。

（2）内置多种水印规则。内置多种水印算法，可以根据实际外发场景和需要组合成水印规则。这些算法和规则全面解决了用户最关心的加水印后数据真伪性校验、能否保持加水印后数据的关联关系、能否保持数据加水印后数据格式的合法性等问题。

（3）水印信息高伪装。仅针对敏感信息列表中的少量信息进行数据水印信息嵌入，数据水印通常是不可见的或不可察的，它与原始数据紧密结合并隐藏其中，成为源数据不可分离的一部分，并可经历一些不破坏源数据使用价值或商用价值的操作而保存下来。数据水印不会对已有数据库表结构信息进行修改，不增加行 / 列信息，从而避免水印信息被窃取人员直观地剔除；可增加水印信息的伪装度和水印信息的冗余度，保证溯源操作的 100% 可执行。

（4）高精度水印溯源。将水印信息直接嵌入数据中，尽可能少地修改原始数据，以不影响原有数据的正常使用，也使水印信息不易察觉，并且在溯源阶段能够有效完整地提取出水印信息。通过这些嵌入的信息能够追溯数据血缘，达到记录数据所有者、追踪泄密用户的效果。水印信息采用了专门的算法，分布在原始数据中，保证了数据的抗擦除能力，从而使数据在流转过程中不丢失水印信息；在出现数据泄露的情况下，能够高效完整地提取出水印信息，快速找到泄露源，给数据分发使用过程提供安全保障。

（5）管理操作便捷简单。采用图形化交互界面，只需简单几步就可自动化完成数据的水印任务，无论是业务使用还是系统管理都非常便捷。业务流程主要包括数据申请、数据提取、数据中敏感信息的自动发现、敏感信息标记、数据脱敏、水印任务执行以及加水印后的数据溯源执行。

（6）任务并发管理。任务支持手动触发和自动触发，可以设置定时任务和定时重复任务。任务执行过程中，支持暂停、继续和停止。

（7）多源数据访问。支持关系型数据库（如 Oracle、DB2、Hive、MySQL、SQL Server、GBASE）、非关系型数据库（HBase、MongoDB、

Redis）、云数据库（DRDS、RDS），以及 TXT、CSV、XLS、XLSX 类型的文件源，也支持其他类型数据源的定制开发。

5.数据库审计

（1）虚拟修补数据库漏洞。数据库审计提供了漏洞攻击检测功能，在数据库外的网络层创建了一个安全层，让用户在不需要补丁的情况下，完成数据库漏洞防护。

（2）监控大规模数据泄露和篡改。数据库审计针对不同的数据库用户，提供了敏感表的操作权限、访问行数和影响行数的监控功能，以及更新操作的监控功能，从而避免了大规模数据的泄露和篡改。

（3）语句管理与敏感数据。数据库审计通过 SQL 语法分析构建动态模型，形成信任语句和敏感语句管理，对信任语句正常执行，对敏感语句进行及时告警。

（4）完成 SQL 注入检测。数据库审计通过对 SQL 语句进行注入特征描述，完成对 SQL 注入行为的检测。系统提供缺省 SQL 注入特征库，以及定制化的扩展接口。

（5）提供用户权限细粒度管理。数据库审计对于数据库用户提供比数据库管理系统（database management system，DBMS）更详细的虚拟权限监控。

监控策略包括用户＋操作＋对象＋时间。

在操作中增加了 UPDATE NOWHERE、DELETE NOWHERE 等高危操作，在规则中增加了返回行数和影响行数等因素。

（6）审计动作。审计行为是对数据库访问行为的记录，分为"普通审计"和"告警审计"。普通审计是将所有的数据库访问行为都记录到该系统的存储中；告警审计是将发现的高风险行为记录到告警存储中，提供特殊的查询和检索接口。

告警通知是将当前检测到的高风险数据库访问行为及时通知到最终用户，通知方式包括 Syslog、SNMP、邮件和短信。

（7）全面精细审计分析。数据库审计提供全面详细的审计记录、告警审计和会话事件记录，并在此基础上实现了内容丰富的审计浏览、访问分析和问题追踪，提供实时访问首页统计图。

数据库审计通过对捕获的 SQL 语句进行精细的 SQL 语法分析，并根据 SQL 行为特征和关键词特征进行自动分类，将系统访问 SQL 语句有效"归类"到几百个类别范围内，完成审计结果的高精确和高可用分析。

（8）提供实时运行监控。如图 6-95 所示，数据审计系统的首页提供系统级实时运行监控统计图。

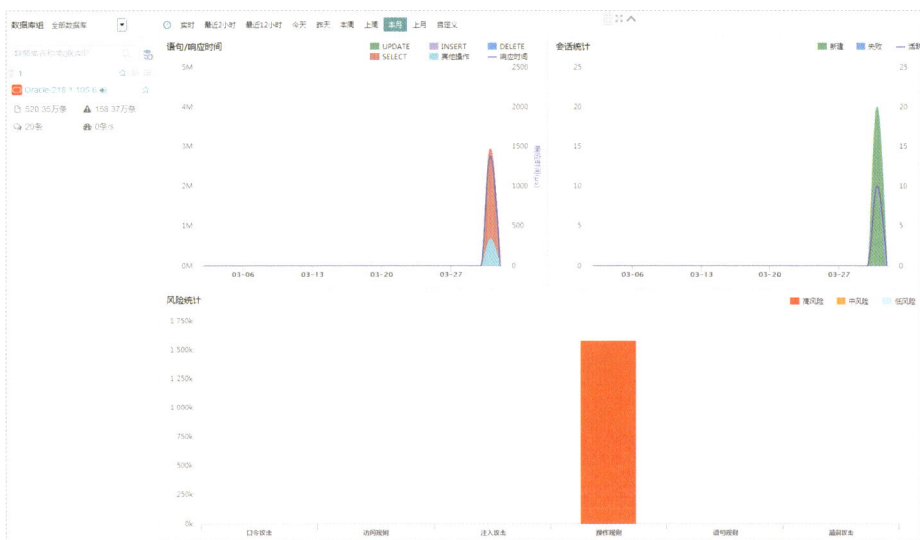

图 6-95　实时运行监控界面

（9）风险、语句、会话的统计查询。数据库审计提供多维度的审计检索功能，分别从风险、语句和会话三个层面完成统计与检索查询，并支持多层级钻取，帮助用户高效地锁定风险目标。

"风险"统计模块的主要功能是对被保护的数据库进行各种风险结果的查询及分析，如图 6-96 所示，主要包含敏感语句、SQL 注入、漏洞攻击、风险操作等。风险结果与策略管理中的规则是息息相关的，根据策略管理中配置的规则会产生相应的风险。

图 6-96　数据库审计查询界面

　　"语句"统计模块记录了该系统审计到的所有数据库语句记录，基于语句分析可以清晰地对数据库访问的各类 SQL 语句进行分类查询、分析。分析方式包括 SQL 统计、语句检索、模板检索、失败 SQL、Top SQL、新型语句等。

　　"会话"统计模块是对数据库的所有 Session 行为进行分类统计、分析和追踪，包括会话统计、会话检索、失败登录、活跃会话、应用会话五个子功能模块。会话分析是基于数据库通信会话做线索分析，从而可以快速进行风险定位，提高数据库风险分析效能。

　　（10）健康指标报送。业务和数据库审计系统可采用双机部署模式。两套系统与 SG-I6000 系统的"健康指标"传递采用"主备模式"传输，即主设备异常后，再启用备用设备传输"指标"。业务和数据库审计系统可以提供接口，SG-I6000 系统可以主动调用接口。业务和数据库审计系统被调用后传递"健康运行时长指标"给 SG-I6000 系统，从而通过 SG-I6000 系统可以实时监控业务和数据库审计系统的运行状态以及健康运行时长。

　　（11）丰富的报表展示。"报表"功能是利用审计报告、周期报送的报表功能将审计日志和风险分析中所要体现的数据库安全趋势做更加直观的表现，可以帮助安全管理人员更加便捷、深入地剖析数据库运行风险。

　　数据库审计提供系统级统计报表（全库表）和数据库单库统计报表。图形展现形式包括饼状图、柱形图、条形图、双轴折线图等。

　　（12）敏感接口梳理。如图 6-97 所示，产品采用自动化接口发现技术，能够将网络流量中大量的 URL 进行聚合归类，然后提取参数配置，还原接口的技术设计形式，并且按照接口资源类型展示各类接口。同时，通过敏感数据识别引擎识别接口返回内容中包含的敏感数据类型，并对接口进行打标。最终以列表或树形结构展示应用系统下的接口情况。

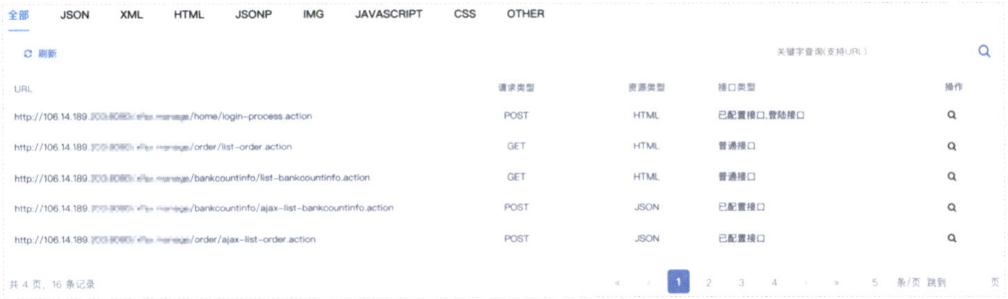

图 6-97　敏感接口列表

　　（13）敏感操作记录。基于自主研发的日志结构化引擎，自动将网络上流动的敏感数据进行记录。支持多种敏感数据识别模式，包括预定义模式、正则表达式模式、专家自定义模式、智能路径识别模式等。其中，智能路径识别模式可以大大提升敏感数据的提取效率。

　　通过应用层账号关联分析技术，从网络流量中还原真实系统的账号并记录，解析模式采用登录关联解析＋事件解析模式，大大保障了账号解析的成功。产品可记录下操作时间、操作对象、操作用户、操作 IP、操作内容，为信息泄露溯源、应用行为审计和数据流动分析打下坚实的基础。

　　（14）数据风险预警。数据库审计采用基于用户和实体行为分析（internationalized domain names，UEBA）的设计思路，对数据行为建立基线，包括用户基线、接口基线、系统基线，并利用前沿的异常检测技术，从多个维度来识别异常数据访问行为，并形成最终的风险评分，对高风险行为进行预警。

如图 6-98 所示，数据库审计内置大规模数据拉取、非工作时间访问、非常用 IP 访问等常用数据安全风险策略。同时，产品提供丰富的监控指标，企业可根据需要自定义风险策略。

图 6-98　数据风险预警

（15）泄露事件回溯。如图 6-99 所示，数据库审计内置线索溯源和主体溯源模式。其中，线索溯源以泄露的数据内容为线索，在系统中进行回溯，将所有访问过泄露内容的记录都提取出来，然后做集中度分析，进而一步步聚焦嫌疑人和泄露路径。

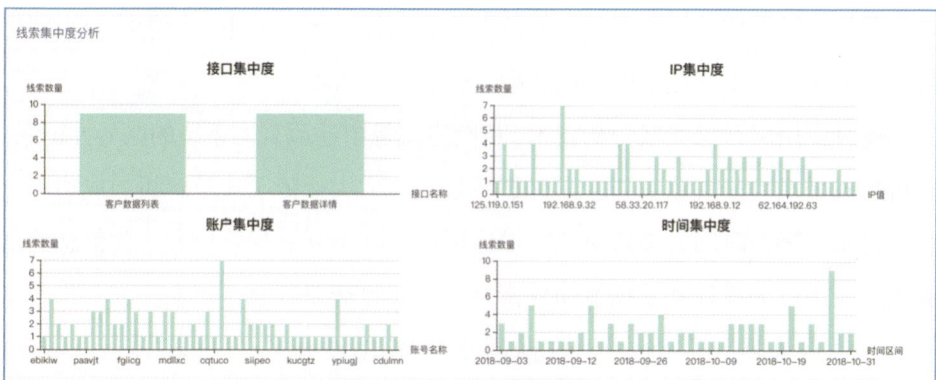

图 6-99　泄露事件回溯

如图 6-100 所示，主体溯源根据访问的特征线索（如 User-Agent、

Referer、账号、接口等），在流量中进行筛选，找出具有匹配特征的记录进行统计分析，查找蛛丝马迹。

图 6-100　主体溯源流量详情展示

（16）主体行为画像。如图 6-101 所示，数据库审计通过深度网络流量分析技术，可对账号、IP 进行画像；同时，提供交互式搜索与分析功能，从行为概览、访问趋势、关联风险、行为轨迹等维度对账号和 IP 进行刻画。此外，可对关键账号、特权账号、重点 IP 的操作进行细粒度审计。

图 6-101　主体行为画像

（17）行为特征检索。数据库审计自动记录一段时间内所有事件的完整请求内容，提供日期范围、时间段、请求参数值、URL、账号、源IP、域名、Referer、Cookie、User-Agent、请求体、请求类型、返回长度、返回类型等维度的组合检索。当发生诸如业务数据被篡改等违规行为时，可依据参数特征（如合同编号）进行全流量检索。

6. 数据接口审计

数据接口审计是针对Web应用系统的数据安全，采用网络流量分析技术，在对现有业务系统无侵入的情况下，帮助用户全面盘点线上业务系统接口，及时发现大规模数据流动风险，快速对数据泄露事件进行溯源分析，宏观掌控业务系统数据流动态势。数据接口审计特别适用于电力行业等包含大量用户敏感信息、业务系统繁杂的综合性业务系统群。数据接口审计包括敏感接口梳理、敏感操作记录、数据风险预警、主体行为画像四个方面，具体见"5.数据库审计"。

6.4.2　实施效果

1. 数据安全合规管控

数据安全合规管控适用于数据运维场景，具体实施情况如下：

（1）实施情况。数据安全合规管控平台部署完成后，进行如下工作：首先，对数据库资产进行统一管理，为数据运维人员配置从账号（虚拟账号），避免使用真实账号访问、运维数据；其次，对访问数据的权限进行控制，在配置从账号时可以基于属性按需分配访问权限；再次，利用运维脱敏功能中自带的动态脱敏插件，对运维人员查询返回的数据进行脱敏处理，防范敏感数据在运维过程中被窃取；最后，对运维过程进行安全审计，实现对运维人员在目标数据库的访问行为、攻击行为、越权操作行为等的记录，并通过数据安全合规管控平台的可视化功能进行展现，辅助安全管理人员决策。

（2）应用成效。数据安全合规管控平台可以实现运维的线上申请和审批，以及数据库的运维操作。在数据运维过程中，通过调用敏感数据识别、数据脱敏、数据库安全管控功能，并采用基于虚拟账号的授权管理和行为控制，实现数据动态脱敏和数据运维审批流程。同时，通过制定数据访问规则，包括用户角色、访问时间、终端 IP 和数据库访问工具等，加强数据细粒度管控、动态脱敏和日志审计，有效降低数据库运维安全风险

现场应用成果表明，数据安全合规管控可实现数据库、表、字段级的细粒度管控和审计，可防止运维过程中无意操作、恶意操作导致的数据被破坏、泄露。

（3）建设成效。通过建立规范化管控流程并采取一系列安全措施，实现数据全流程管控，进而提升数据安全整体防护水平，有效降低外部攻击、内部非法操作造成电力客户敏感数据泄露带来的经济损失，进而带来直接和间接的经济效益。该项目提供的线上全流程合规管控，可以提高数据安全防护工作效率约 52%，降低安全管控人力成本约 45%；该项目提供的数据安全功能统一调用，可以解决数据安全功能碎片化的问题，提高数据安全工具协同能力约 80%，降低迭代造成的成本约 60%。

2. 敏感数据识别

敏感数据识别在负面清单梳理场景中的具体实施情况如下：

（1）实施情况。如图 6-102 所示，依据负面清单信息表中的敏感信息字段描述内容，按逐条字段梳理并构建各个专业的负面清单敏感词库；同时，将国家法律法规、行业规定等明确定为敏感数据的字段纳入负面清单敏感词库中。

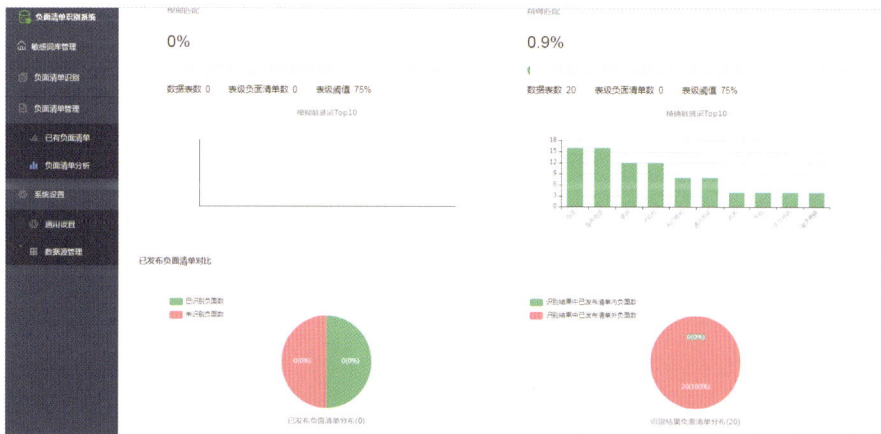

图 6-102　敏感数据识别负面清单

（2）应用成效。经现场部署，对辽宁某电力企业涉及的已发布的营销专业负面清单（超过 300 个数据表）、营销专业数据（有效表超 3000 个、字段超 60000 个）开展了识别。经验证表明，敏感数据识别工具通过建立标准化的敏感词库，能够快速、准确地识别负面清单信息，有效降低人工梳理工作量；而且有利于国家电网有限公司建立统一的负面清单识别标准，解决由于各单位负面清单标准不统一形成的数据共享壁垒问题。

3. 数据脱敏

数据脱敏在营销业务系统数据输出场景中的具体实施情况如下：

（1）实施情况。加快建设具有"信息化、自动化、互动化"特征的坚强智能电网。"网上国网"系统作为智能电网的典型业务，包含营业、市场、智电、客户、计量、农电等专业，其数据源头多、共享对象多且存在大量敏感信息，面向的用户分类多、数量多且分布分散，存在大量外网接入、"互联网＋"类应用且移动终端的种类多数量多，因此对营销数据进行脱敏至关重要。

（2）应用成效。基于电力敏感数据脱敏系统部署，可对"网上国网"系统和相关的统推业务系统、自建业务系统等共计 20 套系统，实现差异化脱敏，以满足国家电网有限公司营销部对客户敏感信息脱敏的要求。动态脱敏系统登录界面如图 6-103 所示，脱敏规则配置界面如图 6-104 所示。

图 6-103　动态脱敏系统登录界面

图 6-104　脱敏规则配置界面

4. 水印溯源

水印溯源在营销数据对外共享场景中的具体实施情况如下：

（1）实施情况。通过水印溯源的应用，能够大幅度减少线下操作申请流程，将业务人员、管理人员、安全人员、运维人员等各个角色进行有机协同，形成事前、事中、事后的闭环管理机制，解决数据外发管理不善以及线下与线上脱节引起的难以追溯、责任不清等问题，从而提升管理效益，降低数据泄露风险。

（2）应用成效。水印溯源在营销数据对外共享场景中的应用成效体现在以下两个方面：

1）在经济效益方面。营销数据水印溯源能够弥补当前的安全薄弱环节，通过一系列安全措施，实现数据分发控制、泄露数据溯源，进而完善和提升整体数据安全防护水平，有效降低攻击造成的敏感数据泄露带来的经济损失，可带来潜在的经济效益。

2）在社会效益方面。数据水印溯源能够为企业核心数据资产和用电客户个人信息安全提供保障支撑，为这些数据的外发定责、追责提供技术措施，督促数据接收单位对数据安全负责，以维护社会的稳定。

（3）数据库水印溯源。数据库水印基于营销网络安全管控平台开发建设，在现有数据对外共享流程基础上增加水印标记、脱敏和复核环节，同时将线下数据申请、审批、数据外发等环节进行线上规范化改造，从而形成更加高效和安全的管控流程。

如图 6-105 所示，水印溯源审批管理用于配置实际的审批流程，根据申请人所在的部门确定任务的具体审批流程，不同部门的申请任务会有不同的审批流程。

如图 6-106 所示，系统可根据选择的数据源及查询语句对指定数据进行敏感信息识别。

如图 6-107 ～图 6-110 所示，安全员角色可以对文件进行水印溯源。

图 6-105　水印溯源审批管理

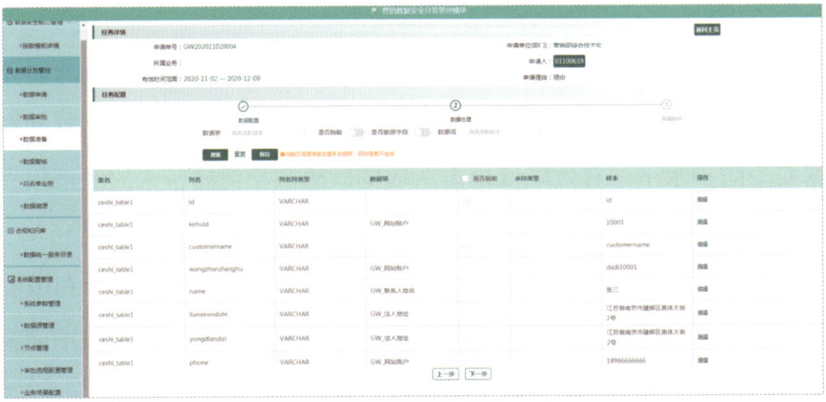

图 6-106　水印溯源敏感信息识别

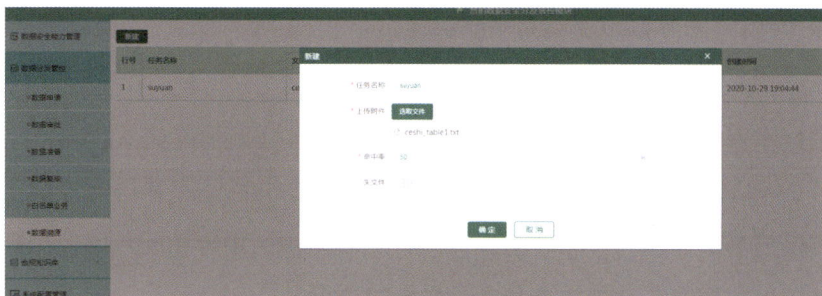

图 6-107　上传溯源文件

图 6-108　水印溯源任务界面

图 6-109　水印溯源结果

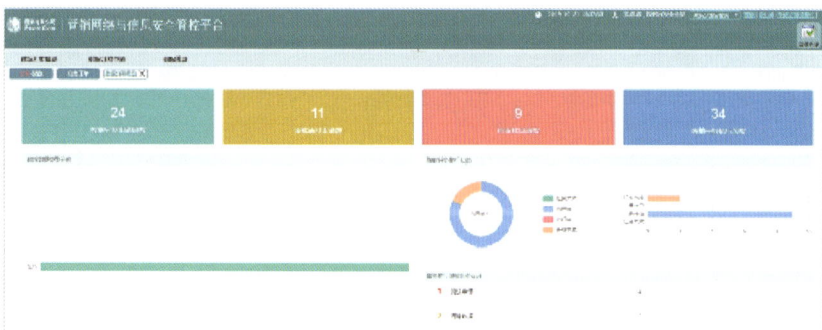

图 6-110　水印溯源统计界面

自水印溯源使用以来，数据源接入 15 个数据库，审批流程配置 58 个，白名单数据源配置 5 个，数据外发申请流程填写 289 条，审批通过率 94%，复核率达到 100%，溯源成功率达到 100%。

5. 数据库审计

数据库审计在营销业务系统运维场景中的具体实施情况如下：

（1）实施情况。数据库审计系统包括漏洞攻击特征库和访问控制引擎，可提供黑白名单和例外策略、潜在风险评估和防护、用户访问权限控制并且具有实时监控数据库活动的功能和灵活告警的功能。

该系统独立于数据库配置和部署，能够在不影响数据库的情况下，达到灵活管理的目的。

（2）应用成效。该系统可监视数据库访问，实施访问策略，对异常行为进行实时告警。此外，该系统提供强大的数据库活动审计功能，从多个角度灵活呈现数据库的活动情况，有助于对数据库现状进行分析。

6. 数据接口审计

数据接口审计在数据对外交互接口场景中的具体实施情况如下：

（1）实施情况。如图 6-111 所示，针对现有接口采用基于旁路流量的接口监测方式，对业务无影响，且无须对业务系统进行改造。通过对网络流量的识别及分析,实现对已知/未知接口数据交互行为、敏感数据流转的监测与告警。

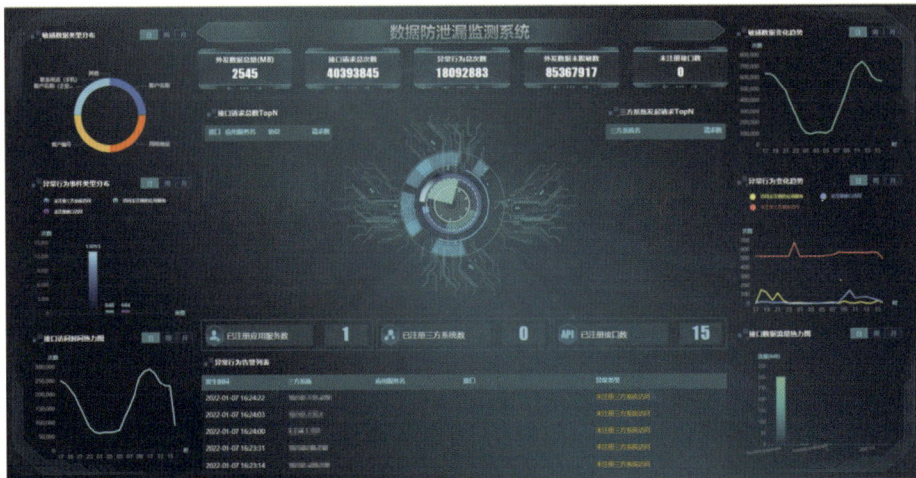

图 6-111　防泄露系统总体视图页面

如图 6-112 所示，通过对数据的深度分析，能够实时、直观地展示各业务场景、业务系统、接口对外交互的数据流转情况和敏感数据访问情况，为数据安全管理人员开展决策提供数据支撑。

图 6-112　防泄露系统接口配置页面

（2）应用成效。通过接口自动发现页面，可自动化梳理接口资产，帮助现场运维等人员清楚掌握所有接口的情况，降低数据泄露的风险。

第7章

能源互联网安全综合防护平台
安全运营中心建设

　　能源互联网安全综合防护平台安全运营中心的建设是保障能源互联网系统安全稳定运行的重要措施。建设安全运营中心旨在提供全面、高效、持续的安全防护，以确保能源互联网信息系统和数据的安全性、可用性和完整性，并达到及时发现和阻止安全威胁、提高安全事件应对效率、保障业务连续性、降低安全风险的目的。

　　安全运营中心的建设内容包括威胁情报库共享建设、联动处置建设、配置核查建设、溯源取证建设、资产管理建设、安全审计建设和数据跨域访问安全建设。

7.1　威胁情报库共享建设

7.1.1　建设内容

　　威胁情报库共享包括运营类情报和威胁类情报的共享，具体建设内容包括情报收集、处理和分析、情报通报、应急处置、闭环评估、风险主机展示、威胁告警、Web 威胁监控、邮件威胁监控等。

7.1.2　实施效果

　　通过对资产的梳理，完善企业资产台账信息，利用威胁情报库进行共享。

对运营类情报及威胁类情报进行收集，快速感知企业资产所面临的威胁及安全事件，对威胁进行通报，以便后续安全运营人员对资产面临的威胁及安全事件进行分析、上报、处置。

1. 情报收集

威胁情报类型见表 7-1。

表 7-1　威胁情报类型

情报类型	数据量级
样本信息库	新库 320 万 +，每月新增 1000
IP 信息库	新库 823 万 +，每月新增 10000
Whois 库	新库 175 万 +，每月新增 10000
域名库	新库 1300 万 +，每月新增 10000
漏洞信息库	新库 5 万 +，每月新增 20
APT 特征库	新库 30 万 +，每月新增 500

2. 处理和分析

威胁情报的处理和分析体现在：①每天处理 100 万条情报；②涵盖 50 种情报类型；③覆盖超过 5000 个家族；④拥有超过 192 个 APT 组织数据更新源。

3. 情报通报

威胁导览如图 7-1 所示，包含风险主机、告警、AI 引擎告警、事件等模块。其中，风险主机指是在该系统监测范围内，综合评估失陷确信度、威胁等级及资产价值，得出前 5 个高风险资产；告警是指使用传统方法对检测范围内的威胁进行提醒；AI 引擎告警基于多种数据来源，包括传感器数据、日志文件、网络流量等，检测系统中某些异常或风险情况，并向用户或系统管理员发出警告；事件是指日志信息中包含的行为。同时，威胁导览通过热点事件，呈现近期网络安全行业中发生的热点流行事件，有助于用户快速感知自己的网络是否感染热点安全事件，若感染了则为深色，未感染则为浅色。

图 7-1　威胁导览

4. 应急处置

护网工作台如图 7-2 所示，根据护网的不同需求提供多种使用场景，通过快速查询标签可实现一键切换，默认提供 15 种常见的查询标签；根据护网特性为使用者提供多种便捷操作，如自定义标签、事件收藏、事件导出、事件处置、事件白名单等。

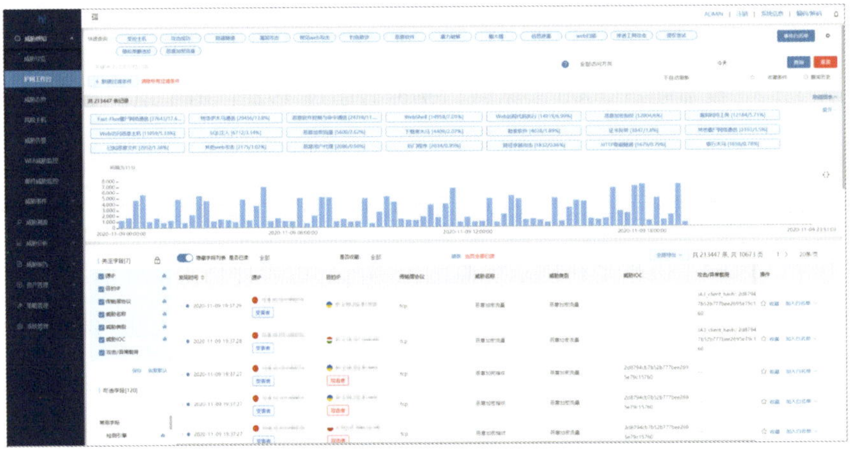

图 7-2　护网工作台

5. 闭环评估

通过威胁态势来总览整体安全态势，形成闭环评估，如图 7-3 所示，展示最重要的告警层风险内容，包括告警分析和风险主机分析，支持 2D/3D 风险威胁地图切换。

图 7-3　威胁态势

6. 风险主机展示

风险主机展示如图 7-4 所示，主要展示网络中有安全风险的资产主机、风险主机分布、风险主机列表，包括对风险主机失陷确信度、威胁等级处理状态以及对风险主机详情的展示。

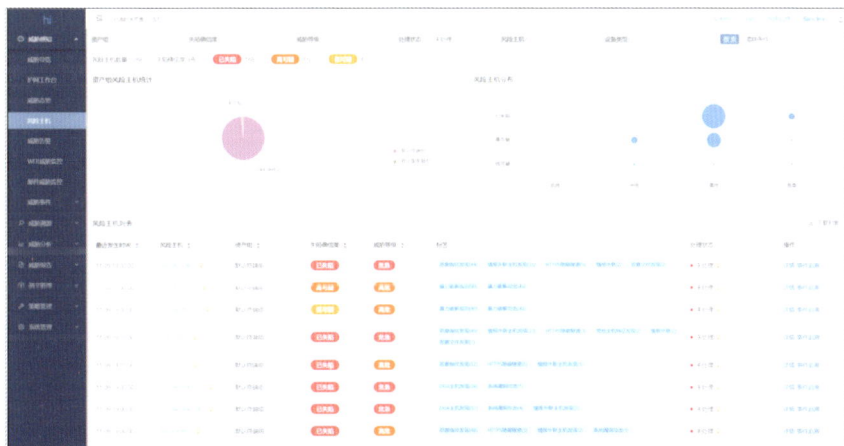

图 7-4　风险主机展示

7. 威胁告警

威胁告警如图 7-5 所示，主要展示告警类别的统计，包括对漏洞攻击、僵尸网络、隐蔽信道、恶意样本投递、勒索软件、挖矿木马；告警趋势，主要针对各个不同时间段的告警趋势进行展示；告警列表，主要展示最近一段时间内的源 IP 地址告警名称、威胁等级、威胁事件、攻击链阶段以及攻击结果。

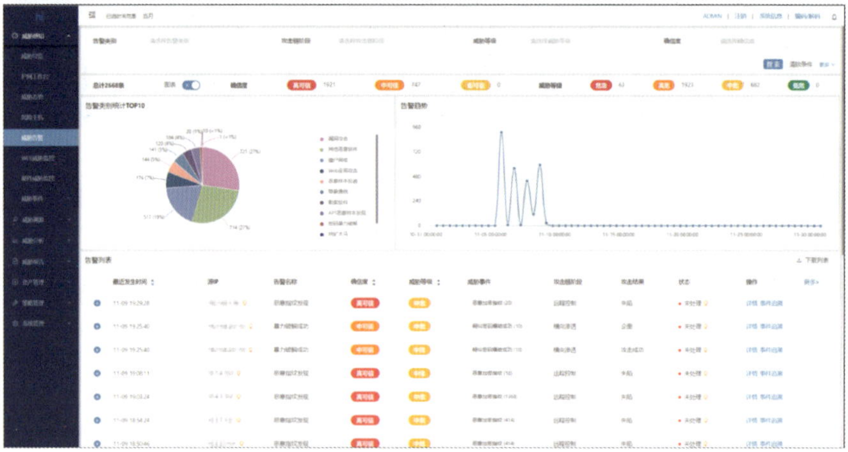

图 7-5　威胁告警

8.Web 威胁监控

Web 攻击监控如图 7-6 所示，主要展示对源 IP、目的 IP、域名、X-Fowarded 的查询，以及不同时间段 Web 威胁监控的事件。

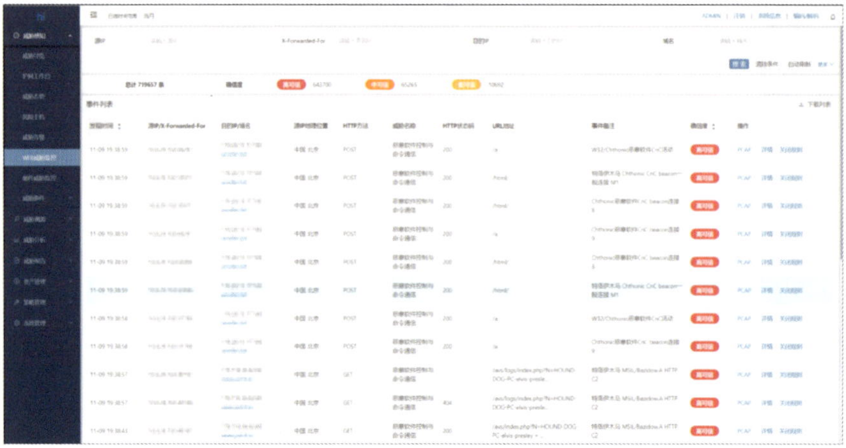

图 7-6　Web 威胁监控

9. 邮件威胁监控

邮件威胁监控如图 7-7 所示，主要展示受到攻击的邮件列表、邮件附件列表、邮件定向攻击、域名组织，可通过最近的检测时间查看发件人、收件人、邮件主题，最终给出检测结果。

图 7-7　邮件威胁监控

7.2　联动处置建设

7.2.1　建设内容

联动处置建设包括域名监控系统、Web 攻击溯源系统、未知威胁检测系统、终端管理系统的告警集中收集、联动响应与处置以及协同防御。具体建设内容包括数据采集与预处理、数据分析、处置编排、自动化处置。

7.2.2　实施效果

（1）安全金字塔。安全金字塔如图 7-8 所示，主要是对告警信息、威胁事件、日志信息、接入流量情况进行实时展示。

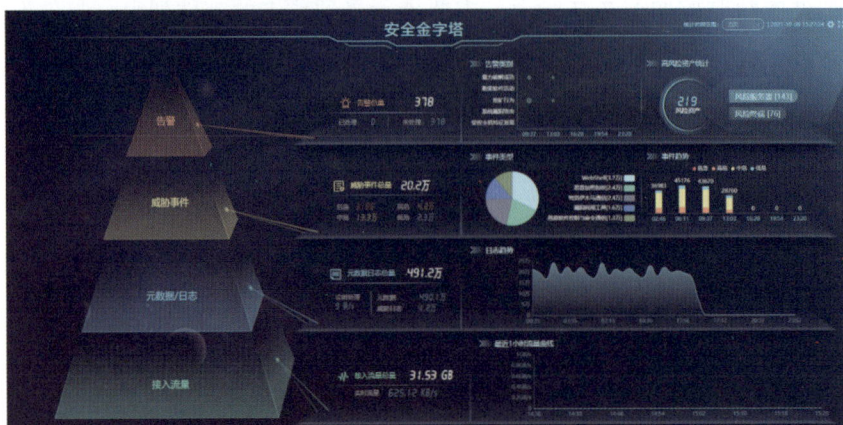

图 7-8　安全金字塔

（2）资产态势。资产态势如图 7-9 所示，主要展示企业内的硬件和软件系统，如打印机、服务器、计算机、工业控制设备、PLC、DCS、上位机、HMI 等，以及其厂商、品牌、型号、IP 等信息。

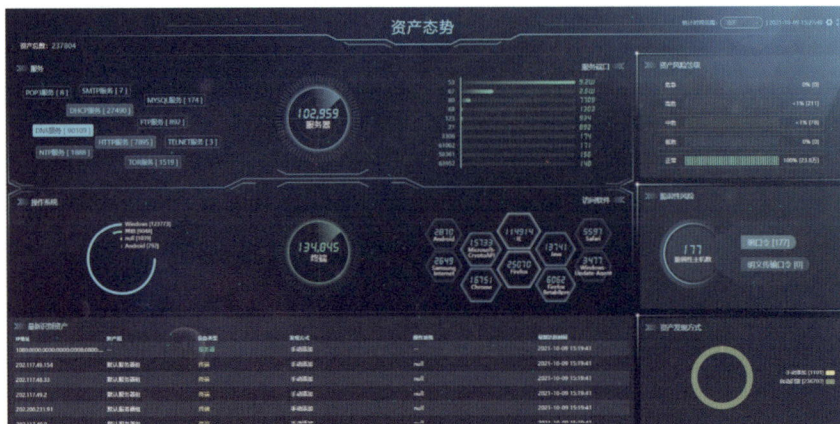

图 7-9　资产态势

（3）威胁事件态势。威胁事件态势如图 7-10 所示，主要展示各类安全事件和安全隐患信息数据，包括漏洞、主机受控、信息泄露、信息篡改等。

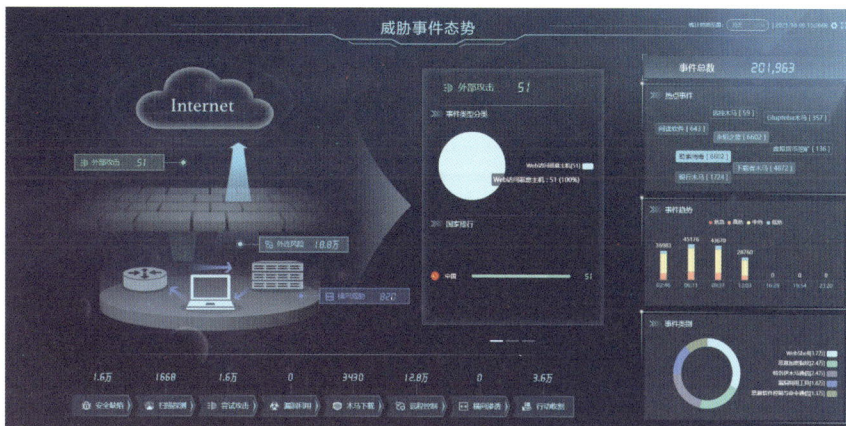

图 7-10　威胁事件态势

（4）攻击者态势。攻击者态势主要展示攻击者地理位置、恶意主机、源 IP 等攻击者的相关信息。

（5）横向威胁态势展示。横向威胁态势如图 7-11 所示，主要展示发起威胁的资产信息以及遭受威胁的资产信息。

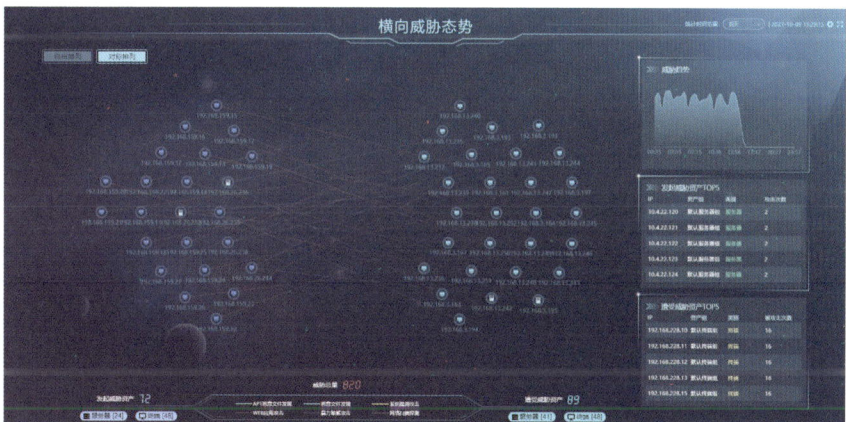

图 7-11　横向威胁态势

（6）外联风险态势。外联风险态势主要展示资产外联行为，展示内容包括时间、源 IP、目的 IP、目的城市、严重程度、外联类型、应用层协议等。

（7）综合安全态势。综合安全态势展示内容包括风险终端、风险服务器、风险资产排行、告警数量、告警识别、地理位置等信息。

7.3　配置核查建设

7.3.1　建设内容

配置核查建设包括主流厂商安全设备的入侵检测系统（intrusion detection system，IDS）、入侵防御系统（intrusion prevention system，IPS）、Web 应用防护系统（Web application firewall，WAF），以及防火墙安全策略的自动化核查、合规分析、安全加固及成效分析管理。具体建设内容包括安全策略配置检查自动化、安全策略配置合规性分析、策略配置模板知识库管理、安全策略配置风险分析。

7.3.2　实施效果

（1）协议解析。图 7-12 展示了存储策略，包括元数据存储，其支持 HTTP 协议、DNS 协议、FTP 协议、SMB 协议、SSL 协议、邮件协议、数据库协议、工业协议、VPN 协议、输出层协议及其他协议的解析；图 7-13 展示了文件还原，其支持 HTTP、FTP、SMB、SMTP、POP3、IMAP 等协议的解析；图 7-14 展示了协议配置，其支持 HTTPS 等协议的解析。

（2）数据过滤。图 7-15 展示了数据过滤功能，包括信誉黑名单、威胁检测白名单、文件白名单、流量过滤名单、流量过滤自学习，可通过添加、删除等操作管理各类名单的过滤功能。

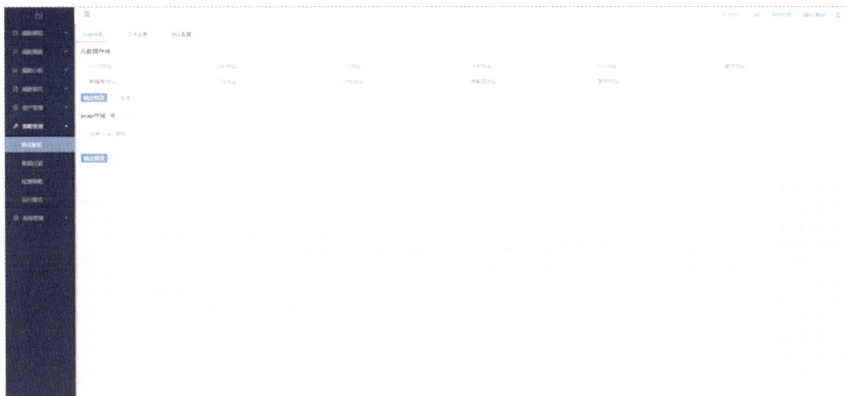

图 7-12　存储策略 - 协议解析

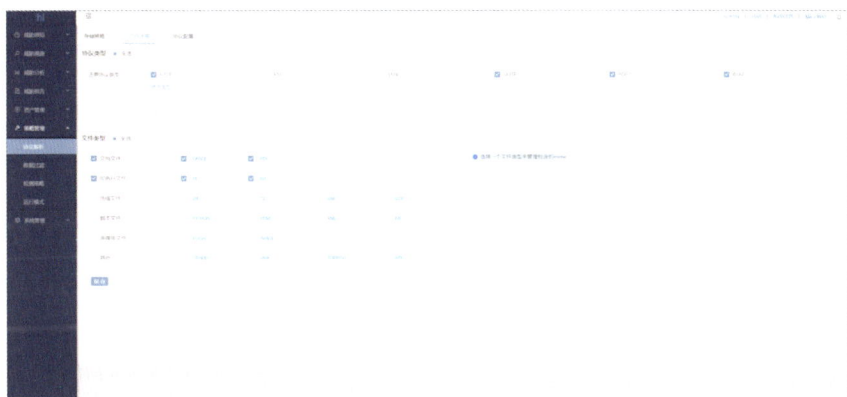

图 7-13　文件还原 - 协议解析

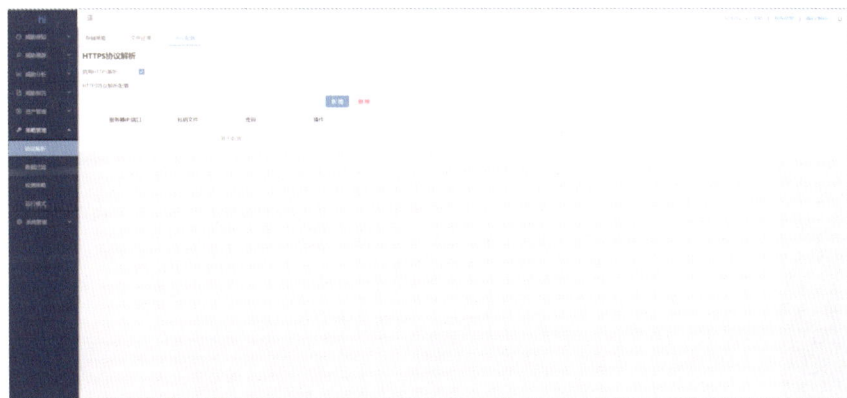

图 7-14　协议配置 - 协议解析

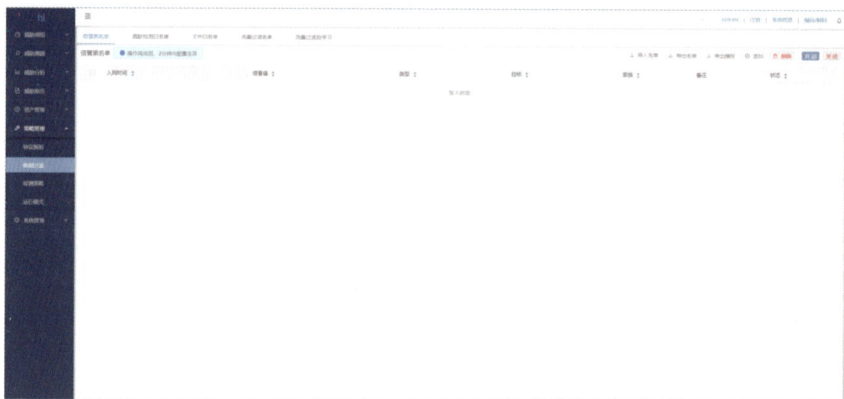

图 7-15　数据过滤

（3）范式处理。范式处理是通过 SSH、Telnet、SNMP 远程访问管理协议，并对获取到的基本信息进行处理后，统一显示在管理系统中。页面中支持设备信息、五元组等联合检索查询，也支持对设备、策略添加注释以方便追溯，从而提升设备的可读性与易用性。

（4）检测策略。图 7-16 展示了检测策略，分为：①检测规则，包括 APT、威胁情报告警、僵尸网络、恶意文件、Shellcode、Web 应用攻击、CVE 漏洞攻击、网络扫描、密码暴力破解等；②AI 检测模型，包括 DGA 域名检测、ETA 恶意加密流量检测、洋葱网络等；③自定义规则；④威胁响应策略，包括 TCP 阻断、防火墙联动等。

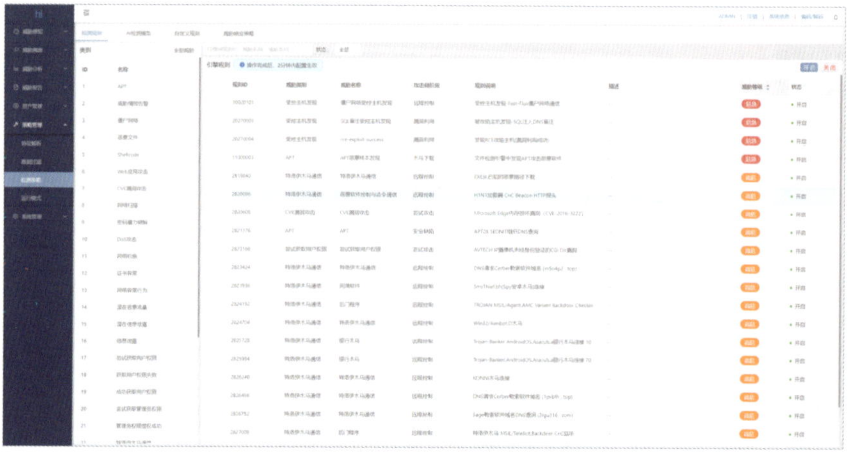

图 7-16　检测策略

（5）高风险策略筛查。高风险策略筛查是基于安全运维最佳实践定义的丰富的策略风险知识库，定期对防火墙安全策略进行风险分析和安全评级，并综合历史安全评级分数绘制安全评级趋势图；同时，对风险策略按照高、次高、中、低四个风险等级进行统计与展示。配置一条过于宽松的策略，便为黑客多留了一条可攻击的通道。将安全策略按日志情况收紧为最符合业务场景的标准策略，可大大提升网络安全系数。当安全策略状态为未启用或时间已过期时，该策略在防火墙上是不起作用的，应将其删除以提升防火墙产品的性能。

图 7-17 为分析态势图，可一键分析出所有存在隐患和错误的策略，从而有依据地进行整改。要谨记，持续合规才是确保真正的安全。

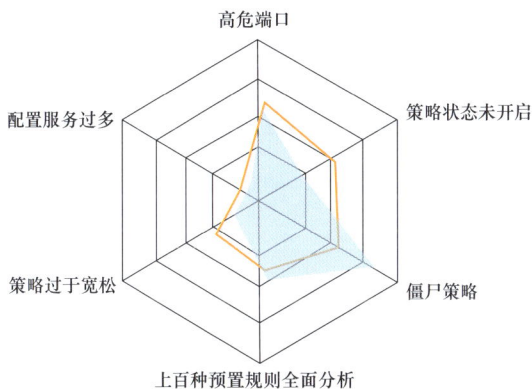

图 7-17　分析态势图

（6）策略优化分析。图 7-18 展示了策略优化分析，它是基于安全策略的源、目的、服务、时间、动作五项参数，对策略进行多对多综合对比与分析，确保一条策略为多种问题提供整合解决方案，一次修正不产生新问题。

（7）访问关系查询。图 7-19 展示了访问关系查询梳理，首先查询整体网络中防火墙、路由器、交换机的路由关系并对其进行建模；其次结合多种影响访问关系的因素，包括策略路由、ACL 策略、安全策略、网络地址转换策略等，综合判断两点之间的访问路径、相关策略；再次将寻路信息、设备信息、相关策略信息、转换情况、高可用性情况等信息综合进行可视化展示；最后根据任意五元组，在全网防火墙中定位所有相关策略，以快速确定高危 IP 或端口的影响面。

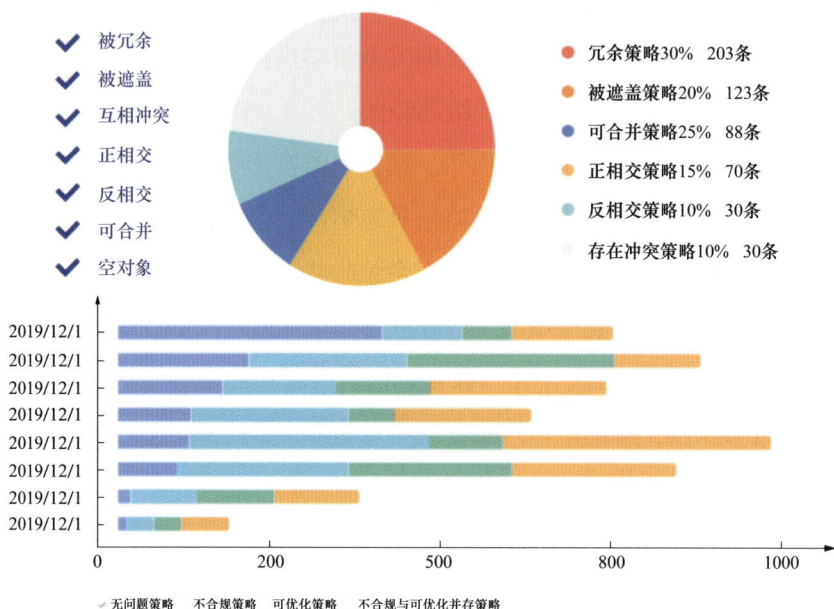

图 7-18　策略优化分析

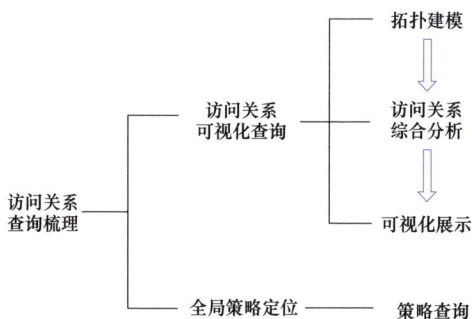

图 7-19　访问关系查询梳理

（8）分析报告生成。系统针对每次任务分析都生成了 PDF 和 Excel 两种形式的分析报告。PDF 报告主要以图表形式对分析结果进行多维度统计与展示，Excel 报告则是对分析的每一条策略、每一项问题都罗列清楚。可单独查看单一防火墙的分析报告，报告中包含设备整体情况及近期走势，安全运维人员可通过报告内容对历史工作进行复盘并进行工作计划制定。

（9）运行模式。图 7-20 展示了威胁展示模式，图 7-21 展示了沙箱运行模式。

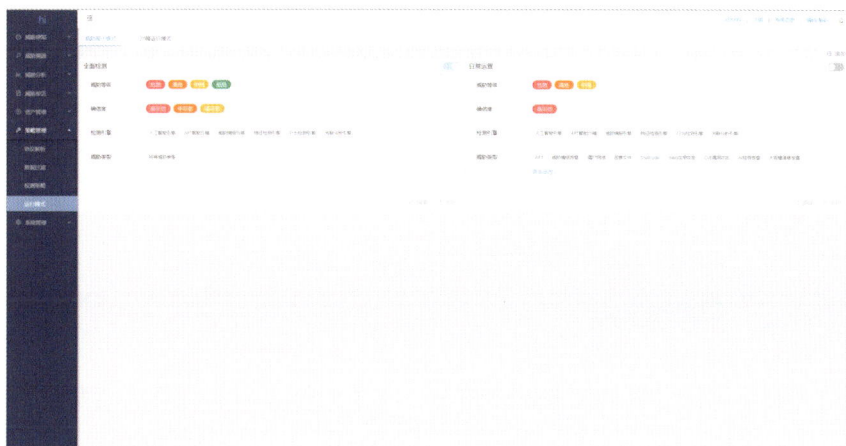

图 7-20　威胁展示模式

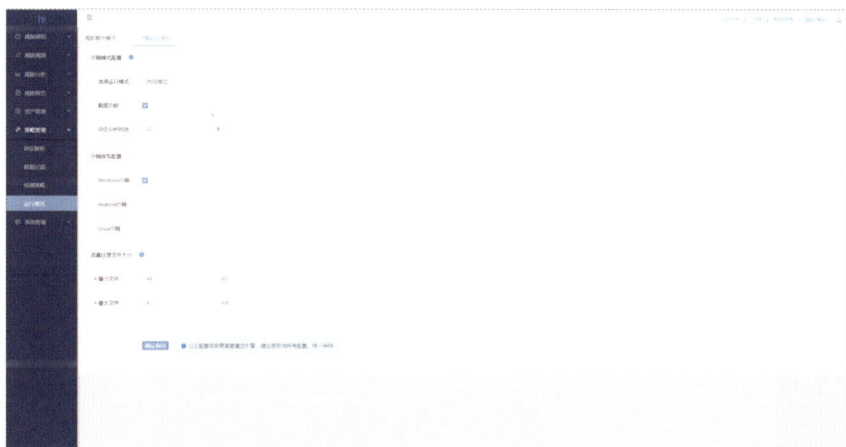

图 7-21　沙箱运行模式

7.4　溯源取证建设

7.4.1　建设内容

溯源取证建设包括对实时流量镜像数据的分析、处理、标签、关联及存储，实现高内聚、低耦合的模块化与高效处理，从安全解决方案的视角展示风险结果，给予用户清晰明了的高效网络安全问题解决方案。具体建设内容包括运维视角－被动流量资产梳理、攻击视角－攻击识别、威胁情报联动。

7.4.2　实施效果

结合安全审计提供的溯源审计信息，实现对企业内部与外部的安全溯源取证，最终形成集资产管理、情报共享、配置核查、联动处置、数据库跨域访问、安全审计、溯源取证的安全闭环。

1.事件追溯

事件追溯如图 7–22 所示，展示了 Web 攻击、邮件攻击、恶意文件、域名相关事件及各种威胁事件的数量统计和详情列表。

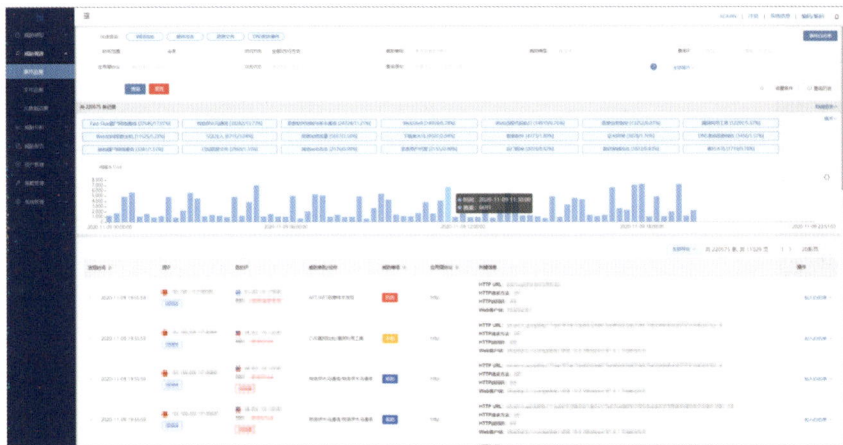

图 7–22　事件溯源

2. 文件追溯

文件追溯如图 7–23 ～图 7–25 所示，展示了文件检测报告统计、报告趋势、安全文件数、低危文件数、中危文件数、高危文件局、文件下载源 IP、文件相关 URL、文件病毒引擎命中比例、文件下载目的 IP、文件相关邮箱、高危文件病毒家族及文件报告列表。

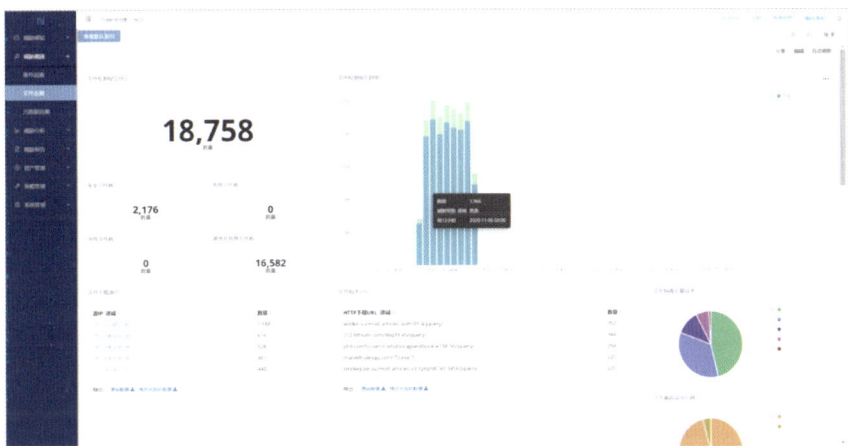

图 7–23　文件追溯 1

图 7–24　文件追溯 2

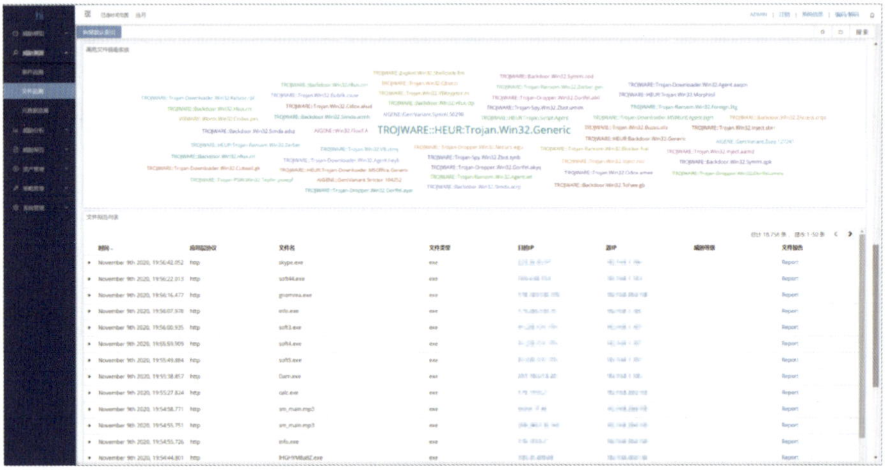

图 7-25　文件追溯 3

3. 元数据追溯

元数据追溯如图 7-26 所示，展示了威胁主机的数量情况。可按照威胁主机的威胁事件、威胁日志、文件检测数据、协议元数据进行检索，也可按照关注和可选字段进行相关检索。

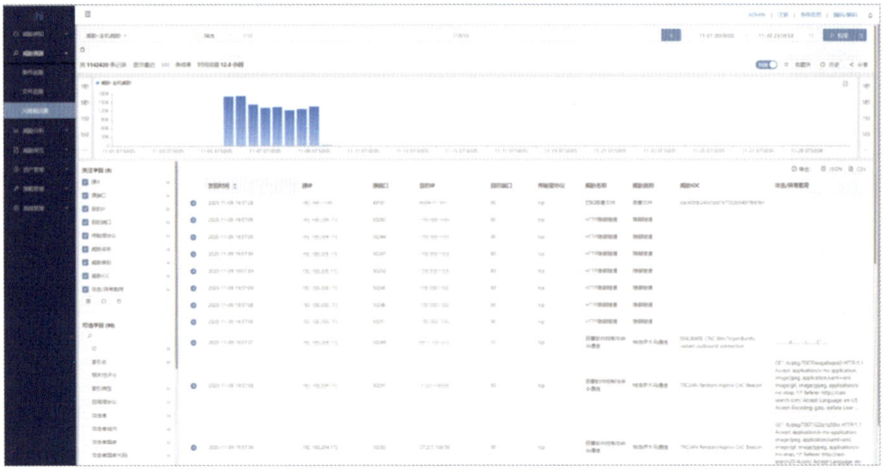

图 7-26　元数据追溯

4. 溯源取证文件分析报告

（1）情报追溯 – 文件分析报告 / 多 AV，如图 7–27 所示。

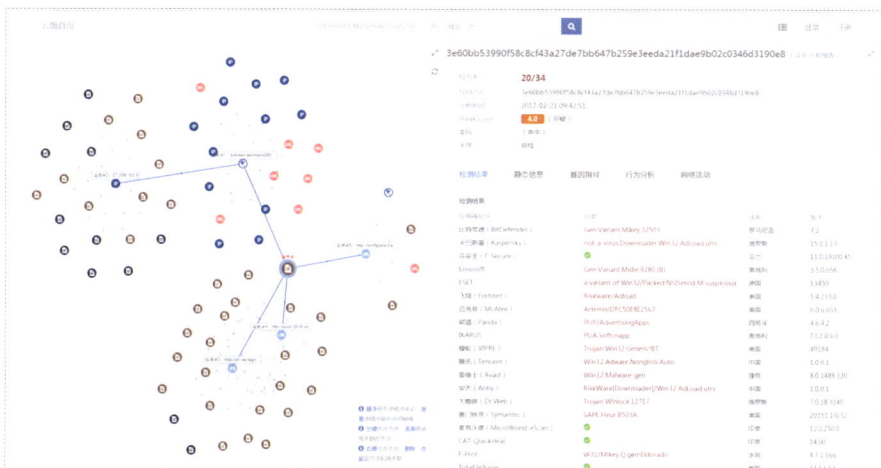

图 7-27　情报追溯 1

（2）情报追溯 – 文件分析报告 / 静态信息，如图 7–28 所示。

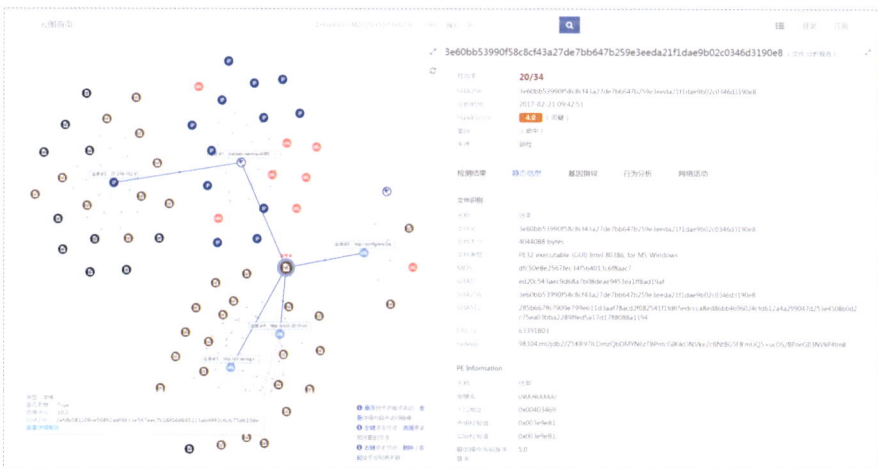

图 7-28　情报追溯 2

（3）情报追溯 – 文件分析报告 / 基因指纹，如图 7–29 所示。

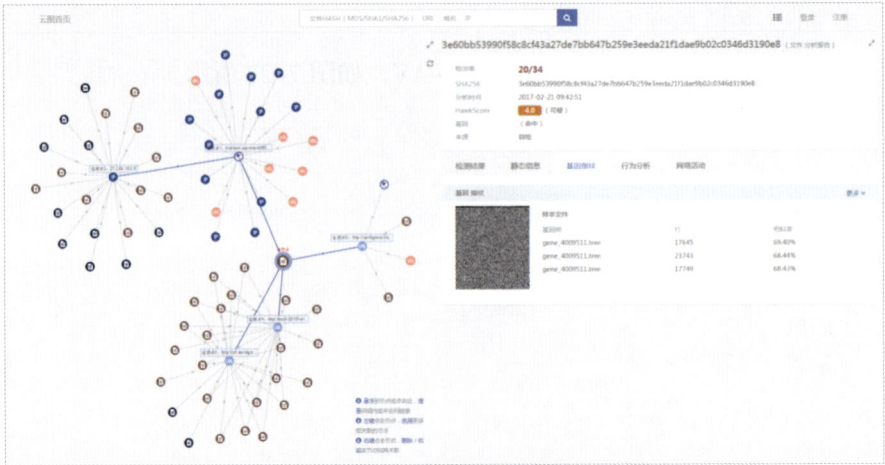

图 7-29　情报追溯 3

（4）情报追溯 - 文件分析报告 / 沙箱行为模式分析，如图 7-30 所示。

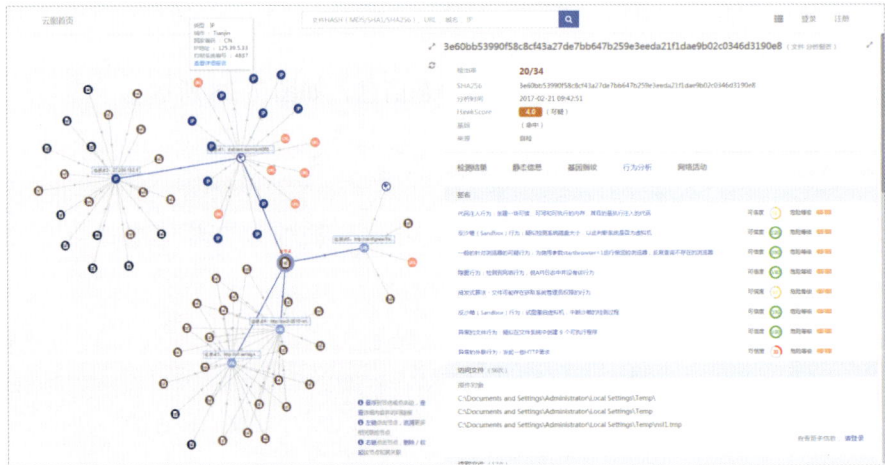

图 7-30　情报追溯 4

（5）情报追溯 - 文件分析报告 / 沙箱行为模式分析，如图 7-31 所示。

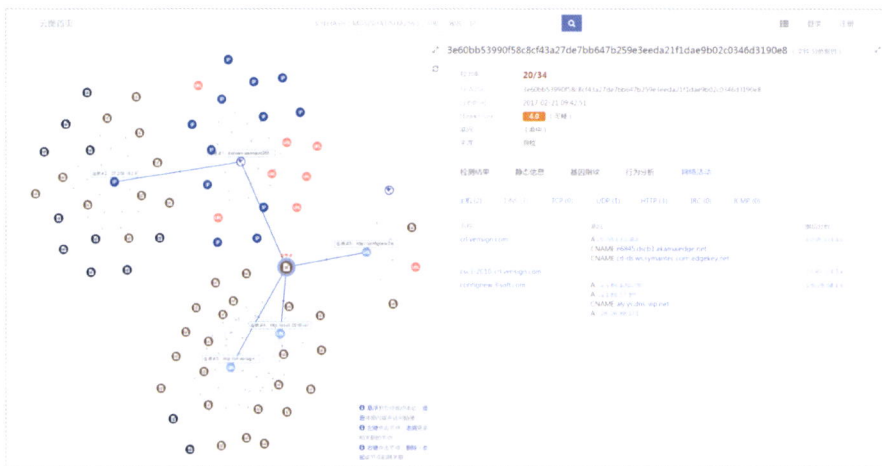

图 7-31　情报追溯 5

（6）情报追溯 – 文件分析报告 / 网络行为模式分析，如图 7-32 所示。

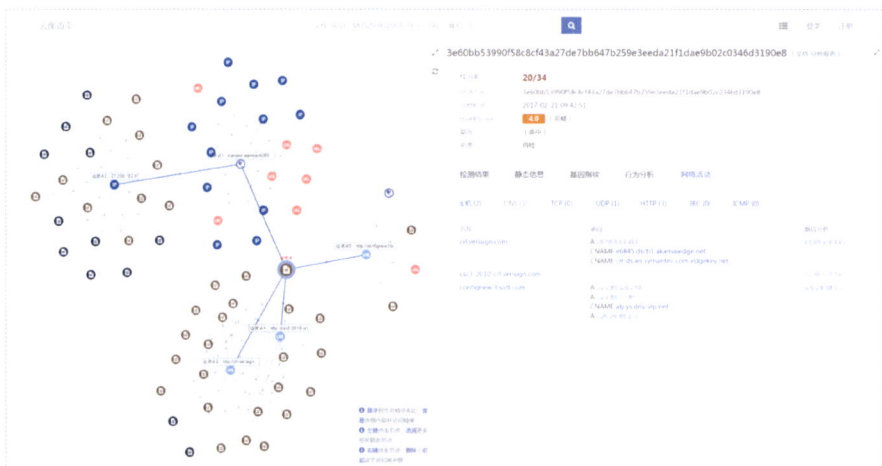

图 7-32　情报追溯 6

（7）以 IP 为追溯起点进行分析，如图 7-33 所示。

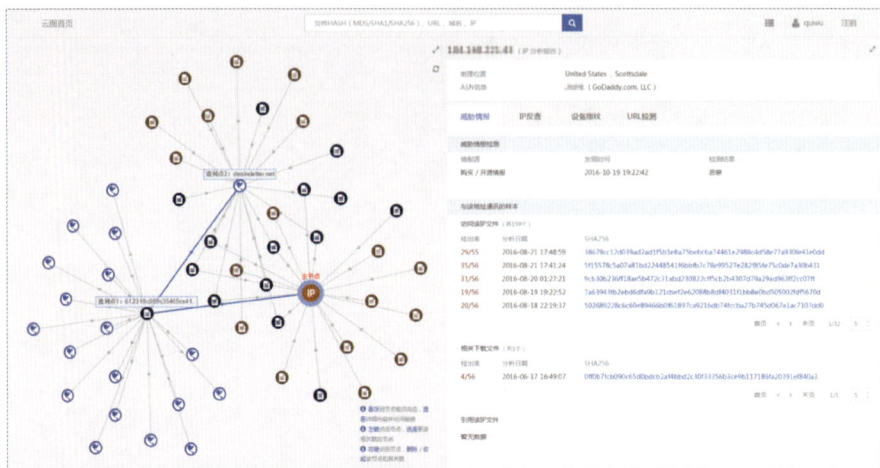

图 7-33　情报追溯 7

（8）以 CVE-2009-3129 漏洞为追溯起点进行分析，如图 7-34 所示。

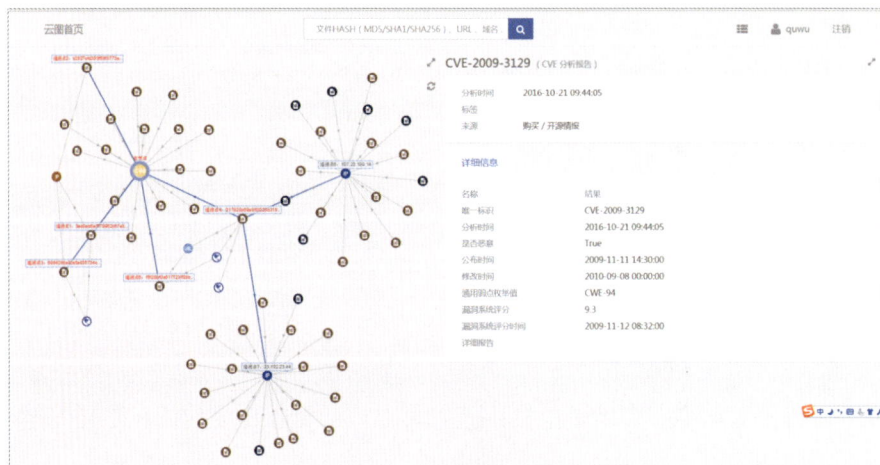

图 7-34　情报追溯 8

（9）以域名为追溯起点进行分析，如图 7-35 所示。

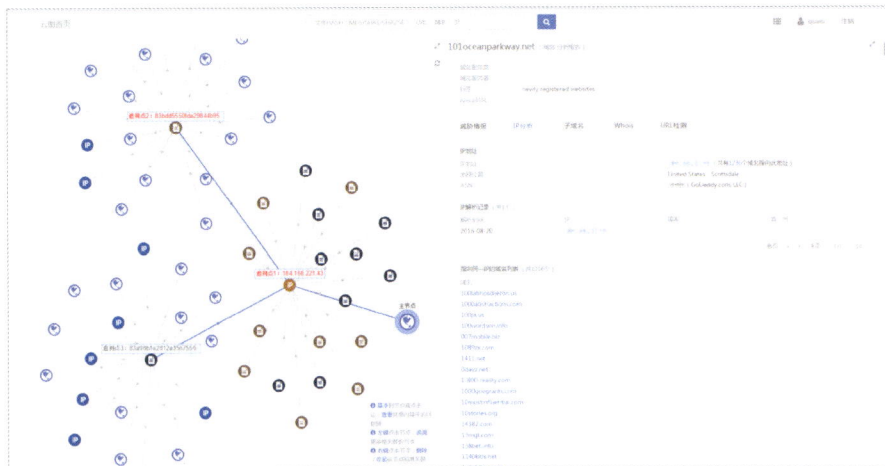

图 7-35　情报追溯 9

7.5　资产管理建设

7.5.1　建设内容

资产管理建设包括资产管理平台和引擎两个部分的建设。资产管理平台部分的建设完成了 Web 交互界面、展示界面、资产数据管理；引擎部分的建设完成了平台任务接收、指定范围资产扫描并入库。具体建设内容包括体系建设、高速资产探测、资产指纹管理、资产识别、资产事件和资产报废。

7.5.2　实施效果

通过资产管理平台和引擎对资产进行梳理，完善企业资产台账，扫描指定范围资产，收集资产指纹并将其录入资产管理平台指纹库，目前已经积累超过 3 万＋资产指纹，其中包括设备、服务、软件等。采用主 / 被动资产探测引擎，在保证对目标网络正常业务运行最低限度影响的前提下，完成对目标网络全面而快速的资产探测，探测、识别过程可控。系统自动化完成资产扫描和梳理，并生成完整的资产清单，其属性不仅包含 IP、端口、MAC 等信息，而且包含设备类型、系统版本、软件版本等的展示和统计。

（1）资产界面。如图 7-36 所示，资产界面展示了资产权重、设备类型、更新时间、资产组、资产来源等信息。可通过编辑自定义资产列表。

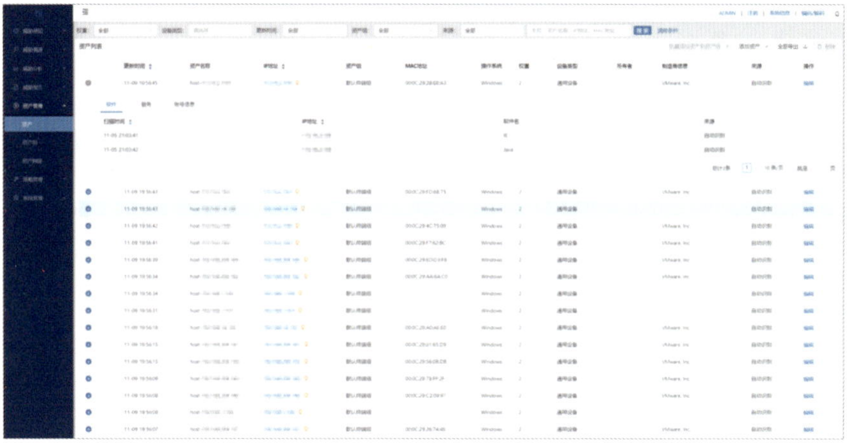

图 7-36　资产界面

通过手动设置任务、主 / 被动数据收集等，可对历史数据进行分析对比和展示，包括资产的增加、变更、消失，以及资产的异常变化等事件，以辅助管理者进行安全决策。

（2）资产组界面。如图 7-37 所示，资产组界面展示了资产组列表、资产的更新时间、可添加资产组、导出资产信息，并以 Excel 形式保存。

（3）资产网段界面。如图 7-38 所示，资产网段界面展示了资产创建时间、网段信息、设备类型。此外，可以激活网段配置和添加网段，包括收到、添加和导入等方式。

（4）资产变更监控。如图 7-39 所示，资产发现服务可周期性地检查未知互联网边界资产，及时发现所在组织 IT 资产的变更情况，帮助政企用户动态监控资产变化，及时发现并取证违规上线行为。

图 7-37　资产组界面

图 7-38　资产网段界面

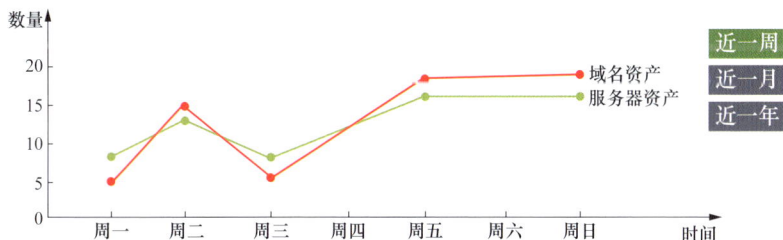

图 7-39　资产变更监控

（5）资产及应用发现。图 7-40 和图 7-41 所示为资产发现服务通过数据挖掘和调研的方式确定企业资产范围，之后基于 IP 或域名，采用 Web 扫描技术、操作系统探测技术、端口探测技术、服务探测技术、Web 爬虫技术等各类探测技术，对客户信息系统内的主机 / 服务器、安全设备、网络设备、工业控制设备、Web 应用、中间件、数据库、邮件系统和 DNS 等进行主动发现，并生成资产及应用列表。该列表中不仅包括设备类型、域名、IP、端口，而且有助于深入识别运行在资产上的中间件、应用、技术架构的详细情况（类型、版本、服务名称等）。

(a) 服务暴露面信息　　　　　　　　　　(b) 非标准端口

图 7-40　资产暴露面信息和非标准端口

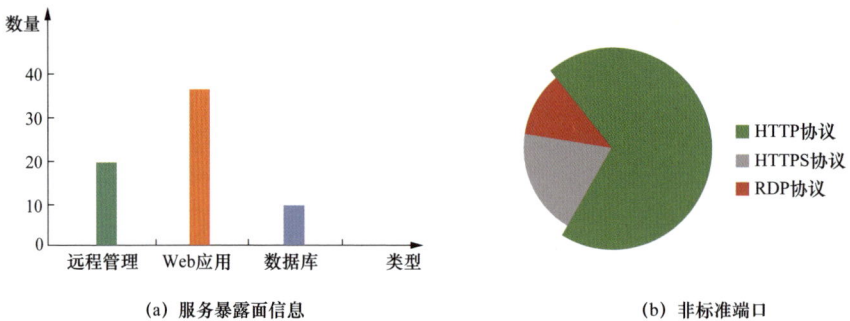

图 7-41　互联网资产发现－资产明细

（6）资产画像构建。在资产及应用发现的基础上，依据信息系统的实际情况、业务特点、资产重要度等信息，结合信息安全的最佳实践进行归纳，最终有针对性地形成客户专属的资产画像。资产画像构建完成后，可根据域名、IP、端口、中间件、应用、技术架构、变更状态、业务类型（自定义）等条件对资产进行查询、统计，并对资产的周期变化进行监控。

7.6 　安全审计建设

7.6.1 　建设内容

安全审计主要是对用户、运维人员、安全运营人员的相关操作进行审计，为后续溯源取证提供相关依据。安全审计建设包括：对增加用户、时间、操作、对象、结果的审计；对业务用户的访问行为和所有用户的业务操作内容的审计；对违规、越权、非法操作的告警和对非法操作行为的阻断；在业务系统内部，针对业务的访问指令、访问对象、访问结果的深层次审计。具体建设内容包括用户行为审计、运维行为审计、入网审计管理、应用日志采集和行为审计管理。

7.6.2 　实施效果

1. 用户行为审计

（1）日志审计功能。用户行为审计可根据用户需要，通过接入用户名、上网时间、用户访问网页的 URL、FTP 操作文件及发送邮件的主题等各种条件的组合对网络日志进行快速审计，并对审计结果进行排序、分组、保存等。管理员可以从海量的网络日志中精确审计终端用户的上网行为。终端用户何时访问了某网站、何时访问了某网页、发送了哪些 E-mail、向外发送了哪些文件等信息均可通过日志审计得出结果。日志审计包括：

1）通用日志审计。审计内容包括接入用户名、用户上网起止时间、来源 /

目的 IP 地址、来源 / 目的端口、使用的协议及应用名。

2）Web 访问审计。审计内容包括接入用户名、用户上网起止时间、来源 / 目的 IP 地址、端口、用户访问的站点、用户访问的网页等。

3）文件传输审计。审计内容包括接入用户名、用户传输文件起止时间、来源 / 目的 IP 地址、端口、FTP 用户名、传输文件名、传输方式（上传 / 下载）等。

4）邮件审计。审计内容包括接入用户名、邮件发送时间、来源 / 目的 IP 地址、发件人、收件人、邮件主题等。

5）地址转换审计。审计内容包括接入用户名、用户上网起止时间、来源 / 目的 IP 地址、来源 / 目的端口、使用的协议及应用名、网络地址转换后的 IP 地址 / 端口等。

（2）网络用户管理功能。用户行为审计可高效地管理网络用户，建立详细的用户访问网络的日志，提供行之有效的网络管理和用户行为跟踪审计策略，帮助管理员分析用户的上网行为。

（3）自动跟踪审计功能。用户行为审计提供基于任务的自动跟踪审计功能，可以根据接入用户名、用户访问网页的 URL 等各种查询条件灵活制定审计任务。任务一旦制定，组件将自动跟踪审计当前时间段内满足查询条件的所有用户及日志信息。审计任务包括地址转换、Web 访问、文件传输、邮件、通用日志等多种类型。

（4）海量日志转储功能。用户行为审计支持对海量日志的转储。用户可以将敏感日志和由于数据库空间限制无法存储的日志定时导出到数据文件中进行异地保存；同时，组件提供转储日志查询工具，用户可直接对转储日志进行查询操作。

（5）审计报表展示功能。图 7-42 和图 7-43 所示为系统提供的专业的审计报表，包括访问站点、会话数、应用分布、未知应用的 Top N 报表，以及基于 SMTP、HTTP、FTP 的应用分析报表，每种报表都可按照天、周等周期以图形、列表等形式输出。通过使用这些自带的报表，管理员可以非常清楚地了解当前用户的网络行为。

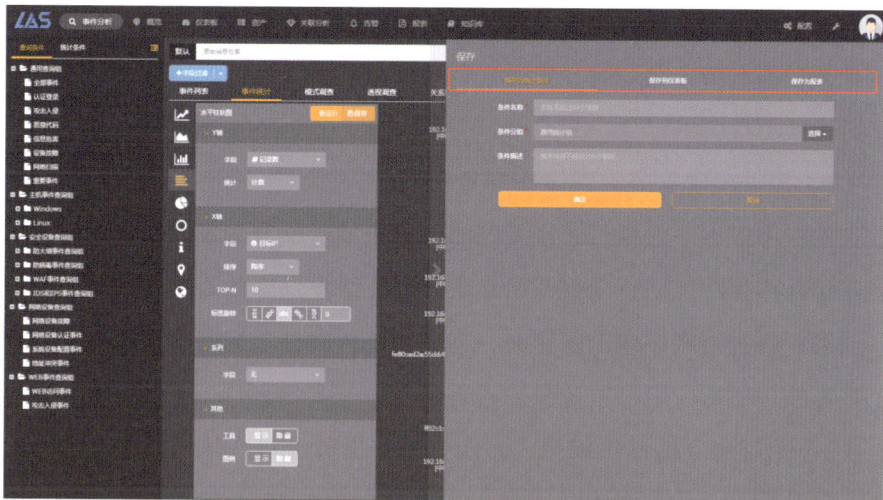

图 7-42　审计报表 1

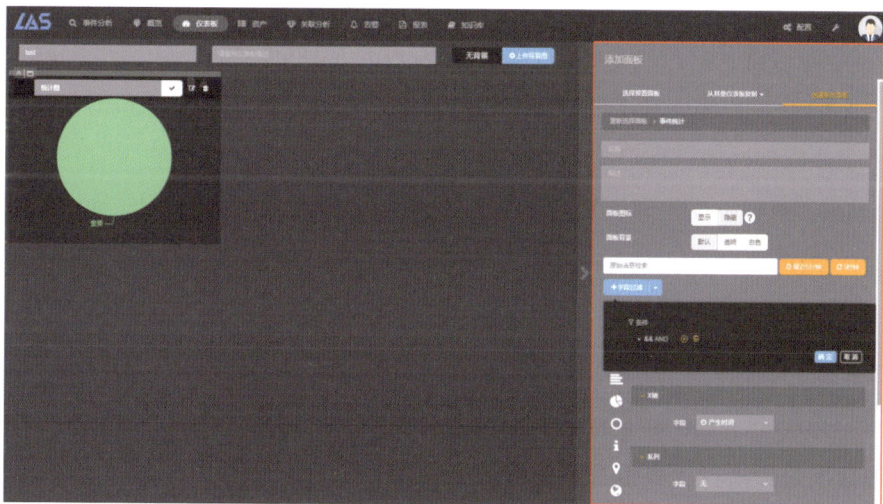

图 7-43　审计报表 2

2. 运维行为审计

（1）多维度的资源访问控制。通过集中统一的访问控制策略和细粒度的命令控制策略，确保用户拥有的权限是完成任务所需的最小权限。系统支持创建基于时间、IP、用户 / 用户组、账户 / 账户组、运维权限、操作命令、执行动作等元素的组合条件，并授权可访问的目标资源、定义危险操作管控策略。当用户越权执行特定命令时，实时进行阻断、告警，以确保信息系统安全、稳定运行。

（2）多重改密保障。系统在配置角色时，提供密码包接收人和解密密钥接收人的权限配置。在执行改密策略时，会先发送预改密邮件，将要修改的密码发送给对应用户，防止出现改密结束之后无法发送邮件而造成密码丢失的情况。同时，在进行密码包的解密时，需要密码包文件、解密密钥文件和用户私钥，三者缺一不可，以全方位保护密码安全。

（3）关键命令的二次审批。系统支持根据需求对特殊访问命令进行二次审批，该功能进一步加强了对运维人员访问关键设备时运维操作的控制力度，以确保所有访问操作都在实时监控过程中。

（4）操作流程还原。将用户的操作流程自动地展现出来，监控用户的每一次行为，判断用户的行为是否对企业内部网络造成危害。

（5）审计检索。真正把每一次审计出的用户操作行为绑定到自然人身上，便于企业内部网络管理追踪到个人。

（6）图形协议代理。实现多平台的多种图形终端操作的审计，如 Windows 平台的 RDP 方式图形终端操作，Linux/Unix 平台的 XWindow 方式图形终端操作等。

（7）文件传输和 PRD 剪切板审计。系统实现对文件传输、产品需求文档（product requirements document，PRD）剪切板操作的完整审计，为上传恶意文件、窃取数据等危险行为提供查询依据。

（8）水印背景添加。运维操作页面能自动添加当前操作用户的登录名作为水印背景，防止重要资料的外泄，且有利于查明重要资料外泄的传播源头。

3. 入网审计管理

系统支持详尽的接入认证和安全检查日志报表功能，可提供接入认证日志和报表、安检日志和报表、安全审计统计分析等多维度信息数据的查询审计，并可提供报表查询和导出。管理员可通过数据全方位地追溯和分析终端接入和安全状态。

认证日志如图 7-44 所示，日志信息包括接入认证终端的认证时间、用户名、接入计算机名、IP 地址、MAC 地址、组织、接入交换机、端口、认证状态、用户类型、认证详情等。安全审计内容包括计算机名、IP 地址、组织、检查时间、模板名称、检查项、违规项、入网隔离、详情等安全检查信息，可按日志详情、分组、违规项、违规次数等进行安全审计统计分析。

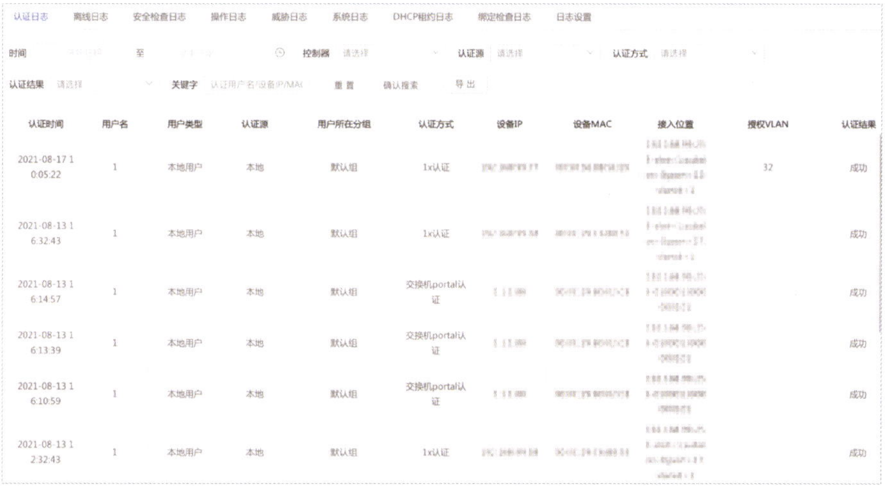

图 7-44　认证日志

4. 应用日志采集

日志收集与分析系统能够实时不间断地将企业和组织中来自不同厂商的安全设备、网络设备、主机、操作系统、数据库系统、用户业务系统的日志和警报等信息汇集到审计中心，实现全网综合安全审计。

应用日志采集如图 7-45 和图 7-46 所示。应用日志采集是日志收集与分析系统的重要功能，它承载了日志及事件采集、标准化（归一化）、过滤、归并的数据治理功能。采集管理是系统进行日志分析的基础，用户可以通过指定采集目标、采集协议、采集方式进行日志采集，并对日志源进行管理，监测日志源采集情况、白名单等。日志收集与分析系统支持 Syslog、Syslog-NG、SNMP trap、Netflow 等协议的被动采集，支持文件读取、日志代理等方式的主动采集，支持 API、JDBC、WMI 等方式的交互式采集。

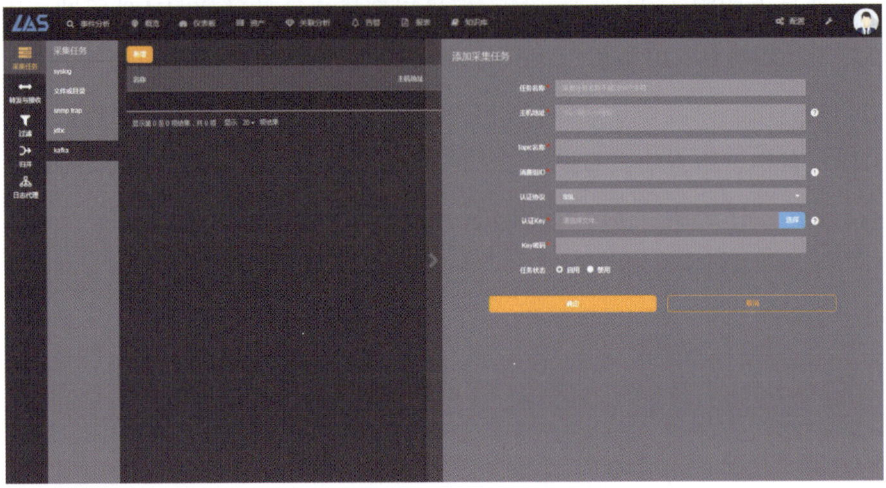

图 7-45 应用日志采集 1

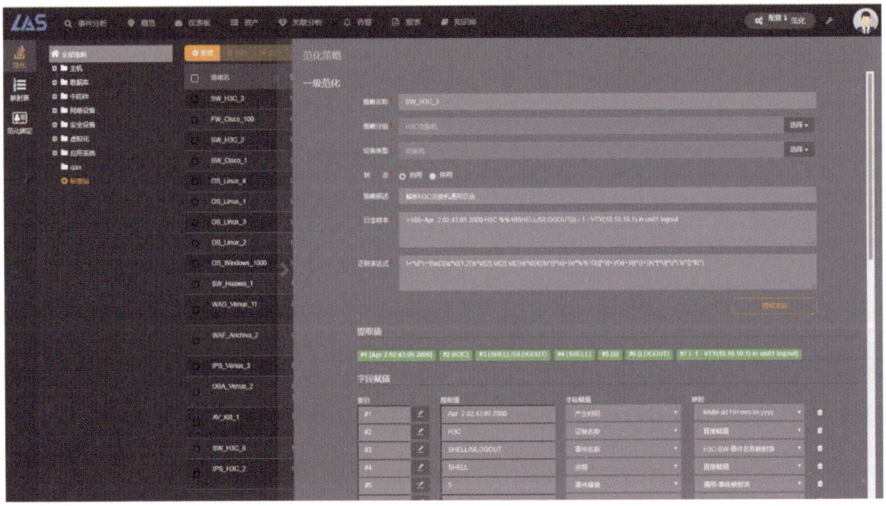

图 7-46 应用日志采集 2

5. 行为审计管理

（1）合规审计。日志收集与分析系统可最广泛地收集 IT 基础设施和应用系统的日志，包括操作系统、网络设备、安全设备、数据库、中间件、应用系统、虚拟化及云基础设施的日志。它通过大数据技术构建高速、海量的异构日志，并将日志集中存储于分布式非关系型数据库中，支持水平弹性扩展，满足《网络安全法》对日志保存 6 个月以上的要求。日志收集与分析系统为了分析日志的需要，对日志进行了结构化描述，同时将原始日志保存起来，供事后调查取证使用。针对调查取证的需求，系统提供了类似百度、Google 这样的搜索引擎的强大搜索功能，IT 人员通过网络浏览器访问系统后，既可以输入人们可以理解的内容进行搜索，也可以利用各种原始日志中的关键字进行搜索，系统就像搜索引擎一样立即给出查询结果，如图 7-47 所示。

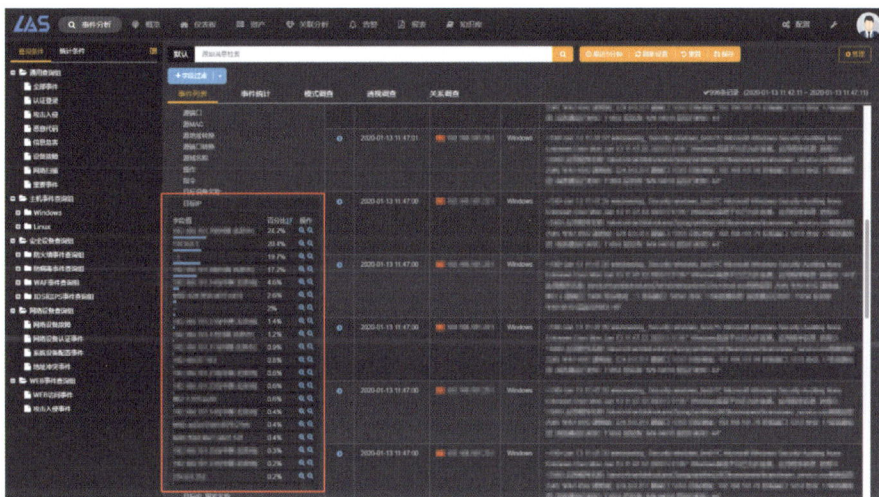

图 7-47　事件分析

（2）安全策略审计。日志收集与分析系统可采集服务器和部署在服务器上的应用系统的日志，通过审计登录日志中的源 IP 地址、登录时间和登录用户等信息，判断该服务器上是否发生了非授权 IP、主机和用户在非授权时间内的访问。针对邮件账号的口令长度，日志收集与分析系统可通过采集 IDS 的检测日志，判断是否有低于 8 位字符的口令的邮件账户存在；针对禁止在服务器上运行某些特定程序的审计，日志收集与分析系统可采集服务器上的日志，审计是否存在该程序的运行日志；针对账户借给他人违规使用的情况，日志收集与分析系统可采集相应的登录日志，自动化提取登录的时间、源地址和账户信息等，若发现有同一用户同时或短时间内从两个以上相距很远的地点进行登录，则表明其违反了账户管理的安全策略，应进行报警并记录。针对安全策略的审计，日志审计系统结合组织安全策略可轻松胜任，并提供了完整的证据以供追溯，从而代替了繁琐的人工审计过程。安全规则如图 7-48 所示。

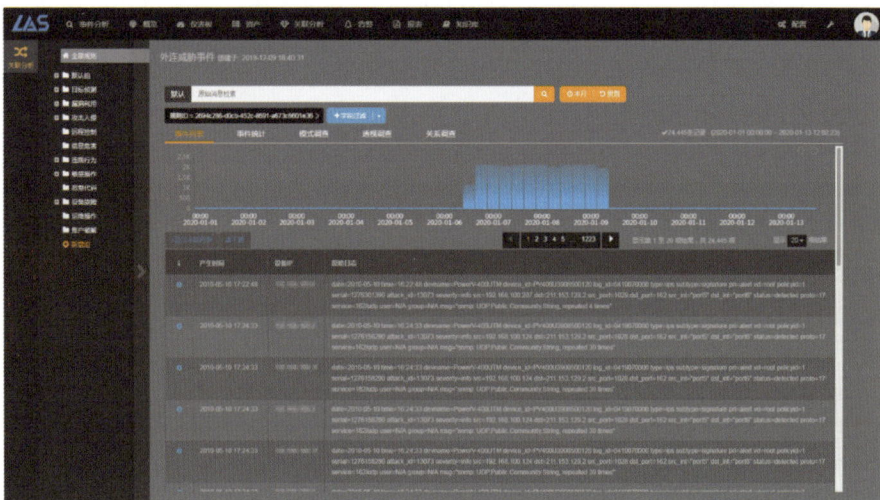

图 7-48　安全规则

🎙 7.7　数据跨域访问安全建设

7.7.1　建设内容

数据跨域访问建设主要是通过信息安全网络隔离装置进行横向隔离防护建设。具体建设内容包括机器模型训练与优化、异常行为检测、异常发现与告警。通过这些措施，系统可以有效确保不同安全等级或权限的数据在访问过程中得到适当的保护，预防未经授权的访问和数据泄露。

7.7.2　实施效果

（1）设备基础信息如图 7-49 所示。

图 7-49　设计基础信息页面

（2）SQL 自学习如图 7-50 所示。

图 7-50　SQL 自学习页面

（3）SQL 行为模式下发如图 7-51 所示。

图 7-51　SQL 行为模式下发页面

（4）告警管理如图 7-52 所示。

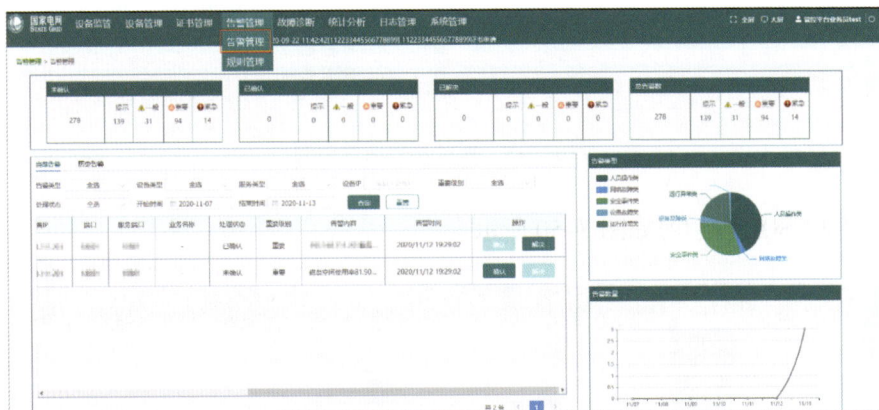

图 7-52　告警管理页面

（5）异常 SQL 告警如图 7-53 所示。

图 7-53　异常 SQL 告警页面

（6）SQL 处置和反馈如图 7-54 所示。

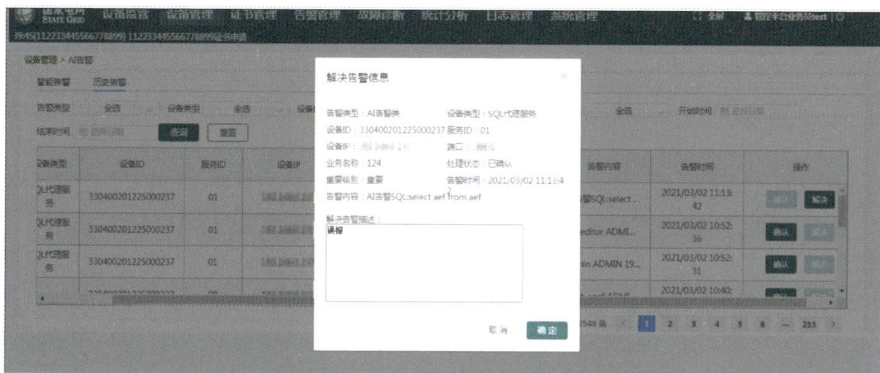

图 7-54　SQL 处置和反馈页面

第8章

能源互联网安全综合防护平台
典型应用场景

随着能源互联网的迅猛发展和数据化应用的推进，其安全性、稳定性和可靠性问题日益突出，给能源生产和供应的可持续性带来了巨大风险。因此，建立一个全面、有力的安全保障体系，成为能源互联网发展的必要条件。能源互联网安全综合防护平台不仅能够为能源互联网提供全面、有力的安全保障，而且有助于实现能源互联网的可持续发展和信息安全。本章以辽宁某电力企业为例，介绍能源互联网安全综合防护平台的典型应用场景。

8.1　平台通用架构

基于能源互联网安全综合防护平台，电力企业网络安全综合防护平台对接工业互联网企业侧安全监测与协同管理系统。

工业互联网企业侧安全监测与协同管理系统由位于工业互联网行业监管部门或相关技术支撑单位的国家级、省级 / 行业级安全监管系统（以下简称"国家级、省级 / 行业级安全监管系统"）和位于工业互联网运营企业侧的安全监测与协同管理系统（以下简称"企业侧系统"）组成。

工业互联网企业侧安全监测与协同管理系统通用架构如图 8-1 所示。

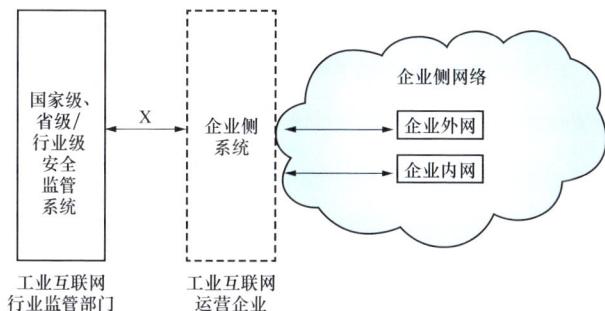

图 8-1　工业互联网企业侧安全监测与协同管理系统通用架构

国家级、省级 / 行业级安全监管系统是工业互联网安全监测与协同管理操作的发起者，也是企业侧工业互联网安全监测信息的最终接收者，并向企业侧系统下发相应的预警等协同管理要求信息。

企业侧系统接收国家级、省级 / 行业级安全监管系统下发的预警等协同管理要求信息，并向国家级、省级 / 行业级安全监管系统上报企业相关的互联网安全监测信息。

基于工业互联网企业侧安全监测与协同管理系统，打造电力企业网络安全综合防护平台。具体的平台对接实施方案如下：

（1）平台对接接口。电力企业网络安全综合防护平台为对外接口及对内接口提供 Syslog 协议、API 的传输方式。

（2）平台对接安全。电力企业网络安全综合防护平台对外接口通过管理信息大区和互联网大区边界的第三代安全隔离装置进行物理隔离。

数据接口具备对不安全数据参数的限制或过滤功能，以及异常处理功能；同时，具备对数据接口访问的审计功能及相应可配置的数据服务接口。跨安全域的数据接口采用安全通道、加密传输、时间戳等安全措施。

（3）平台对接数据内容。电力企业网络安全综合防护平台上报的数据内容包含管理平台登记注册数据、平台运行相关数据、资产信息数据、安全隐患数据、脆弱性分析数据、安全事件信息等，充分展示下级平台的管理状况，所管理设备的运行概况，以及设备安全状态等。

（4）平台对接数据格式。电力企业网络安全综合防护平台的对接数据格式有以下几类：

1）时间类型格式。使用北京时间24小时制，采用"YYYY-MM-DD hh:mm:ss"形式记录，如2015-04-18 20:01:12。时间信息应格式化为标准日期格式：YYYY-MM-DD hh:mm:ss。其中，YYYY为4位，代表年份；MM为2位，代表月份；DD为2位，代表日期；hh为2位，代表24小时制的小时；mm为2位，代表分钟；ss为2位，代表秒钟。

2）标准化时间类型格式。在时间类型格式的基础上进行标准化，在原时间格式"YYYY-MM-DD hh:mm:ss"中，mm的值向下取整为5的倍数（向下取整），ss取值为00。例如，实际时间2017-1-8 12:54:30应标准化为2017-01-08 12:50:00。

3）IP地址类型格式。IPv4地址记录格式应格式化为点分十进制：xxx.xxx.xxx.xxx，如192.168.123.121；IPv6地址记录格式应格式化为冒分十六进制：xxxx:xxxx:xxxx:xxxx:xxxx:xxxx:xxxx:xxxx，如ABCD:EF01:2345:6789:ABCD:EF01:2345:6789。

4）MAC地址类型格式。MAC地址应格式化为十六进制：AA-BB-CC-DD-EE-FF。

基于工业互联网企业侧安全监测与协同管理系统的电力企业网络安全综合防护平台的典型应用场景，包括智慧能源调控、供电服务指挥、营销数据脱敏、用电信息采集安全防护以及东北能源大数据中心等。

8.2　智慧能源调控

8.2.1　场景简介

智慧能源调控是指利用现代信息技术和智能化手段，对能源生产、传输、储存和消费等环节进行全面高效的监测、控制和管理，实现能源资源的合理配置和优化利用。在智慧能源调控系统中，各类传感器和智能设备被广泛应用，用于采集和监测能源系统中的关键参数，如电流、电压、温度、湿度等。通过这些数据，可以实时了解能源系统的运行状态和能源消耗情况，实现对能源生产、传输、储存和消费的全面监控。

辽宁阜新等地区是以二、三产业为主的大型用电企业产业基地，当地大多数生产设备简陋，机械化程度低，生产过程缺乏现代化监测、控制手段，含尘烟气带走的热量约占能耗的 12% 以上；熔炼结束后，镁熔坨出炉中心温度在 2800℃ 以上，自然冷却周期达一周，高温镁熔坨中的热量散失约占能耗的 30%。

辽宁某电力企业以长期以来困扰大型用电企业的生产工艺落后导致的高能耗、高污染、高排放问题，以及由此造成的局部电网长期重载运行、峰谷倒置的问题为切入点，以推动大型用电企业参与电网调峰、促进清洁能源消纳为愿景，以提供优化能源生态环境为目标，通过数据采集、数据存储与分析、云计算及大数据价值转化等方式，将相对分散的大型用电企业聚合起来并参与市场交易，减少能源浪费，引导市场机制进一步创新，促进新能源消纳、实现平价上网和提高全社会能效水平。通过大数据方法深度分析企业的能耗指标，从谐波分析、超容预警与主动服务、企业电费优化、改进工艺、提升能效等关键指标进行分析。可以通过对比不同企业的产品单耗，分析查找出企业生产过程中的薄弱环节，通过多层面的对比发现用能漏洞、挖掘能效提升空间，为综合能源服务发展提供决策依据。熔镁炉智能控制系统界面如图 8-2 和图 8-3 所示。

辽宁阜新等地的大型用电企业在深度参与智慧能源调控业务的过程中，普遍存在企业信息安全管理制度缺失、生产控制系统缺乏安全防御措施、外网通信安全性无法保障、控制终端无人监管等安全风险。为解决以上安全问题，该辽宁电力企业在电力网络边界安全、调控系统和企业生产控制系统的本体安全、数据安全交互、安全接入、网络架构安全等方面建立了全面的安全防护体系。

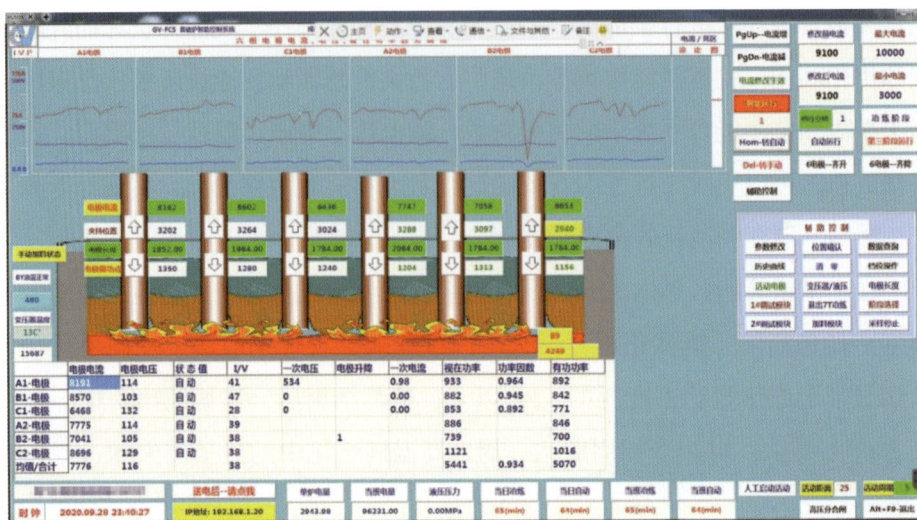

图 8-2　熔镁炉智能控制系统界面 1

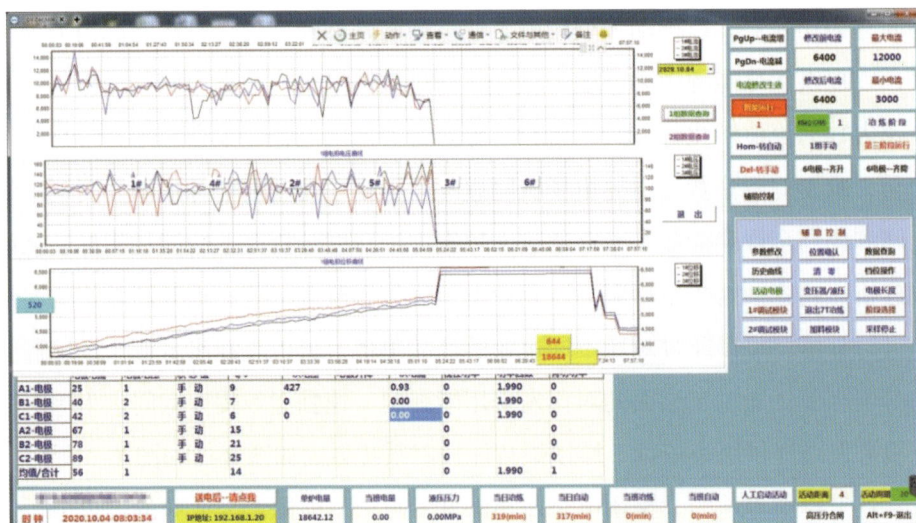

图 8-3　熔镁炉智能控制系统界面 2

8.2.2　实施效果

通过将安全接入方案和安全防护架构应用在智慧能源调控上，提高了智慧能源调控业务的安全防护水平。其中，通过网络安全告警分析及攻击溯源模块，加强了网络安全管理平台告警分析的智能化，提高了安全防护的回溯能力，建立了电力监控系统安全接入管控模型，进一步提升了电力监控系统安全防护管理水平，保障电力监控系统的安全稳定运行。

通过采取安全接入和数据交互等防护措施，实现了全年无网络安全事件。从平台正式运行开始算起，共查处 230 余起违规接入和病毒入侵行为，确保了双方企业的信息安全，支撑合作持续深入开展。

本项目的研究成果，对进一步促进电力企业安全防护向综合防御发展起到积极的推动作用。

8.3　供电服务指挥

8.3.1　场景简介

智能化供电服务指挥系统全面融合营配调专业运行数据，基于变电站—配电线路—配电变压器—用户的网络拓扑，将分散独立的项目管理系统（project management system，PMS）设备、能源管理系统（energy management system，EMS）的变电站、线路实时数据，数据管理系统（data management system，DMS）的线路开关实时数据，用电信息采集系统的配电变压器准实时数据，按网架结构组织，形成统一的营配调融合实时运行数据库，并在此基础上，采用企业内部标准通用的软硬件平台实现供电服务指挥系统的全部功能。

智能化供电服务指挥系统包括客户服务指挥、业务协同指挥、配电运营管控和服务质量监督 4 大功能模块，其功能架构如图 8-4 所示。

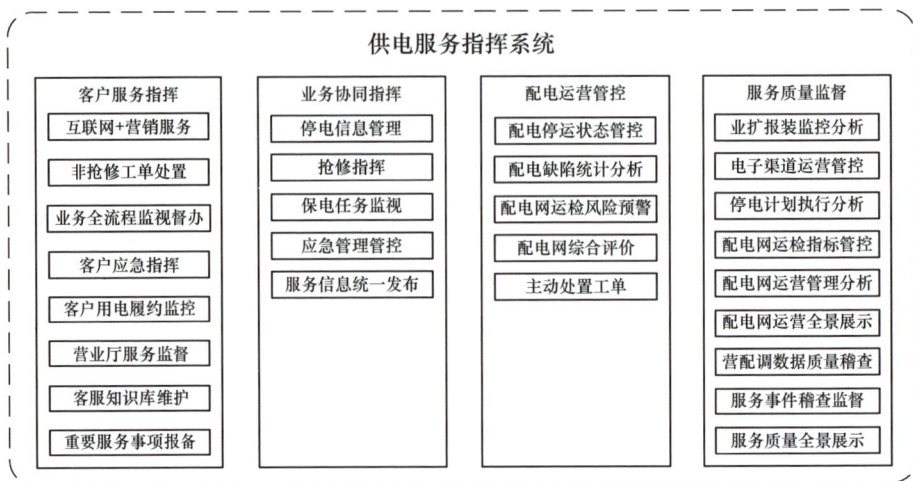

图 8-4　智能化供电服务指挥系统功能架构

1.设备标签化管理

辽宁某电力企业根据该地区特点和电网发展水平,制定运维"标签化"策略书,梳理配电网问题清单,制定长期规划方针与短期应对措施,按逐条线路梳理运行风险。设备标签化管理架构如图 8-5 所示。根据运维策略书,整理树患、交叉跨越、防汛等有运行风险的相关线路明细,结合保供电任务与运行数据,制定设备标签化管理制度,指导各单位制定年度、月度巡视计划,如图 8-6 所示。

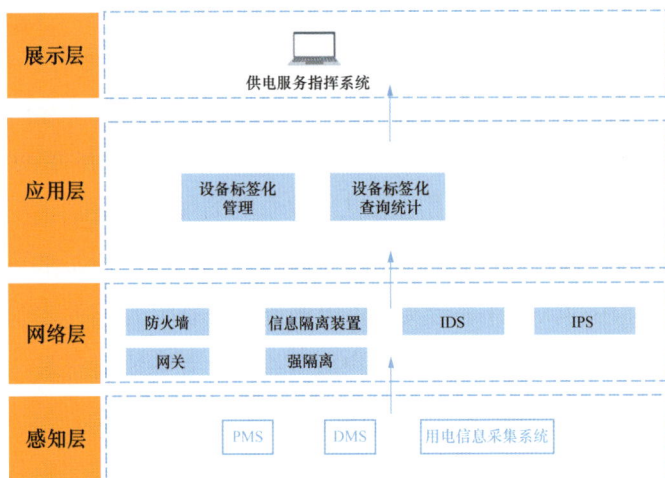

图 8-5　设备标签化管理架构

图 8-6　设备标签化

2. 智能移动巡检作业

智能移动巡检作业架构如图 8-7 所示。主动运维包括定期巡视计划、特殊巡视计划、巡视任务管控，提供定期巡视和特殊巡视的工单编制、派发、过程监视、质量评价功能；应用移动终端完成巡视任务工单的现场处理，系统自动将照片与缺陷库进行匹配分析，自动识别生成缺陷隐患记录，辅助班组人员快速发现缺陷隐患并完成登记；实现标准巡视作业，自动记录巡视轨迹、照片，完成点位智能签到、评价等功能应用。缺陷详情、巡视轨迹、评分情况、巡视工单处理分别如图 8-8 ～图 8-11 所示。

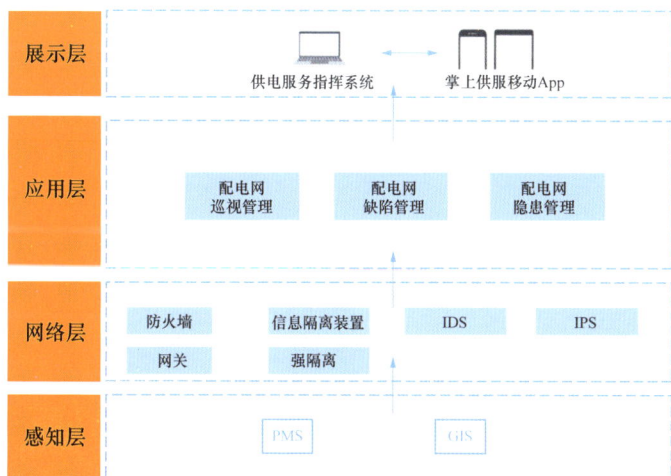

图 8-7　智能移动巡检作业架构

图 8-8　缺陷详情

图 8-9　巡视轨迹

图 8-10　评分情况

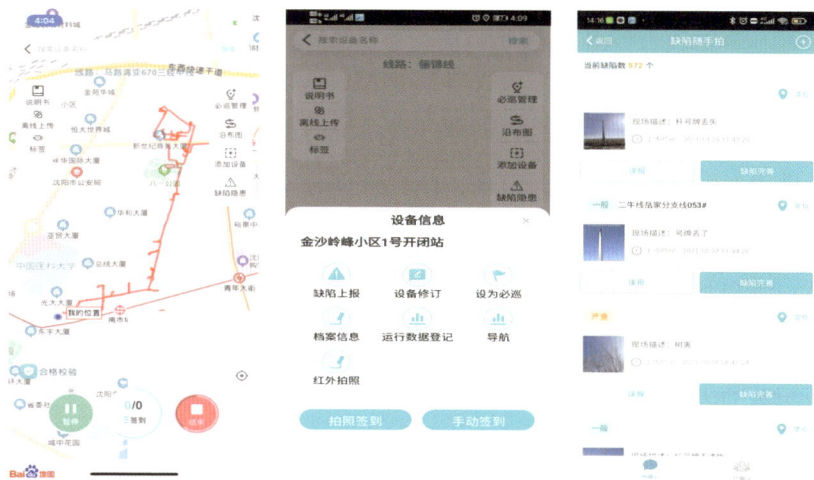

图 8-11　巡视工单处理

8.3.2　实施效果

　　智能化供电服务指挥系统建立缺陷积分制，激发班组主动运维积极性，开展设备标签化管理，支撑设备差异化运维。标签化管理提升了巡视计划编制的科学性，减少了巡视人员的重复劳动。以缺陷发现和消除为切入点，缺陷录入率同比提升 23.3%。各单位持续推进工单驱动业务水平，实施差异化运维，制定 4 大类 36 小类标签，形成 36 项差异化巡视策略，共计完成 9008 条线路标签录入，录入标签 20267 个。根据制定的规则下派巡视工单 1847 件，归档 1847 件。有针对性地指导基层班组开展巡视工作，减轻了基层班组的巡视任务量。

8.4　营销数据脱敏

8.4.1　场景简介

　　营销业务应用系统采用先进、统一的数据和技术平台，采用省级集中部署模式。该系统由辽宁某电力企业建设，用于实现营销业务领域相关"客户服务与客户关系""电费管理""电能计量及信息采集""市场与需求侧"4个业务领域及"综合管理"的信息化管理。该系统的主要功能包括新装增容及变更用电、供用电合同管理、抄表管理、核算管理、电费收缴及账务、用电检查、95598客户服务、资产管理、计量点管理、计量体系管理、电能信息采集、市场管理、线损管理、能效管理、有序用电管理、客户关系管理、客户联络、稽查及工作质量、客户档案资料管理19个业务类，覆盖整个营销业务，支撑营销分析与辅助决策模块。

该系统于2009年3月1日上线运行，主要服务于该辽宁电力企业，累计注册用户共计4万余个，服务于全省2400多万电力用户。

在营销业务应用系统中，所有信息面对注册用户都是开放的，即有权限登录系统的人员可以查询给该用户赋权的业务功能的全部信息。随着大数据时代的到来，数据成为重要的生产要素，数据价值越来越高。随着互联网+技术的发展和营销业务应用水平的提升，信息安全的重要性和防护要求也越来越高，这就对客户敏感信息的显示及数据导出等提出了更高的要求。因此，对营销业务应用系统现有的显示和数据导出等方面进行了客户敏感信息脱敏改造，以保护客户数据资产安全，保障客户合法权益。

下面是营销业务应用中脱敏改造的一些典型示例：

（1）用户档案管理脱敏改造，如图8-12所示。

（2）业扩报装及变更用电管理脱敏改造，如图8-13所示。

（3）电费收缴及账务管理脱敏改造，如图8-14所示。

（4）客户服务脱敏改造，如图8-15所示。

（5）合同管理脱敏改造，如图8-16所示。

（6）用电检查管理脱敏改造，如图8-17所示。

图 8-12　用户档案管理脱敏改造

图 8-13　业扩报装及变更用电管理脱敏改造

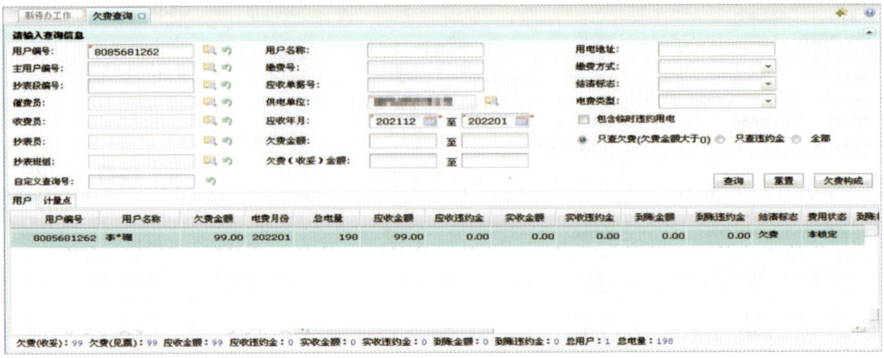

图 8-14　电费收缴及账务管理脱敏改造

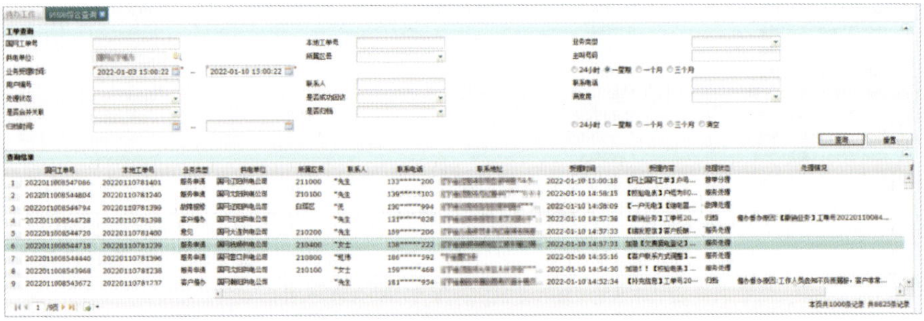

图 8-15　客户服务脱敏改造

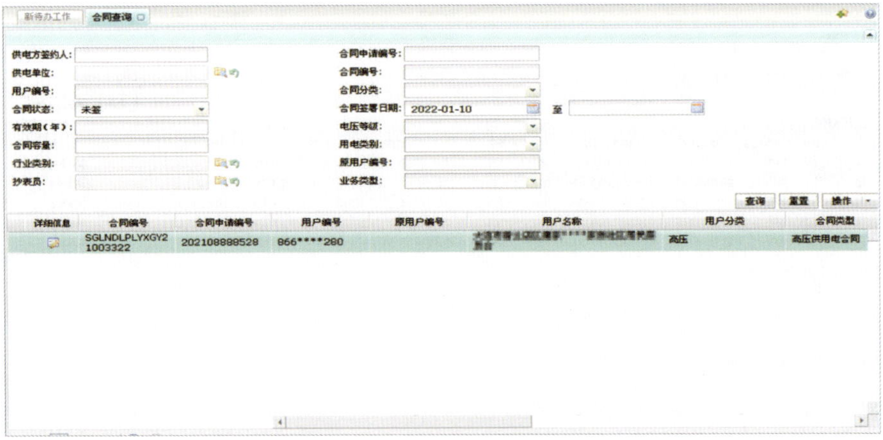

图 8-16　合同管理脱敏改造

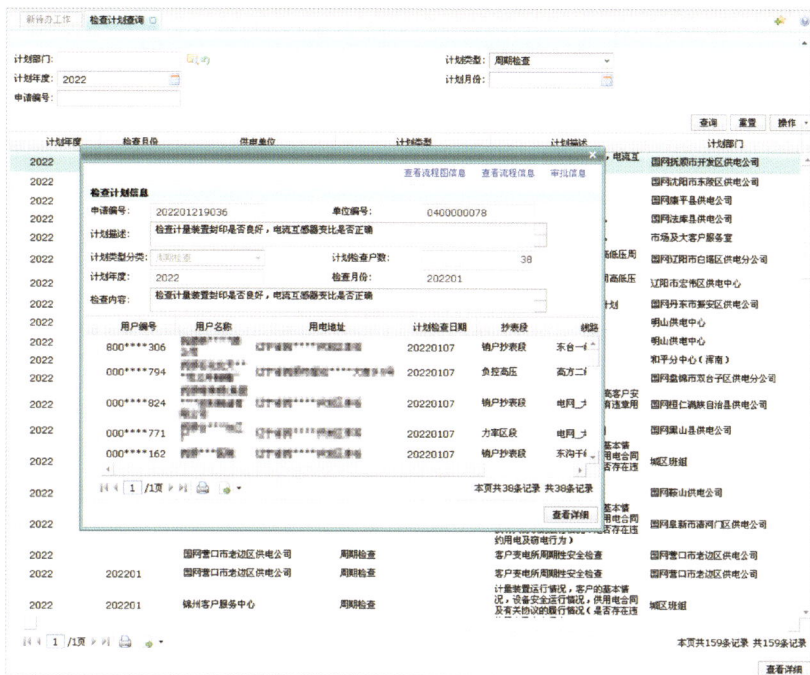

图 8-17　用电检查管理脱敏改造

8.4.2　实施效果

营销业务应用系统及接口客户敏感信息的脱敏改造，通过对系统功能的升级改造，最大限度地保护客户敏感信息安全，以避免非正常查询、批量导出等方式造成的客户敏感信息泄露。具体实施效果如下：

（1）数据泄露风险可控。如果依旧发生了数据泄露，经过脱敏的数据，对于信息窃取者意义不大。

（2）数据泄露可追溯。一旦发生数据泄露，能够保证通过审计日志找到对应的泄露人员。

此次营销数据脱敏的全部功能已经在该辽宁电力企业应用，覆盖全省全部 2450 万电力用户，应用覆盖率为 100%，营销各系统客户信息脱敏效果显著。

8.5　用电信息采集安全防护

8.5.1　场景简介

2015 年，国家能源局结合《电力监控系统安全防护规定》（国家发展和改革委 2014 年第 14 号令），印发《电力安全文化建设指导意见》（国能发安全〔2020〕36 号），提出电力监控系统安全防护的总体原则为"安全分区、网络专用、横向加密、纵向认证"。该方案中明确要求用电信息采集系统主站针对大用户远程控制设置控制区，将控制管理系统部署在控制区，因此必须将用电信息采集系统控制类业务部署在生产控制区。该方案还要求电力监控系统的数据通信优先采用电力专用通信网络，不具备条件的也可以采用公用通信网络、无线网络等通信方式，但是应当设置安全接入区。

2016 年，辽宁某电力企业依据用电信息采集系统安全优化方案对现有系统进行安全防护功能完善工作，结合用电信息采集系统网络结构特点，构建坚强的系统安全防护堡垒，强化系统域边界防护。同时，加强内部物理、网络、主机、应用和数据安全，阻止外部恶意攻击，保护内部系统安全，阻断流经边界的恶意攻击行为，避免对外部系统造成侵害。

辽宁某电力企业专题研究部署用电信息采集系统安全防护性能提升工作，重点推进建立"三域五边界"防护体系场景应用。如图 8-18 所示，电力用户用电信息采集系统由基本应用、高级应用、运行管理、统计查询、系统管理 5 大类模块组成。该系统不仅可以为营销业务应用中的其他业务提供用电信息数据源和用电控制手段，而且可以提供综合应用分析功能，如配电变压器检测管理、负荷和电量统计、计量装置监测、采集设备工况及增值服务等功能，还可以为其他专业系统提供所需要的基础数据或统计数据。该辽宁电力企业的电力用户用电信息采集系统于 2009 年上线运行，目前覆盖 2400 余万户。

图 8-18　电力用户用电信息采集系统

8.5.2　实施效果

（1）社会效益方面。电力工业既是国民经济的重要基础性能源工业，又是国家经济发展战略中的重点和先行产业，电力的安全、可靠供应是经济发展的重要物质基础，电力工业对国民经济发展和社会进步起着重要的支撑作用。近年来，受经济快速增长以及电煤供应短缺的影响，我国电力供需形势趋于紧张。为此，各级政府和供电部门提出了有序用电的要求，以保障电力的有序供应。

用电信息采集系统的社会效益体现在以下几方面：一是可实现对主电网、配电网的全网实时监控，提高电网安全运行能力，提高供电质量，真正做到"坚持安全第一、预防为主、综合治理"的要求；二是能实现对用户供电设备的实时监测，及时处理供电设备的事故隐患，对于发现的重大安全隐患，在履行对客户的告知义务外，还可及时向政府主管部门汇报，避免重大事故的发生；三是能加强对重要部门、单位的用电情况监测，为确保如党政军、医院、学校、金融机构等重点单位，煤矿、化工等高危企业的用电安全提供技术支持。

（2）经济效益方面。用电信息采集系统安全防护性能的提升，不会直接产生经济效益，但会为现代企业运营、管理的提供重要保障。该系统的经济效益主要体现在成本的节约、工作效率的提高以及营销、决策和服务等方面。

8.6　东北能源大数据中心

8.6.1　场景简介

东北能源大数据中心的建设成果已广泛应用于辽宁各地市电力公司，部分产品已推广应用于电力行业。

安全运营中心已部署于辽宁某电力企业，平台通过汇聚工业企业终端运行数据，为省内地市电力公司以及辽宁某通信与信息中心和省内某市培训中心等9家工业企业提供安全服务和监管服务，实现构建具有"可信互联、精准防护、安全互动、智能防御"特征的电力企业网络安全防护体系。

图8-19所示为东北能源大数据中心，图8-20所示为平台建设规划，图8-21所示为平台功能建设。

图 8-19　东北能源大数据中心

图 8-20　东北能源大数据中心平台建设规划

图 8-21　东北能源大数据中心平台功能建设

　　数据应用场景识别是数据安全风险产生的主线，主要包括数据收集／产生、传输、存储等过程，还包括数据调取、加工分析、外发等处理活动。数据安全风险为数据流转的应用场景安全风险（包括数据授权管理问题、数据流向追踪问题、数据安全审计问题）。

　　辽宁某电力企业的数据共享及流转包括以下两方面：对内数据共享是以形成负面清单的形式，在使用脚本进行脱密脱敏后对内进行共享流转，其中对地市的共享在大数据中心通过 API 接口或者数据表格的形式进行；对外共享的数据，按照指导意见进行数据归集和分级分类。

其中，对政府共享的主要是电力数据、电量数据、调度机组的信息，分享以接口的形式进行，并未形成相应的数据产品，也没有数据的保留措施；对基层单位的数据共享处于探索阶段，是依据数据产品的需求提起审批单，由基层网络安全管理部门、省级网络安全管理部门、业务部门进行审核。图 8-22 所示为基层单位数据共享应用流程。

现阶段国家电网有限公司总部有大数据中心，网省公司的数据中台数据同步传输到大数据中心，国家电网有限公司总部的特权用户能使用所有数据。

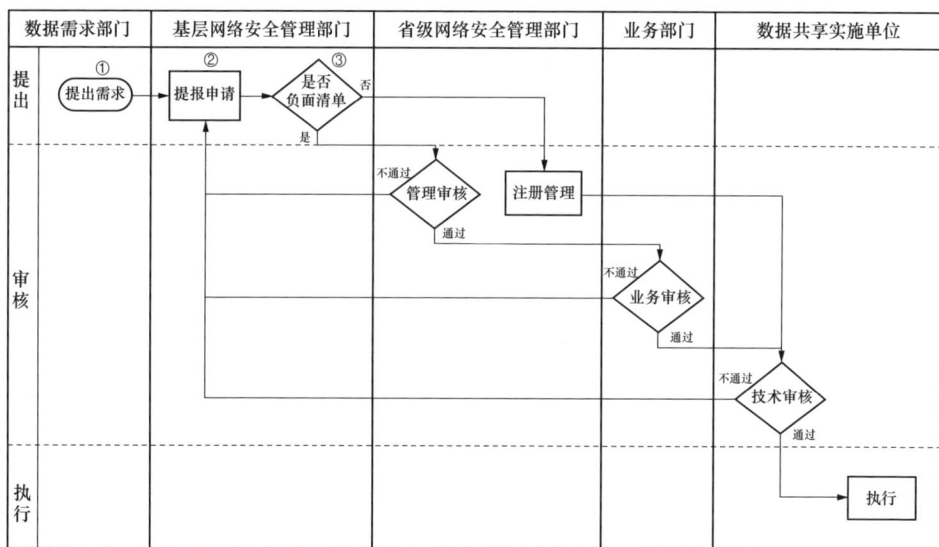

图 8-22　基层单位数据共享应用流程

8.6.2　实施效果

东北能源大数据中心平台共计部署 69 套业务系统，有在运服务器 288 台、组件 36 套，主要涉及电力、电能等数据。

大数据中心部署在省内某市机房中，数据中台部署在大数据中心，大数据中心与数据中台整体防护框架包含三个层面，即 IT 基础层、数据分析与展示层、云端情报层,同时辅以状态监控、安全服务措施,形成整体安全保障体系的闭环。

（1）IT 基础层涵盖了网络安全、主机及应用安全以及安全审计功能。通过整体的安全数据分析引擎,将数据形成安全运营团队可以分析以及处置的信息流,并通过态势感知系统进行展示。

（2）数据分析层资产数据与数据中台进行接口对接,能够快速通过接口获取云资源系统的信息,并通过数据分析引擎,进一步强化分析数据的完备程度。

（3）云端情报层将基于大数据中心的海量威胁情报信息通过在线或离线的方式进行快速下发;系统安全状态监控可以实现对软硬件整体运行情况的实时监控,以便实现对整体组件的安全维护。

第9章

能源控制系统靶场

　　能源控制系统靶场是为了测试和评估能源控制系统的安全性和可靠性而建立的模拟环境。它是一个模拟真实能源控制系统的实验场所，旨在模拟和还原真实的能源生产、传输和消费环境。能源控制系统靶场可以用于测试和验证能源控制系统的各个组件和功能的正确性和可靠性，发现其中的漏洞和安全隐患，从而及时采取措施加以修复和改进。能源控制系统靶场还可以模拟不同的攻击场景和威胁情况，评估能源控制系统对各种攻击的抵御能力，改善能源控制系统的安全性和韧性。此外，通过在能源控制系统靶场中的"攻守演练"，能够提高能源控制系统的应急响应能力和安全管理水平。本章将从建设需求、发展现状、建设思路三方面介绍能源控制系统靶场。

9.1　网络靶场建设需求

　　实际工业生产中的工业控制系统很难直接应用于工业控制安全问题研究。一方面，工业控制系统直接关联工业生产，在实际工业控制系统中进行安全测试将影响系统的可用性；另一方面，实际工业控制系统由不同工业控制设备、现场设备、复杂工业控制协议及众多网络服务组成，造价昂贵且构建复杂，难以一比一复制。因此，针对实际工业控制场景无法实施测试和复现难的问题，如何构建工业控制系统网络靶场则成为工业控制安全的重要研究方向之一。

　　工业控制系统网络靶场（简称"工业控制靶场"）是进行工业控制系统安全测试、攻防演练、科学研究和教学培训的必备平台。工业控制靶场可构建多种工业控制场景供研究人员进行实验研究，通过复现和模拟网络攻击行为和部署防护措施，展现攻击效果，验证防护措施的有效性，帮助工业企业提高综合防护能力，提高技术人员的安全意识和安全技能。工业控制靶场作为工业控制安全研究的基础平台，具有重要的科学价值和实际意义。

参考《企业控制系统集成　第 1 部分：模型和术语》（IEC 62264-1：2013）中的工业控制系统层次模型，工业控制系统自上而下可分为 5 层，即企业资源层、生产管理层、过程监控层、现场控制层和现场设备层，如图 9-1 所示。其中，企业资源层主要为企业提供决策运行手段；生产管理层主要负责对生产过程进行管理；过程监控层主要负责对生产过程数据进行采集与监控，并利用 HMI 系统实现人机交互；现场控制层主要包括各类控制器单元，如 PLC、DCS 系统、控制单元等，负责对各执行设备进行控制；现场设备层主要包括各类过程传感设备与执行设备单元，负责对生产过程进行感知与操作。以生产管理层分界，向上采用通用 IT 领域相关技术，向下为工业控制系统特有的应用、协议等。工业控制靶场应复现层次模型的每一层，由于企业资源层和生产管理层属于信息系统，在靶场中可基于传统网络靶场相关技术来构建。因此，工业控制靶场关注的内容集中在现场设备层、现场控制层及过程监控层。

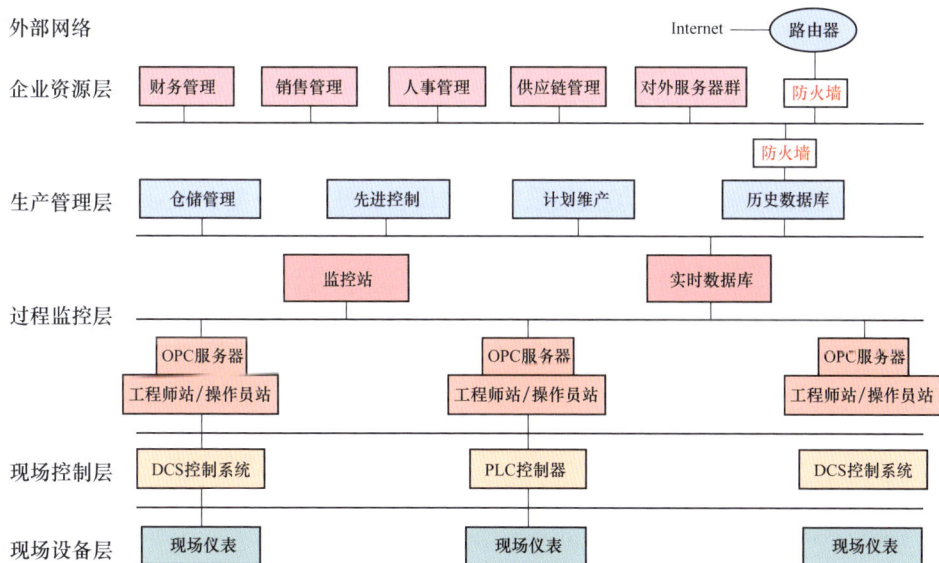

图 9-1　基于 IEC 62264-1 的工业控制系统层次模型

工业控制靶场主要为了仿真工业控制系统的物理过程、控制逻辑和网络通信，以支持不同应用需求。由于应用场景和目标不同，一般并不要求在靶场上复现全部设备及网络协议，也无需构建完整的工业控制系统层次模型，通过对原有工业控制系统抽象建模，仅需复现工业控制系统层次模型的部分内层次。

9.2　国内外网络靶场发展现状

9.2.1　国外网络靶场发展现状

工业控制靶场根据其仿真程度可分为虚拟工业控制靶场、实物工业控制靶场、虚实结合工业控制靶场三类。

（1）虚拟工业控制靶场采用虚拟机、Docker 或建模仿真的方式构建工业控制场景。Hahn 等[1]提出使用实时数字仿真系统（real time digital simulation system，RTDS）进行电力过程模拟的仿真测试平台，使用两个继电器模拟变电站连接到 SCADA 系统；Awad 等[2]构建基于 Omnet++ 的电力系统靶场，其侧重于使靶场提供整体的电力系统网络布局，可以进行拒绝服务攻击、数据注入攻击等模拟；Koganti 等[3]构建电网配电断路器系统工业控制靶场，其中 SCADA 系统、PLC 及物理系统均采用虚拟方式实现。

（2）实物工业控制靶场直接采用实物设备，可一比一复制工业控制场景，具有很高的逼真度，但造价昂贵，扩展和推广困难。美国爱达荷国家实验室[4]围绕电力、水利构建了真实 SCADA 测试靶场，用于支撑真实世界 SCADA 系统

---

[1] Hahn A, Ashok A, Sridhar S, et al. Cyber-physical security testbeds: Architecture, application, and evaluation for smart grid[J]. IEEE Transactions on Smart Grid, 2013, 4（2）: 847-855.

[2] Awad A. A short tutorial on using SGsim framework for smart grid applications[J]. 2016.

[3] Koganti V S, Ashrafuzzaman M, Jillepalli A A, et al. A virtual testbed for security management of industrial control systems[C]//2017 12th International Conference on Malicious and Unwanted Software (MALWARE). IEEE, 2017: 85-90.

[4] Idaho National Laboratory (.gov) https://inl.gov

和其他控制系统的攻击测试；工业控制靶场 SWAT[1] 采用实物方式复现水处理流程的 6 个典型阶段，用于工业控制安全研究和演练。

（3）虚实结合工业控制靶场将实物设备和虚拟设备相结合，构建工业控制场景，兼顾前两者的优点。电力与智能控制靶场（electric power and intelligent control，EPIC）靶场[2] 基于 Emulab 构建网络部分，并接入实物 PLC，物理过程采用 Simulink 及其并行方案进行仿真，可应用于网络关键基础设施安全研究的多个场景；Lancaster 靶场采用了虚实结合方式，重点关注网络构建，基于普度企业参考架构（purdue enterprise reference architecture，PERA）架构构建多个生产区，通过 VLAN 将不同生产区分割，基于 Trank 进行区域间的路由，同时提供基于 VPN 的对外访问接口；为支持工业控制系统网络入侵检测实验，Koutsandria 等[3] 提出实物 PLC 和 Simulink 物理过程仿真结合的工业控制靶场，为支持模块化的靶场环境，实物 PLC 也可以由虚拟 PLC 替代，形成全虚拟化的工业控制靶场。

9.2.2　国内网络靶场发展现状

随着我国对网络安全保障技术的重视与推进，我国在多个地区建设了相应级别的网络靶场，为政府部门以及工业、能源等行业领域提供了高效安全的服务。

1. 国家大数据安全靶场

2016 年，贵阳启动建设国家大数据安全靶场，构建了集仿真、虚拟、真实于一体的多级靶标系统，服务于国家攻防实战演练工作，重点支撑开展技术

[1] https://swat.tamu.edu/

[2] Siaterlis C, Genge B, Hohenadel M. EPIC: A testbed for scientifically rigorous cyber-physical security experimentation[J]. IEEE Transactions on Emerging Topics in Computing, 2013, 1 (2)：319-330.

[3] Koutsandria G, Muthukumar V, Parvania M, et al. A hybrid network IDS for protective digital relays in the power transmission grid[C] // 2014 IEEE international conference on smart grid communica-tions (SmartGridComm). IEEE, 2014: 908-913.

与产品的测试验证及技术创新。2018 年，贵阳紧密围绕打造国家级大数据安全产业聚集区的目标，促使龙头企业、科研机构、核心技术和人才等要素聚拢，并通过推动国家大数据安全靶场建设，实现常态化的"共建共享"攻防演练机制。

2. 城市级网络靶场

依托企业多年积累的网络安全产品研发和服务经验，对主机虚拟化、网络虚拟化、数据采集、3D 展示引擎和高可用云端架构等多种前沿技术进行融合，实现全自主研发。根据不同用户的使用方式和规模，该城市级网络靶场分为教学科研靶场、行业专用靶场和城市仿真靶场三类，能够为不同的客户提供专业的人才、设备的细粒度管理和分析，以及方案测试、实验环境展示等功能。该网络靶场平台旨在为政府、公安、电力等不同行业的用户提供稳定、灵活、高效的网络安全研究、人才培养、实战演练、安全测试、效能分析、态势推演等服务。

3. 其他网络靶场

鹏城网络靶场是网络空间科学与技术广东省实验室第一批启动建设的重大项目，已建成具有国际先进水平的开放型大科学装置，并为国家进行高水平网络空间科学技术研究提供实验环境。该靶场在 2018 年底顺利完成第一期研制任务并投入运行，为当地社会经济和科教发展提供服务。

企业依托其自主开发的网络靶场平台，延伸开发了 i 春秋网络安全学院、e 春秋网络安全实验室培训平台、e 春秋网络实验室竞赛平台、云阵蜜罐蜜网平台等一系列网络安全产品，为我国的网络安全人才发现与企事业单位的网络安全能力提升做出了卓越贡献。

9.3　能源控制系统靶场建设思路

电力产业是关系国计民生的重要基础产业，是国家级网络攻击重点打击的

对象，因此保障其网络安全对保障电力供应、维护国民经济稳定和国家安全的
重要性与紧迫性日益凸显。为了提前发现系统中存在的问题，防止在遭受网络
攻击后造成损失，安全靶场建设成为行业内的聚焦点。

能源控制系统靶场的构建应注意其流程模型建设、技术架构建设以及构建
方法等问题。

9.3.1　流程模型建设

一个针对信息系统网络攻击的全流程模型，应包括业务流动模型、网络攻
击模型和信息系统响应模型。因此，在传统信息系统的基础上，能源控制系统
靶场应根据行业特点进行模型搭建，其关键功能主要包括网络和业务环境仿真、
用户和攻防行为仿真、数据和应用效果评估三项。

（1）网络和业务环境仿真是网络安全靶场的基石。虚拟化技术是现阶段
实现网络和业务环境仿真的主要手段，仿真环境的规模及类型是衡量网络安全
靶场性能的重要指标。虚拟化技术已在传统网络安全靶场中广泛使用，但由于
利用目前的技术还无法对工业控制、物联网等环境进行充分的模拟仿真，因此
当前主要采用将虚拟环境与现实环境相结合的方式实现工业控制领域的模拟
仿真。

（2）用户和攻防行为仿真是网络安全靶场的核心。网络攻击是一个难以
预测的动态过程，如何充分再现用户实际的操作行为和被攻击情形，是模拟仿
真环节中的一个难题。行为模拟除人工生成之外，还可借助流量发生器及自动
化攻击工具等来完成。在网络安全靶场中，应最大限度地模拟用户的攻击和防
御行为，以便在现实场景中提前发现问题。

（3）数据和应用效果评估是网络安全靶场的目标。网络安全靶场是为用
户提供演练、培训的场所，其基于业务仿真环境和攻防行为仿真，对靶场环境
中产生的数据进行采集和评估，从而对真实网络环境中可能发生的安全事件有
针对性地制定安全防护策略，或对现有防护策略进行动态更新，最终实现网络

安全动态防御。

9.3.2 技术架构建设

如图 9-2 所示，新能源靶场在逻辑上可分为基础支撑层、核心资源层、综合应用层和导航调度层。

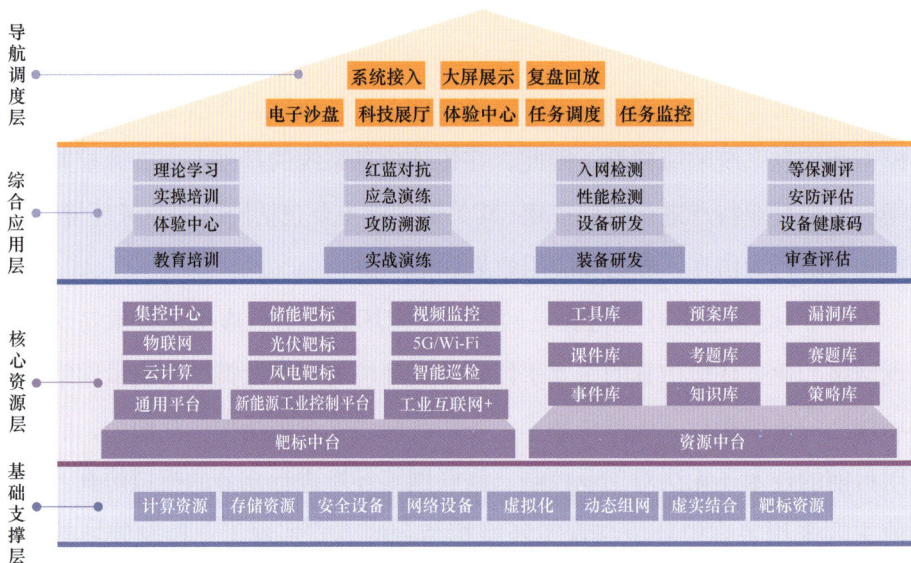

图 9-2 能源控制系统靶场技术架构

（1）基础支撑层。基础支撑层由各类硬件组成，为整个靶场提供虚拟化能力、虚实结合能力、计算能力、存储空间等支持，包括计算资源节点、网络通信节点、存储资源节点等硬件基础设施。

（2）核心资源层。核心资源层为靶场提供内容相关的资源，包含攻防工具 / 策略库、漏洞库、靶标库、脚本库、场景库等。靶场中台提供多类组件，能实现对不同靶场业务的功能性支撑，以及所有靶场业务系统数据、用户数据的融合。

（3）综合应用层。综合应用层为靶场能力的终极输出形态，根据所需要的应用场景，提供攻防演练、教育培训、应急演练、测试验证等能力。

（4）导航调度层。导航调度层实现对整个靶场的导航调度，包括靶场的人员配置和权限管理、安全设置、各类资源（靶标、场景、任务等）管理、数据采集等，同时为靶场中发生的攻防行为提供展示引擎。

9.3.3　构建方法

综合分析多种工业控制靶场的构建方法，工业控制靶场建设可分工业控制网络仿真、工业控制设备仿真以及工业现场仿真三部分。

工业控制网络仿真一般采用网络虚拟化和仿真技术模拟由工程师站、操作员站、数据库等通用主机构建的网络，如 Emulab、Openstack、VMWare、Docker 等；工业控制设备仿真根据靶场需求，可采用模拟工具仿真控制逻辑，如 Step7（Siemens S7 PLC）、RSEmulate（Allen-Bradley）、LabVIEW、Libmodbus、Libiec104、Scadapack LP PLC、Modbus Rsim、软件 PLC（如 Open PLC）以及不同类型的工业控制蜜罐（如 Conpot、Xpot 等），也可直接采用实物控制设备，如 SIXNET RTU、Siemens S7 PLC、AB PLC、霍尼韦尔 DCS、横河 DCS 等，而实物控制设备接入网络依赖于虚实互联技术；工业现场仿真可采用实物方式构建工业生产物理过程，根据实际工业生产现场在靶场复现物理过程，也可采用 Simulink、LabVIEW、PowerWorld、Omnet++、自定义工具等模拟工具进行工业生产过程的模拟。

工业控制靶场各部分仿真方式的选择可根据实际应用需求确定。关注网络安全问题，则可采用虚拟化技术灵活、快速地构建多样、可复制的工业控制网络，通过仿真的工业控制设备、蜜罐、流量重放等多种形式模拟工业控制流量；关注功能安全问题，可采用实物 PLC 复现实物工业现场，在真实场景中研究攻击对工业生产过程的影响；关注靶场灵活构建问题，可适当增加虚拟化技术的应用；关注靶场逼真性问题，则可增加实物设备和系统的比重。

工业现场仿真方法是目前各工业控制靶场的主要区别所在，主要有实物沙盘和电子沙盘两种方式。实物沙盘是目前广泛使用的工业现场仿真方法之一。实物沙盘根据仿真程度可分为高仿真实物沙盘和低仿真实物沙盘。高仿真实物沙盘通过 1 ∶ 1 或缩放的现场设备还原工业生产过程中某个阶段的完整流程，精确进行温度、压力等现场信息采集和制动器、阀门等现场设备控制，但造价昂贵，缺乏可复制能力；低仿真实物沙盘通过静态模型和灯带构建工业现场展示模型，可取得较好的展示效果，但缺乏对实际工业生产过程的复现，同样缺乏可复制能力。电子沙盘通过构建工业现场电子模型，收集和展示工业生产过程状态或网络攻击形势，其优势在于造价低、展示度高、可复制，但对工业流程复现能力不足，需要配合部分现场设备实现工业状态的采集和反馈。电子沙盘的下一步发展将是与数字孪生技术结合，通过数字孪生完善工业流程仿真。基于电子沙盘的工业控制靶场如图 9-3 所示。

图 9-3　基于电子沙盘的工业控制靶场

　　最后，工业控制靶场相关的其他技术，如工业协议仿真、流量仿真、流量采集、复杂行为模拟等技术也是当前工业控制靶场关注研究的重点。